LOI NOTRe, 10 ANS APRÈS

Le GRALE (Groupement de Recherche sur l'Administration Locale en Europe) est un groupement d'intérêt scientifique (GIS) fondé sur un contrat de cinq ans associant plusieurs institutions ou entreprises : l'Université de Corte, l'Université Côte d'Azur, l'Université Grenoble Alpes, l'Université de Lille, l'Université Paris-I - Panthéon-Sorbonne, l'Université de Reims - Champagne-Ardenne, l'Université de Toulon, EDF et la mutuelle Intériale.

Le GRALE, qui réunit une quarantaine de centres de recherches et institutions scientifiques nationales et internationales, a pour mission de promouvoir des recherches sur les collectivités locales, l'action publique territorialisée et des problèmes juridiques qui s'y rapportent. Il trouve sa raison d'être dans le réseau dense et diversifié des équipes de recherche ou associations scientifiques des diverses disciplines qu'il contribue à entretenir et à stabiliser.

Contacts :
GRALE – Université Paris I – Panthéon Sorbonne – Bureau 417
12 place du Panthéon – 75 231 Paris cedex 05
Téléphone :(+33) 01 44 07 83 87
Mail : grale@univ-paris1.fr
Site internet : http://grale.univ-paris1.fr

Directeur des publications du GRALE
Nicolas KADA, professeur de droit public

Dernières parutions

- J.-M. Pontier (dir.), *Les établissements publics locaux*, 2025.
- O. Duperon (dir.), *Actes 1 et 2 de la décentralisation. Les transferts de compétences de l'État vers les collectivités territoriales. 40 ans de déplacement des politiques publiques*, 2023.
- M. Houser (dir.), *Les inégalités financières et les collectivités territoriales*, 2023.
- J. Daniel et C. David (dir.), *75 ans de départementalisation outre-mer. Bilan et perspectives. De l'uniformité à la différenciation*, 2021.
- M.-Ch. Steckel-Assouere, *La résurrection des villes face à la COVID-19*, 2021.

Sous la direction de
Didier Guignard, Matthieu Houser,
Florence Lerique et Jean-Marie Pontier

LOI NOTRe, 10 ANS APRÈS

L'Harmattan

En couverture : Le pont de Normandie, Jacques Spindler
(avec son aimable autorisation)

5-7, rue de l'École-Polytechnique, 75005 Paris
http://www.editions-harmattan.fr
ISBN : 978-2-336-58220-7
EAN : 9782336582207

Sommaire

Auteur(e)s

BARELLA Xavier	Maître de conférences en droit public, Laboratoire interdisciplinaire de recherche en innovations sociétales – LiRIS (UR 7481), Université Rennes 2
DANTONEL-COR Nadine	Professeur de droit public, Directrice adjointe de l'Institut de recherches sur l'évolution de la Nation et de l'État – IRENEE, Université de Lorraine, Membre du conseil scientifique du GIS-GRALE, Université Paris-1 - Panthéon-Sorbonne
DENAJA Sébastien	Maître de conférences en droit public, Institut Maurice Hauriou, Université Toulouse 1 - Capitole, Conseiller régional d'Occitanie. Ancien député
DOUBOVETZKY Christophe	Maître de conférences en droit public, Laboratoire interdisciplinaire d'études du politique-Hannah Arendt – LIPHA (EA 7373), Université Paris-Est Créteil
DUPÉRON Olivier	Professeur de droit public, Centre de recherche droit et territoire – CRDT (UR 3312), Université de Reims
GARCIA Léo	Docteur en droit public, Institut Maurice Hauriou, Université Toulouse Capitole
GRANERO Aurore	Maître de conférences HDR en droit public, Centre de Recherche et d'étude en droit et science politique – CREDESPO (EA 4179), Université de Bourgogne-Europe
GUIGNARD Didier	Professeur de droit public, École de droit – Institut du droit de l'espace, des territoires, de la culture et de la communication – IDETCOM, Université Toulouse Capitole – GIS-GRALE

Houser Matthieu	Maître de conférences HDR en droit public, Centre de recherches juridiques de Franche-Comté – CRJFC (UR 3225), Université Marie et Louis Pasteur, Directeur de l'Institut de préparation à l'administration générale (IPAG)
Lerique Florence	Professeure de droit public, Institut Léon Duguit, Université Bordeaux Montaigne
Mozol Patrick	Maître de conférences HDR en droit public, Institut de recherche juridique interdisciplinaire François-Rabelais – IRJI (EA 7496), Université de Tours
Ngampio-Obélé-Bélé Urbain	Maître de conférences HDR en droit public, Centre de recherches administratives – CRA (EA 893), Aix-Marseille Université
Pissaloux Jean-Luc	Vice-Président du GIS-GRALE
Pontier Jean-Marie	Professeur émérite de l'Université d'Aix-Marseille
Tendron Benjamin	ATER et Doctorant en droit public

Mises en pages : Maud Lesueur.

PRÉSENTATION DE L'OUVRAGE PAR LES COAUTEURS

Les contributions qui vont suivre ont été réunies par quatre collègues du GRALE, Didier Guignard, Matthieu Houser, Florence Lerique et Jean-Marie Pontier afin de mettre en évidence l'apport de l'année 2015, et notamment de la loi NOTRe, à l'évolution du droit des collectivités territoriales.

Les porteurs du projet entendent remercier chaleureusement le GRALE et les financeurs du projet dont l'Institut Léon Duguit de l'université de Bordeaux et l'Idetcom de l'université de Toulouse Capitole. Nos remerciements s'adressent également à Mme Maud Lesueur qui a volontiers accepté de mettre en page l'ouvrage.

Nous remercions vivement notre collègue, Jacques Spindler, pour l'illustration de couverture.

Didier Guignard
Matthieu Houser
Florence Lerique
Jean-Marie Pontier

LA LOI NOTRe, LOI (LARGEMENT) INUTILE

Jean-Marie PONTIER

Professeur émérite de l'Université d'Aix-Marseille

Il fut un temps où la stabilité caractérisait l'administration, nationale et locale, cette stabilité pouvant contraster fortement avec l'instabilité politique. D'aucuns pourraient dire qu'il s'agissait plus d'immobilité que de stabilité mais, quoi qu'il en soit, en matière d'administration locale, il y avait deux lois, qui étaient les lois de référence et qui, d'une certaine manière, étaient rassurantes, par cette référence stable qu'elles représentaient. La loi du 10 août 1871 régissait les départements, et la loi du 5 avril 1884 régissait les communes.

Certes, ces deux lois furent modifiées à maintes reprises – par exemple, la loi de 1890 sur les syndicats de communes[1] –, certes, des décrets, parfois importants, furent pris en la matière[2] mais, pour l'essentiel, l'architecture de l'administration locale était demeurée inchangée, avec ces deux catégories de collectivités locales (on ne parlait pas de collectivités territoriales) qu'étaient les communes et les départements.

Tout cela va changer dès les débuts de la Ve République. Si la réforme politique (et juridique) que constitua la Constitution de 1958 – dont n'est, d'ailleurs, pas dissociable la figure de son fondateur et premier président, le général de Gaulle – fut évidemment primordiale, il ne faut pas oublier, pour autant, les réformes administratives qui l'accompagnèrent, et qui étaient considérées, par le Président de la République, comme par le Premier ministre, comme essentielles.

1. Mais, en fait, cette loi de 1890 était le complément de la loi de 1884, il en avait déjà été question lors des débats sur cette dernière et, pour des raisons de temps, entre autres, l'adoption des dispositions qui y étaient relatives avait été repoussée.
2. Mais, là aussi, il faut nuancer le propos car, par ex., les célèbres décrets de 1926, et qui donnèrent lieu à une jurisprudence très célèbre (le Conseil d'État étant d'ailleurs allé, en matière économique, et de manière très claire, à l'encontre de la volonté des pouvoirs publics) furent des décrets-lois, ils furent adoptés parce que le législateur était dans l'incapacité d'adopter rapidement des décisions.

D'une part, en effet, il ne pouvait y avoir de réforme politique réussie que si l'administration était, elle-même, en mesure d'appliquer les décisions prises par les autorités politiques[3]. Cette administration était, d'abord, sans doute, l'administration de l'État mais, aussi, l'administration locale, sans la collaboration de laquelle aucune politique ne pouvait réussir. D'autre part, et sur ce plan précisément, le Premier ministre, M. Debré, avait des idées sur ce qu'il convenait de faire et, alors qu'il était membre du Conseil de la République, aux débuts de la IVe République, il avait proposé une réforme audacieuse de l'administration territoriale de la France[4].

Les premières réformes entreprises furent orientées, en 1959, vers les communes. Ceci s'expliquait, facilement, par la structure territoriale très particulière de notre pays, caractérisé par un grand nombre de communes, et de petites communes. L'objectif fut, donc, d'abord, de les inciter à travailler ensemble, de faciliter leur coopération, les syndicats de la loi de 1890 ayant ouvert la voie, mais de manière très (et trop) limitée[5]. D'où les syndicats à vocation multiple (SIVOM) qui sont la véritable naissance de ce que nous appelons, aujourd'hui (le terme n'était pas, alors, utilisé), l'intercommunalité[6]. Ces SIVOM jouèrent un rôle important dans la modernisation des communes.

Il ne faut pas oublier une réforme, aujourd'hui largement oubliée, et qui fut cependant essentielle, la réforme relative à la fiscalité locale, avec la transformation des impôts de répartition en impôts de quotité[7].

Durant ces premières années de la Ve République, une autre réforme administrative, tout aussi essentielle, fut entreprise, elle est représentée par les décrets de 1964. Ce n'est, certes, pas une réforme de l'administration locale décentralisée, c'est une réforme des services de l'État à l'échelon local, mais elle fut capitale à un double point de vue.

---

3. Lorsque la Constitution déclare, dans son article 20, que le gouvernement « dispose de l'administration », cela signifie que l'administration est un instrument du gouvernement mais, également, et de manière implicite, que l'administration est un instrument essentiel de toute politique.

4. Voir JACQUIER et BRUÈRE (pseudonymes de M. Debré et de E. Monick), *Refaire la France*, Plon, 1945.

5. D'ailleurs, nombre de ces syndicats de communes furent dissous, une fois la mission pour laquelle ils avaient été constitués, achevée.

6. Les syndicats de la loi de 1890 furent appelés, à partir de ce moment-là, syndicats à vocation unique (SIVU).

7. La réforme fut très longue à appliquer, c'était, d'une certaine manière, une véritable « révolution », ce qui explique peut-être les difficultés de mise en application.

D'une part, elle faisait du préfet le véritable supérieur hiérarchique des services de l'État à l'échelon départemental. L'évidence de l'affirmation est contredite par l'histoire : les services départementaux de l'État avaient eu tendance, au fil du temps, à prendre de plus en plus d'autonomie par rapport au préfet[8], préférant avoir des relations directes avec le ministère dont ils dépendaient. Avec cette réforme – et les réticences (peut-être compréhensibles, mais pas admissibles) des services concernés –, le préfet est devenu ce qu'il devait être, et n'aurait jamais dû cesser d'être, le représentant de l'État.

D'autre part, en instituant un préfet de région[9], les pouvoirs publics préparaient, sans qu'il y ait eu un plan en ce sens, sans même, peut-être, qu'ils en aient eu conscience, l'avènement de la région collectivité territoriale : celui-ci n'aurait pas été possible d'emblée[10], il n'aurait pas été possible d'instituer directement la région collectivité territoriale (la question du découpage aurait été, à lui seul, un motif de blocage), il fallait d'abord que des habitudes fussent prises à l'échelon régional, que l'on s'habituât à un tel cadre.

L'accent a été mis, ici, sur ces premières réformes, pour montrer leur importance sur tout le processus de réforme, et parce qu'elles éclairent le cours de l'histoire. Par la suite, il y a eu des « trains » de réformes, à la fois constitutionnelles, législatives, réglementaires, et il serait fastidieux, et lassant, d'en donner la liste, avec l'accélération qui se produit à partir des réformes de 1982-1983[11] avec, parfois, des allers-retours, sauf en matière de coopération intercommunale, où les réformes sont toutes allées, avec de multiples variations, dont certaines n'ont connu qu'une existence éphémère, dans le sens d'un renforcement de l'intercommunalité.

La loi NOTRe ne peut être appréciée – au sens de porter une appréciation, un jugement – qu'en la mettant en perspective avec les lois qui l'ont précédée. C'est cette histoire des réformes qui permet de s'interroger sur l'utilité de la loi NOTRe,

8. Ces services, limités au début, se sont développés et diversifiés, ceci étant simplement la résultante de l'intervention croissante de l'État et de la multiplication des ministères.

9. Rappelons un point bien oublié aujourd'hui : deux appellations étaient concevables, celle de préfet de région et celle de préfet régional ; mais cette dernière appellation était celle qui avait été utilisée par Vichy, et il ne pouvait être question, pour l'opposant à Vichy que fut de Gaulle, de la reprendre.

10. Il suffit de se souvenir de la forte et continue opposition à la région pendant longtemps et, en 1982, le législateur n'a pas cherché à instituer un découpage des régions correspondant à celui d'une collectivité territoriale, il a conservé un découpage qui n'avait pas été pensé pour la décentralisation.

11. Mais il faut répéter, ici, que ces réformes, dont il ne s'agit pas de nier l'importance, ne représentent pas une rupture, comme cela a été répété à satiété (mais, comme l'on dit, c'était « de bonne guerre »), mais s'inscrivent dans la continuité, la plupart des dispositions de ces lois reprenant, d'ailleurs, le projet de loi longuement discuté au Sénat en 1978.

et le jugement de large inutilité, ici formulé, se déduit de ce qui a été fait auparavant. Tout ceci peut être résumé en disant que la loi est, d'abord, l'expression d'une ambition sans véritable justification (I), ensuite, l'expression de la poursuite de vaines illusions (II).

I. La loi, expression d'une ambition sans véritable justification

Le législateur a pour rôle premier d'adopter des lois, et les collectivités territoriales sont un champ privilégié d'intervention – même si l'on souhaiterait, souvent, qu'elles soient moins nombreuses[12] – mais, en l'espèce, les justifications d'une telle intervention semblent bien faibles.

A. Une ambition légitime

La légitimité de l'intervention du législateur, indiscutable, tient à deux facteurs, l'un général, l'autre spécifique.

1. Le rôle du législateur paraît pleinement justifié en ce domaine

Deux raisons expliquent et justifient que le législateur intervienne en matière de collectivités territoriales.

D'une part, l'organisation des collectivités territoriales présente, en France, un certain nombre de particularités. On pourrait faire valoir, tout d'abord, que la France est un État unitaire décentralisé, et cette affirmation, qui paraît banale, recouvre, en réalité, deux spécificités. La première est le fait que l'État, en France, présente une grande ancienneté, un ancrage historique particulièrement important. Les collectivités locales – on ne parlait pas, jusqu'à une date récente, de collectivités territoriales, mais de collectivités locales[13] – sont certes, pour les communes tout au moins, plus anciennes que l'État, mais l'État que les monarques ont construit, peu à peu, et qui est devenu un État-nation à la Révolution, ce qui n'a pu que le renforcer, a occupé une place de plus en plus importante dans la vie des citoyens, et ces derniers ont pris l'habitude de se tourner vers l'État pour régler leurs problèmes. L'État représente donc, à la fois symboliquement et concrètement, une « chose » plus importante en France que dans bien d'autres pays.

---

12. Il faut reconnaître, toutefois, que les pouvoirs publics ne sont pas seuls responsables d'une telle profusion, les citoyens, par leur appel systématique aux pouvoirs publics d'intervenir, y contribuent également.

13. Cela est non seulement compréhensible mais parfaitement justifié, dans la mesure où les deux catégories de collectivités territoriales existantes – les communes et les départements – étaient bien des collectivités que l'on peut qualifier de « locales ».

La seconde spécificité est la décentralisation. Le mot est si banal que, même chez les non-juristes, chez le citoyen moyen, il est évocateur. Et cependant, là aussi, les choses sont moins évidentes qu'elles ne le paraissent. Dans la plupart des autres pays, on ne parle pas de décentralisation, mais d'« autonomie locale ». Et si, pour beaucoup sans doute, ces termes sont équivalents, ils ne « disent » pas la même chose, c'est-à-dire qu'ils ne renvoient pas à la même conception des rapports entre les collectivités locales (territoriales) et l'État central[14]. La notion d'autonomie locale sous-entend une certaine égalité entre les premières et le second, ou, tout au moins, un équilibre. La notion de décentralisation, très française, implique, ou sous-entend, que l'on part du centre, en d'autres termes, sur le plan juridique et politique – et même si, encore une fois, les communes sont antérieures à l'État – c'est l'État qui, non seulement, a la primauté, mais « fait » la décentralisation, la dirige, la contrôle.

D'autre part, le législateur est justifié à intervenir, parce qu'il existe peu de dispositions constitutionnelles. Plus exactement, traditionnellement, les dispositions constitutionnelles portant sur les collectivités territoriales étaient, en France, limitées, à la différence de ce que l'on rencontre dans d'autres pays où, à l'inverse, de telles dispositions peuvent être fort longues. Ceci explique, également, que, sauf exception, les dispositions constitutionnelles sont, en France, relativement courtes. La conception dominante était que tout ce qui était relatif aux collectivités locales devait relever du législateur, et non du constituant. Il y avait bien quelques dispositions relatives à ces collectivités, mais c'étaient des dispositions générales, l'essentiel incombait au législateur. La conception française, liée à celle de l'État, est que la Constitution doit régler les relations entre les pouvoirs publics, les collectivités territoriales n'entrent pas dans ce cadre.

Certes, tout ceci a changé, et même beaucoup changé. Le titre XII de la Constitution n'a cessé de s'enrichir, au fil des révisions constitutionnelles, les dispositions constitutionnelles relatives aux collectivités territoriales deviennent de plus en plus nombreuses. Pour autant, cela n'a pas réduit la place du législateur, on pourrait même se demander si cela ne l'a pas stimulé. Premièrement, en effet, le législateur, ayant toujours estimé que le domaine des collectivités locales relevait de son rôle, a continué à intervenir. Deuxièmement, les dispositions constitutionnelles, qui paraissent précises, ne le sont en fait pas, et appellent, à l'inverse, une explicitation, parce que ce sont des principes, des notions, qu'il est impossible de développer dans la Constitution. Troisièmement, cette tendance est confortée

14. Voir J.-M. PONTIER, « Charte de l'autonomie locale : enfin ? », *AJDA* 2006, p. 1577.

par un certain nombre de notions qui se sont imposées au fil du temps, et dont le contenu n'est pas nécessairement évident, il en est ainsi, par exemple, en matière de répartition des compétences entre l'État et les collectivités territoriales[15]. Quatrièmement, enfin, les choses, c'est-à-dire la situation économique, sociale, du pays, évoluent, parfois rapidement, et il est important, voire indispensable, d'adapter les dispositions aux réalités, ce qui ne peut être fait que par la loi, la Constitution ne pouvant faire l'objet de révisions incessantes[16].

2. La volonté d'avoir une administration moderne

Le paysage institutionnel local a été, à peu près, le même pendant des siècles. Il était représenté, principalement, presque exclusivement, par les communes, et par de petites communes. Les villes s'étaient, certes, développées au fil du temps, mais il s'agissait, le plus souvent, de villes de taille modeste, nous n'avions pas, nous n'avons toujours pas, de « très grandes villes »[17], et une seule ville française, Paris, répond aux critères internationaux de la « ville monde ». Cette caractéristique peut être considérée, selon les points de vue, comme bénéfique ou, à l'inverse, comme un inconvénient.

Quoi qu'il en soit, si ces collectivités locales répondaient, autrefois, à des besoins limités, il n'en est plus ainsi de nos jours, et cela depuis des décennies. Les transformations de tous ordres, qui sont intervenues, le développement économique et social, ont fait naître de nouveaux besoins, et de nouvelles possibilités. Après les réseaux primaires[18], aujourd'hui largement réalisés dans notre pays[19], une deuxième génération d'équipements a été réalisée, trois domaines étant principalement

15. Il y a, dans notre pays, cette notion de « clause générale de compétence », notion un peu étrange, qui a suscité bien des débats, et des analyses différenciées, pour ne pas dire opposées et qui s'opposait à la technique de la liste de compétences au profit d'une collectivité. Voir, *infra*, « La loi NOTRe et la clause générale de compétence ».

16. Et encore que l'on relève une tendance, que l'on peut regretter, car cela ne correspond pas à ce qu'est une Constitution, à « faire remonter » de plus en plus de dispositions du niveau législatif au niveau constitutionnel, les raisons en étant purement politiques, ou/et idéologiques.

17. La notion de « grande ville » est toujours éminemment discutable, surtout lorsque les critères retenus sont des critères administratifs. C'est une notion très variable selon les pays : une ville de 200 000 habitants est, pour nous, une grande ville, en Chine ou au Japon c'est une petite ville…

18. Les trois grands réseaux primaires sont ceux de l'eau (potable), de l'assainissement, de l'électricité. Bien des pays ne bénéficient pas, aujourd'hui encore, de ces réseaux, ce qui facilite ou favorise le développement d'épidémies (choléra par ex.).

19. Mais avec de nouveaux problèmes : les canalisations, par ex., vieillissent, ne sont plus adaptées, leur changement implique des investissements très importants.

concernés (le social, le culturel, le sportif), désormais ce sont d'autres équipements, concernant les communications, sous leurs différentes formes, qui sont en cours de réalisation ou doivent l'être.

Tout ceci impliquait une adaptation des collectivités locales existantes. Il était devenu évident, dès la fin du XIXe siècle, que les communes ne pouvaient, seules, faire face aux besoins d'équipements. Une coopération entre elles était indispensable. Ce fut le développement de la coopération intercommunale, sous la forme des syndicats de communes, qui ont connu une évolution spectaculaire en quelques décennies[20]. Mais les réformes des institutions locales ne pouvaient se limiter à la coopération intercommunale, au développement de celle-ci, ce qui a suscité, déjà, de nombreuses lois, le législateur cherchant à adapter les capacités d'action des établissements, désormais officiellement qualifiés d'établissements de coopération intercommunale (EPCI), tout en maintenant l'institution communale, ce qui est devenu un exercice de plus en plus difficile.

Mais, au plan institutionnel, depuis un siècle, voire plus, on pensait à une collectivité à un échelon supérieur, l'échelon régional. Les propositions de lois tendant à la création de régions furent, dans le passé, d'une étonnante diversité, toutes sortes de types de régions étant proposés, mais sans que cela ne se traduise par une, ou des lois, le législateur de l'époque étant farouchement opposé à la région[21]. Si, aujourd'hui, la région a été constitutionnalisée, elle n'a pas été créée, comme cela eût dû être le cas, logiquement, par une réforme constitutionnelle, mais par la loi[22]. La consécration de la région est l'une des raisons de la multiplication des lois en matière d'administration locale : il fallait trouver une place à la région au sein des collectivités territoriales, ce qui était loin d'être simple compte tenu de l'ancienneté (et de la longue coexistence) de ces deux catégories de collectivités territoriales que sont les communes et les départements.

---

20. Le véritable point de départ de ce que l'on appelle aujourd'hui l'intercommunalité (ou les intercommunalités) est 1959, date à laquelle on a institué les syndicats de communes à vocation multiple (les SIVOM), qui ont joué un rôle déterminant dans le développement local.

21. Celle-ci a cumulé de nombreux fantasmes et craintes, parmi lesquels celui de la province, dans laquelle les républicains de l'époque voyaient une résurgence des provinces d'Ancien Régime, des provinces largement fantasmées.

22. Les raisons en sont strictement politiques : d'une part, le ministre de l'Intérieur de l'époque voulait aller vite, et il était clair qu'une réforme constitutionnelle aurait pris beaucoup plus de temps qu'une loi ; d'autre part, l'adoption d'une modification de la Constitution était hautement douteuse, du fait de l'absence de majorité pour la voter.

La modernisation de l'administration locale passait également par trois catégories de réformes, qui la conditionnaient. C'est tout d'abord la réforme des compétences, avec la question, récurrente, de la définition des compétences de chaque catégorie de collectivités territoriales, et la question, subséquente ou sous-jacente, des compétences de l'État[23]. La deuxième réforme était celle des finances locales, et de la fiscalité locale en particulier, et les réformes se sont enchaînées, les lois succédant aux lois. La troisième réforme a été celle de la fonction publique territoriale, enfin mise en place, après beaucoup de tâtonnements. Les deux premières réformes ne sont toujours pas achevées aujourd'hui, et les lois se succèdent. Sont-elles pour autant justifiées ?

B. L'absence de véritables justifications de la loi NOTRe

L'arsenal législatif concernant les collectivités territoriales est impressionnant, en témoigne le gonflement constant du code qui régit ces dernières, le Code général des collectivités territoriales (CGCT)[24]. Certaines lois étaient – évidemment, est-on tenté de dire – indispensables. Mais on peut douter de l'utilité d'autres lois, spécialement de la loi NOTRe, et cela pour deux séries de raisons.

1. L'organisation locale était déjà largement réformée

Les premières grandes réformes datent de 1959 et des années suivantes, elles ont été en partie oubliées, parce que leurs dispositions ont été intégrées, depuis, dans des codes (le CGCT, mais également d'autres codes), mais, également, parce que les lois de 1982 et 1983[25] les ont occultées, au point que beaucoup, au mépris de la réalité politique et historique, se sont mis à parler « d'acte I » de la décentralisation, ce qui est évidemment faux. Par la suite, toujours sur cette vision fausse, on a parlé d'acte II, III, etc. Finalement, on ne sait plus combien d'« actes », les désaccords sur ce dénombrement montrant, à la fois, la fragilité d'un tel décompte, et la multiplicité des lois, parmi lesquelles on a du mal à se retrouver. Parmi les réformes « actées » par un « certain nombre » de lois, on peut en retenir trois.

---

23. En d'autres termes : que doit-on laisser à l'État, quelles sont les compétences qui ne peuvent être exercées que par lui ? La réponse habituellement donnée est celles des « compétences régaliennes », notion qui est faussement claire (voir J.-M. PONTIER, « La notion de compétences régaliennes dans la problématique de la répartition des compétences entre les collectivités publiques »), *RDP* 2003, p. 193.

24. Il faut reconnaître que ce n'est malheureusement pas le seul, la frénésie législative s'applique à tous les domaines sans pratiquement aucune exception, le nombre de codes augmentant, lui aussi, régulièrement.

25. En n'oubliant pas que, en 1982 comme en 1983, et pour des raisons différentes, il y a eu deux lois importantes.

Il s'agit, en premier lieu, de la substitution d'un contrôle (mais qu'il faut décliner au pluriel) à la tutelle. Il s'agit, incontestablement, d'un changement important, voire d'un basculement. Mais, ceci étant constaté, avéré, il convient d'apporter des précisions, qui constituent autant de nuances à ce qui aurait été le passage de la nuit au jour, de l'hétéronomie à l'autonomie, de la soumission à la liberté. D'une part, en effet, ce passage est, en réalité, une lente évolution, la tutelle n'a pas été supprimée un jour d'un coup de baguette magique, tout ceci a été opéré par étapes. Pour simplifier, c'est à partir de 1959 que, avec le développement économique du pays, qui est aussi celui des collectivités locales, la tutelle est progressivement desserrée. Il importe peu, ici, de rappeler dans le détail tous ces assouplissements apportés[26], signalons, seulement, celle ayant consisté à passer d'une tutelle *a priori* à une tutelle *a posteriori*, qui a représenté, pour les élus locaux, et singulièrement les maires, un progrès important. Preuve que la tutelle s'était considérablement assouplie, l'enquête qui avait été menée, auprès des maires, en 1978, montrait que ces derniers étaient globalement satisfaits de leurs relations avec l'autorité de tutelle, dont ils ne se plaignaient pas (ou plus).

Il s'agit, en deuxième lieu, de la coopération entre les collectivités territoriales, plus particulièrement de la coopération entre les communes, puisque c'est à cet échelon qu'elle est le plus indispensable. Les SIVOM, et les diverses communautés qui ont été prévues par le législateur, ont été des structures qui ont permis, effectivement, le développement de la coopération, bien des équipements collectifs ont été réalisés dans le cadre de ces institutions intercommunales qui, bien qu'imparfaites, par définition, ont, le plus souvent, répondu aux attentes des élus. Mais la suite de l'histoire montre que les pouvoirs publics n'ont pas entendu s'en tenir là, et toutes les lois adoptées sur l'administration locale comportent des dispositions relatives à l'intercommunalité, dispositions de plus en plus « intégrationnistes » et compliquées. Pourquoi cela? L'explication est simple : les pouvoirs publics, ayant échoué dans leur politique de réduction du nombre de communes, notamment ayant échoué à les fusionner, ont voulu contourner la difficulté, en prévoyant des EPCI qui « aspirent » de plus en plus de compétences des communes membres, les transferts obligatoires de compétences s'étant multipliés.

Il s'agit, en troisième lieu, de la région. Celle-ci réunit un consensus sur son existence. Après plus d'un siècle de refus, la région a été consacrée, plus personne ne souhaite leur disparition. Pour certains, l'institution des régions devait

26. Voir J.-M. PONTIER, « La Cinquième République, 1- L'acquisition par les communes de la liberté de décision », *in* L. FOUGÈRE, J.-P. MACHELON, F. MONNIER (dir.), *Les communes et le pouvoir de 1789 à nos jours*, PUF, 2002, p. 548 et s.

s'accompagner, à terme, de la disparition des départements. Il faut reconnaître que la proximité dimensionnelle des départements et des régions pouvait apporter des arguments à cette position[27], et les propositions de suppression n'ont pas manqué, on a même pu penser, un temps, que les départements étaient condamnés. Mais le consensus sur le principe de l'existence des régions a occulté des divergences, parfois profondes, sur ce que doivent être les régions et, plus encore, sur ce qu'elles doivent faire.

Que les régions telles qu'elles étaient, lors de leur création, en 1982[28], aient pu être contestables, dans leur délimitation comme dans leurs fonctions, se comprend, et s'explique. Car les régions de 1982-1986 ont succédé à des établissements publics, qui étaient des établissements publics territoriaux[29], lesquels avaient été institués dans un cadre territorial qui n'avait pas du tout été pensé pour une éventuelle décentralisation, puisqu'il s'agissait d'un découpage, institué en 1960[30], prévu pour les seuls besoins de l'État. Quant à leurs fonctions, en 1982 le législateur les définit en les alignant sur celles des départements, les régions étant pensées, en quelque sorte, comme un complément de ces derniers[31].

Mais les régions de 2014 ne sont pas plus, ou mieux, adaptées aux besoins que les régions de 1982. Le redécoupage a été effectué en fonction de critères obscurs, hautement critiquables, et les « grandes régions » ont eu une conséquence paradoxale, que ne voulaient certainement pas les pouvoirs publics : elles ont conforté les départements. Autant, en effet, on pouvait s'interroger, avec les régions

---

27. Rappelons que dans les années 1950 un jeune sénateur, M. Debré, avait proposé une réforme en quelque sorte inverse de celle qui a été adoptée, et qui aurait consisté à remodeler les départements, en en réduisant le nombre autour d'une cinquantaine. Cette solution, très originale, n'a jamais été envisagée ni, *a fortiori*, testée.

28. Mais rappelons que, en vertu même de la volonté du législateur qui a voulu subordonner l'avènement des régions à la première élection au suffrage universel direct de leurs conseils, les régions ne sont nées qu'en 1986.

29. L'établissement public territorial, sous ses différentes manifestations (dont les EPCI sont une éclatante expression), a existé avant d'être pensé, puisque l'établissement public, dans la conception traditionnelle, n'a pas de territoire. Notons, aussi, que l'expression « établissement public régional » a, chronologiquement, désigné deux réalités administratives différentes : de 1972 à 1986 elle désigne la région elle-même, depuis 1986 elle désigne les établissements publics de la région (dont les lycées sont une bonne illustration).

30. Décret nº 69-516 du 2 juin 1960 portant harmonisation des circonscriptions administratives.

31. Ce qui le montre bien, c'est le fait que le législateur a repris de nombreuses dispositions qui étaient applicables aux départements en les étendant purement et simplement aux régions.

de 1982, sur la pertinence du maintien des départements, avec des arguments des deux côtés, autant, aujourd'hui, et compte tenu de la dimension des régions, les départements ont retrouvé une nouvelle légitimité.

2. Les relations pouvaient se développer entre les collectivités

Les relations entre les collectivités publiques furent, jusqu'à une époque récente, des relations très limitées, du fait des principes qui régissaient notre organisation administrative territoriale. Le département était, largement, sous la coupe de l'État, puisque le préfet, en application d'un dédoublement fonctionnel, était, non seulement, le représentant de l'État, mais, également, l'exécutif de la collectivité départementale. Quant aux communes, du fait de la tutelle, même lorsqu'elle fut atténuée, les relations étaient principalement celles qui s'établissaient avec l'État[32], et qui étaient quelque peu à sens unique.

L'affirmation, progressive, d'une véritable décentralisation, a changé la donne. C'est la conséquence, en particulier, des transferts de compétences qui ont été opérés, de l'État vers les collectivités territoriales. D'une part, l'État n'a plus pu imposer, comme il le faisait par le passé, ses vues, des « règles de conduite » aux collectivités territoriales[33], puisque celles-ci disposent d'une liberté en principe protégée constitutionnellement[34], il doit composer avec elles. D'autre part, les lois, quelle que soit leur précision[35], ne peuvent tout prévoir, il est donc nécessaire aux différentes parties concernées de se rencontrer, de se concerter.

Cette concertation a pris, très vite, la forme d'une « contractualisation ». Ce dernier terme a rencontré plus que du succès, il est devenu une sorte d'automatisme, une référence obligée, quasiment la norme, non pas au sens juridique, mais dans son sens premier signifiant ce qui est régulier, ce qui est conforme à la majorité des cas, donc ce qui doit être. Mais il convient d'apporter quelques précisions car ce terme est, comme bien d'autres en notre domaine, chargé d'ambiguïté, ce qu'il recouvre n'est pas nécessairement ce à quoi il semble renvoyer.

---

32. Les départements venaient, cependant, en aide aux communes, lorsqu'ils le pouvaient.

33. Un moyen redoutable, et assez insidieux, d'imposer la voie à suivre, quel que soit le domaine, aux collectivités locales, était constitué par les circulaires, que les ministres adressaient aux élus locaux *via* les préfets, la menace, sous-jacente, d'une absence de financement, suffisant généralement à amener une collectivité à résipiscence.

34. On peut dire « en principe », car il est rare que le Conseil constitutionnel annule une loi pour non-conformité avec le principe de libre administration des collectivités territoriales.

35. Et les lois, en matière d'administration locale comme en d'autres domaines, sont de plus en plus longues, et de plus en plus illisibles. Où est donc le principe de « l'intelligibilité de la loi », exigé par le Conseil constitutionnel ?

Dans la contractualisation, il y a d'abord le contrat. Le contrat est l'un des procédés de l'action administrative, il peut s'agir d'un contrat administratif ou d'un contrat de droit privé[36]. Il est donc, en soi, tout ce qu'il y a de plus traditionnel, sauf à préciser deux points. D'une part, et jusqu'à notre époque, les contrats passés par les collectivités locales sont des contrats conclus avec des personnes privées, comme pour la fourniture de biens ou de services, par exemple. Ce n'est que récemment que l'on a vu des contrats conclus entre des personnes publiques. D'autre part, ces derniers étaient principalement des « contrats » conclus entre des collectivités territoriales et l'État. La nouveauté est la conclusion de tels contrats entre les collectivités territoriales elles-mêmes.

Le fait de parler de « contractualisation » n'implique pas nécessairement que les actes passés soient des contrats, au sens juridique du terme, même lorsqu'ils sont appelés « contrats ». C'est toute l'ambiguïté, en même temps que l'intérêt, de la contractualisation. Celle-ci a inspiré de nombreuses analyses et études, ce qui montre la nouveauté, et les interrogations, qu'elle soulève. On a pu parler de « nébuleuse para-contractuelle » pour qualifier les actes qui résultent de toutes ces relations, la terminologie ne se limitant pas, d'ailleurs, à ces termes de contractualisation et de contrat, l'administration centrale n'étant jamais à court d'imagination sur ce plan : on parle de charte, de convention (bien entendu), de protocoles, etc.

Mais, au fond, ce que l'on peut retenir, c'est que tous ces scrupules juridiques ne semblent affecter, ni les autorités de l'État, ni les autorités locales[37], qui voient dans la contractualisation un instrument souple, en même temps qu'indispensable, pour coopérer, avec cette notion, elle aussi élastique, et extensible à volonté, de « partenariat ». Mais cela veut dire, également, qu'il n'est pas, qu'il n'est plus, nécessaire d'en « rajouter ». Les interventions récurrentes du législateur ne peuvent qu'embrouiller de telles relations, dont l'absence de formalisme arrange plutôt les autorités locales, mais que l'État, qui en tire profit, aimerait mieux contrôler. S'agit-il d'une volonté délibérée, ou d'illusions des autorités de l'État ?

36. C'est le juge administratif qui a déterminé les critères du contrat administratif, les personnes publiques pouvant également conclure, sous certaines conditions, des contrats de droit privé, deux personnes privées ne pouvant, en principe, conclure entre elles que des contrats de droit privé.

37. Sauf, bien entendu, en cas de contestation et de contentieux qui en résulte, les autorités locales invoquant alors la nature contractuelle de l'acte pour exiger de l'État le respect de ses engagements, l'État prétendant l'inverse, le juge étant appelé à trancher (généralement dans le sens d'une absence de contrat au sens juridique).

II. La loi, expression de la poursuite de vaines illusions

Dans certains domaines (l'éducation, par ex.), le législateur, plutôt que d'opter pour des dispositions concrètes, adopte des formulations grandiloquentes, creuses, et souvent inapplicables. En ce qui concerne les collectivités territoriales, d'abord porté à énoncer des principes (plus satisfaisants pour l'esprit que de modestes dispositions) supposés commander les relations entre l'État et les collectivités territoriales dans une perspective rationnelle, il en est venu à adopter des dispositions de détail et à s'y perdre. Dans les deux cas, il se fait des illusions, et les désillusions sont inévitables.

A. Les illusions perdues

Les lois de 1982-1983 ont été adoptées dans un certain enthousiasme, le législateur avait le sentiment d'ouvrir une nouvelle ère de la décentralisation, il a voulu poser des principes devant guider cette dernière. Au fil du temps, cet enthousiasme a disparu, a laissé place à un certain désenchantement, à des lois de plus en plus techniques, et la rationalisation recherchée – en partie contradictoire, d'ailleurs, avec certains principes affirmés – n'a pas été obtenue.

1. Des grands principes aux dispositions prosaïques

Porté par un grand élan, le législateur adopte, en 1982 et 1983[38], de grands principes. L'intitulé de la loi du 2 mars 1982 le montre : « Loi relative aux droits et libertés des communes, des départements et des régions », la référence aux « libertés » des collectivités locales (ou territoriales) ouvrant de nouvelles perspectives[39]. Mais ces principes se retrouvent surtout dans les lois de 1983[40].

Parmi les grands principes, il faut, d'abord, évoquer un principe qui, désormais acquis, voire surabondamment cité, est néanmoins récent dans notre histoire, c'est le principe de subsidiarité[41]. L'histoire de ce principe est, pour la France, étonnante.

38. Il s'agit, dans les deux cas, de la première loi, puisque la loi du 2 mars 1982 a dû être corrigée, suite à la décision du Conseil constitutionnel, la loi du 7 janv. 1983 a été complétée par la loi du 22 juill. de la même année.

39. Et, aussi, de nouvelles interrogations, dans la mesure où, jusqu'ici, on pensait les libertés au profit des personnes privées, personnes physiques au premier chef et primordialement.

40. Voir J.-M. PONTIER, « Les principes de la répartition des compétences », *in* F. MODERNE (dir.), *Les nouvelles compétences locales*, Economica, 1985, p. 2.

41. Si, pendant longtemps, le principe de subsidiarité n'a guère inspiré les juristes, il en est tout différemment depuis une trentaine d'années. De nombreuses études lui sont désormais consacrées, le travail le plus complet est celui d'A. DURANTHON, *Subsidiarité et collectivités territoriales*, Dalloz, 2017.

Jusque dans les années 2000, en dehors de la doctrine, il n'en est guère question, et l'on chercherait en vain son invocation dans les débats relatifs aux lois de 1982 et 1983. La raison en est simple : ce principe était inconnu des politiques, parce que ce principe est, historiquement, un principe d'organisation de l'Église catholique[42] et il eût été hors de question, pour les dirigeants marqués par l'anticléricalisme, sous la IIIe et, encore, la IVe République, de s'en prévaloir, d'ailleurs ils ignoraient son existence. C'est *via* les institutions européennes, dans lesquelles il est consacré[43], que ce principe a été consacré et, désormais, consacré dans le texte constitutionnel[44]. Quant à son application, elle soulève de nombreuses questions, mais il est légitime de s'interroger sur le point de savoir s'il doit jouer ou pas, à quel niveau, et comment[45].

Un autre principe, qui a donné lieu à de multiples interventions des parlementaires, et des lois, avant d'être, heureusement, abandonné, est le principe des « blocs de compétences ». *A priori*, il s'agit là d'un principe séduisant. Car, effectivement, à partir du moment où il a été décidé, logiquement, et nécessairement, dans le cadre de la décentralisation, de redistribuer des compétences[46] entre les personnes publiques, à la fois entre l'État et les collectivités territoriales – ce qui était tout de même le problème principal – et entre les collectivités territoriales, ce qui était indispensable[47], il fallait fixer des principes de répartition, de redistribution.

L'idée de « blocs de compétences » répond parfaitement, dans l'abstrait, aux questions que l'on peut se poser pour répartir les compétences entre les collectivités publiques : quoi de plus logique que de confier à chaque catégorie de collectivités les compétences qui semblent le mieux pouvoir être exercées à leur niveau ? La difficulté, qui est une véritable aporie, est que l'on ne parvient pas, sauf pour certains domaines bien identifiés, à établir des « blocs » de compétences. Le

42. Si on le trouve dans différents textes, c'est surtout dans l'encyclique *Quadragesimo anno* (*Acta Apostolicae Sedis* 23, 1931), p. 203, § 126, qu'il est exprimé le plus clairement.

43. Et, à l'échelon de l'Europe, ce n'est pas étonnant puisque les fondateurs de l'Europe (K. Adenauer en Allemagne, A. de Gasperi en Italie, R. Schumann en France) étaient, eux, démocrates chrétiens, ayant donc une bonne connaissance du principe de subsidiarité.

44. Encore faut-il relever que, étrangement, le terme « subsidiarité » lui-même n'est pas utilisé, les parlementaires ayant adopté une formule alambiquée supposée (à tort) plus claire.

45. Voir J.-M. PONTIER, « L'illusion du principe de subsidiarité », *AJDA* 2024, p. 240.

46. Notons qu'il ne s'est jamais agi, car cela eût été impossible, de redistribuer « les » compétences, c'est-à-dire l'ensemble des compétences des collectivités publiques (et, donc, nécessairement par voie de conséquence, les compétences des personnes privées).

47. C'était indispensable du fait de la création d'une nouvelle catégorie de collectivités territoriales, les régions : quelles compétences attribuer à celles-ci ? Fallait-il les prendre sur l'État, sur les collectivités existantes, fallait-il en inventer de nouvelles ?

thème de « l'enchevêtrement » des compétences est un thème largement ressassé et, à plusieurs reprises, le législateur a voulu mettre fin à cet enchevêtrement. Il n'y est pas parvenu, parce qu'il est impossible d'arriver à distinguer clairement, lorsque l'on entre dans le détail, les compétences de chaque collectivité. Et même lorsqu'une matière paraît remise à une collectivité, il est fréquent que les autres catégories de collectivités interviennent, généralement sous forme financière[48].

2. La rationalisation inatteignable

La volonté de rationalisation est une ambition légitime du législateur, des pouvoirs publics de manière générale, elle n'implique pas, obligatoirement, la rationalité. En matière d'organisation administrative locale, elle n'est pas propre aux pouvoirs publics, la doctrine manifeste régulièrement, dans les manuels, ouvrages spécialisés ou articles, ce souci de rationalisation, pour reprocher aux dispositions adoptées de ne pas suffisamment la poursuivre.

Il serait satisfaisant, pour l'esprit, d'avoir une organisation administrative rationnelle, ou la plus rationnelle possible, la préoccupation s'appliquant principalement à l'administration territoriale[49]. Nous avons toujours à l'esprit « le manteau d'Arlequin »[50] que constituait l'administration territoriale française sous l'Ancien Régime. C'est ce à quoi a voulu mettre fin la Révolution, en uniformisant[51] les structures. Mais l'uniformité, qui s'est voulue rationalité, a été appauvrissante au fil du temps, elle est même devenue paralysante. Car la situation des communes françaises n'a plus guère à voir avec ce qu'elle était au moment de la Révolution. Celle-ci a unifié les structures communales, elle a imposé à toutes les communes un même mode d'organisation et de fonctionnement. Ce n'est que depuis peu que

48. Un cas typique, parmi d'autres, est celui de l'enseignement où, faut-il le rappeler, il ne s'agit pas d'un transfert de « compétences » mais d'un transfert de « responsabilités » : si l'enseignement supérieur est, fort logiquement, une compétence de l'État, les pouvoirs publics nationaux ne songent rien à redire lorsque des communes, des départements, des régions, apportent leur concours (financier).
49. Personne ne se préoccupe beaucoup de la rationalisation des structures administratives centrales, sur lesquelles il y aurait beaucoup à dire. Leur organisation répond à des préoccupations principalement politiques, ce qui explique les variations permanentes de ces administrations. Mais, pas plus ne présente de rationalité la multiplication des entités publiques (agences et autres organismes publics) de tous ordres, dont la création répond à des considérations d'opportunité, et dont le gouvernement (en dehors, peut-être, du ministre chargé des Finances) ne connaît même pas le nombre exact.
50. Tout le monde connaît, au sens propre, le manteau d'Arlequin. Au sens figuré, il désigne un ensemble disparate d'éléments, c'est pourquoi on l'a appliqué à l'administration territoriale française, hétérogène, avec des différences très contrastées.
51. Sur le principe d'uniformité, voir D. GUIGNARD, *La notion d'uniformité en droit public français*, Dalloz, 2004.

l'on songe à la « différenciation », qui a donné lieu à une loi, après la loi NOTRe, et qui soulève des interrogations, certains estimant que l'on n'est pas allé assez loin dans cette différenciation, d'autres craignant que cela ne porte atteinte à l'unité de la nation si la différenciation est trop accentuée[52].

Quoi qu'il en soit de ces débats, qui ne peuvent trouver de solution parfaitement satisfaisante et qui se traduisent par des compromis, le législateur en est venu à prendre des mesures qui, pour satisfaire les uns et les autres, peuvent être bancales, et inutiles, comme l'est, en partie, la loi NOTRe. Il est inévitable que les lois soient des compromis, parce que des intérêts divergents sont en présence, et des analyses, également divergentes, de ce qu'il convient de faire, et des réformes à entreprendre. Une loi est d'abord un compromis entre les deux chambres du Parlement, qui représentent, par leur mode de désignation, des sensibilités différentes, cela d'autant plus que le Sénat est, constitutionnellement, un représentant des collectivités territoriales. Les divergences en la matière débouchent généralement sur des compromis dans le cadre d'une commission mixte paritaire (CMP), bien que certaines lois aient été adoptées, faute d'accord, par la seule Assemblée nationale. À cela, il faut ajouter les amendements déposés dans les deux chambres, qui peuvent affecter un texte pouvant avoir, au départ, une certaine cohérence, ainsi que les interventions, auprès du gouvernement comme des membres des assemblées, de groupes de pression multiples et, notamment, des associations représentant les diverses catégories de collectivités territoriales, ainsi que de leurs groupements, associations qui n'ont pas la même vision des choses.

Tout cela devrait conduire le Parlement à de la sobriété dans l'adoption des textes. L'accumulation de ces derniers n'est pas une preuve de l'efficacité des mesures, ce peut être l'inverse. Mais c'est l'inverse qui se passe, un regard sur un demi-siècle de législations, en ce domaine, montre une sorte de poursuite effrénée, le législateur semble pris régulièrement de fièvre pour adopter une nouvelle loi, comme si l'absence de loi était le signe d'un désintérêt, comme s'il se sentait obligé d'adopter une loi, preuve ou manifestation de son utilité, dans l'esprit des parlementaires.

52. Quelque part, en effet, et de quelque manière que l'on tourne le problème, la décentralisation pleinement réalisée va à l'encontre de l'exigence d'égalité.

B. Les désillusions inévitables

Pour une fois, le conseil de La Fontaine ne s'applique pas, il ne s'adressait d'ailleurs aucunement au législateur, ce serait lui faire injure que de vouloir prendre le fabuliste en défaut. Le législateur, en remettant sans cesse en œuvre son ouvrage, et en croyant probablement bien faire[53], ne fait que compliquer les choses, et obscurcir les interventions des personnes publiques.

1. Les complications

Le dispositif législatif relatif à la décentralisation paraît être devenu une sorte de machine infernale : toute loi votée appelle immanquablement une autre loi à une échéance plus ou moins proche[54], parce que certaines institutions, certaines procédures, appellent des précisions, des corrections, des modifications. On le voit, par exemple, avec les conférences territoriales de l'action publique (CTAP), très mal comprises par les élus locaux qui, comme le déclarait, deux ans après, dans un rapport de l'inspection générale du ministère de l'Intérieur, ne s'en sont pas saisis, parce que le mécanisme était trop complexe et trop lourd. De ce fait, la loi suivante, sur la différenciation et la décentralisation[55], est revenue sur cette institution, en instituant des délégations de compétences. Nul doute que ce mécanisme entraînera, à son tour, dans une future loi, d'autres précisions.

Le fait que toute loi nouvelle apporte des compléments, ajoute au lieu d'enlever, a pour première conséquence que le travail du législateur en est modifié, il procède désormais par petites touches, il fait, le plus souvent[56], du pointillisme. Le pointillisme dans le domaine de l'art[57] est hautement estimable, beaucoup moins dans le domaine du droit. Le législateur est empêtré dans ses propres dispositions antérieures, parce que plus il y a de dispositions applicables, moins il est possible d'opérer une réforme d'ensemble, sauf à remettre en question tout ce qui a été

---

53. Mais il y a, également, une sorte d'autosatisfaction à voter une loi, cela ne valant pas seulement pour la décentralisation, mais pour tous les domaines.

54. Une nouvelle loi aurait probablement été votée en 2024 ou 2025, n'était-ce la paralysie qui a gagné l'Assemblée nationale, après la dissolution, et l'absence de majorité qui l'a caractérisée.

55. De son nom complet loi n° 2022-217 du 21 févr. 2022 relative à la différenciation, à la décentralisation, la déconcentration, et portant diverses mesures de simplification de l'action publique locale, plus connue sous le nom de « loi 3Ds ».

56. Il lui arrive d'opérer de grands changements comme, par ex., la création de grandes régions. Mais en réalité il ne s'est agi que d'un réassemblage, pas d'un redécoupage, qui eût été plus logique et, au surplus, on ne peut pas dire qu'il ait été bien inspiré dans cette réforme.

57. Il consiste à juxtaposer des tons purs par petites touches de couleurs. Bien que relativement ancien dans son principe, il a été repris, au XIXe siècle par Seurat. Le terme de pointillisme est un terme inventé par la critique d'art, le peintre Signac l'a théorisé sous le nom de divisionnisme.

fait précédemment, ce que le législateur n'ose pas faire, et n'arrive pas à faire. Et si, en peinture, il suffit de s'éloigner du tableau pour y voir « clair », dans notre domaine, ni de près, ni de loin, on n'y voit clair : les lois sont devenues – même si ce n'est pas propre à notre domaine – strictement illisibles, sauf à avoir tous les codes correspondants à portée de main[58].

2. Des freins à l'efficacité de l'action publique locale

Si, d'un côté, le principe de libre administration des collectivités territoriales implique, au profit de ces dernières une autonomie, si le législateur a, solennellement, affirmé la « liberté » des collectivités territoriales, en pratique ces collectivités sont enserrées dans une résille d'institutions, de réglementations, de dispositions de toutes sortes, qui limitent considérablement cette liberté. Les normes se sont multipliées, continuent d'être produites[59], et les recommandations, fort sensées, faites depuis des années par le Conseil national d'évaluation des normes (CNEN) n'ont eu que peu d'effets dans cette production que rien ne semble pouvoir arrêter, et qui entraîne, pour les collectivités territoriales, des charges de plus en plus importantes[60].

C'est un véritable « gloubi-boulga » qui est servi, depuis bien des années, aux élus locaux. Ces derniers doivent répondre à de plus en plus d'exigences, participer à de multiples réunions, respecter des procédures de plus en plus formalisées. On peut se demander si l'efficacité de l'action publique y trouve son compte, et l'on peut éprouver les plus grands doutes à cet égard. Les pouvoirs publics nationaux, faute de s'être résolus à faire des choix clairs, entre les collectivités, et entre les procédés juridiques mis en œuvre, ont contribué à constituer un ensemble touffu d'où n'émergent plus de lignes de force. Cela tient sans doute, en grande partie, au fait que le législateur, comme l'administration, se laissent aller à une sorte d'ivresse normative qui remplace la réflexion à long terme. Cela a été dit il y a des années, mais la situation s'est encore dégradée, parce que les dirigeants eux-mêmes n'ont pas une vision claire de ce qu'ils veulent, ou doivent faire.

---

58. Une solution pour rendre les lois plus « lisibles » serait de faire figurer dans la loi l'intégralité des dispositions des articles des codes concernés. Mais cela aurait une autre conséquence fâcheuse, celle d'avoir des lois, déjà très (trop) longues telles qu'elles sont adoptées actuellement, d'une longueur interminable.

59. Il va de soi que bien des normes sont utiles, indispensables même. Mais le travail fait par le CNEN n'a guère été pris en considération, ni par les ministères (dont la production de normes est l'une des raisons d'être), ni par le législateur.

60. Toutes ne viennent pas, directement, des normes instituées par les autorités de l'État. Le CNEN a fait remarquer, par ex., que les fédérations sportives (qui sont des associations le plus souvent agréées) faisaient pression sur les élus locaux pour obtenir des locaux et des équipements toujours plus dispendieux, les élus locaux étant mis, en quelque sorte, en concurrence, par ces fédérations.

LA LOI NOTRe : D'UNE VOLONTÉ DE CLARIFICATION DE LA COMPÉTENCE EN MATIÈRE DE DÉVELOPPEMENT ÉCONOMIQUE À UNE RÉALITÉ PERFECTIBLE

Xavier BARELLA

Maître de conférences en droit public
Laboratoire interdisciplinaire de recherche
en innovations sociétales – LiRIS (UR 7481), Université Rennes 2

L'intervention de l'État en matière économique s'apparente à une tradition française que l'on peut faire remonter au XVIIe siècle avec le développement du colbertisme[1]. *A contrario*, l'intervention des collectivités territoriales a pendant très longtemps été regardée avec méfiance. Ce n'est qu'à la fin du XIXe siècle, avec le développement de la théorie du « socialisme municipal », que les collectivités prennent en charge la « satisfaction de certains besoins collectifs non satisfaits par l'initiative privée »[2]. L'intervention locale a toujours été fortement limitée, du fait notamment de l'affirmation de la liberté du commerce et de l'industrie par le décret d'Allarde des 2 et 17 mars 1791[3]. Les collectivités ne pouvaient, sauf en cas de circonstances exceptionnelles[4], exercer toute activité de nature industrielle ou commerciale[5]. Il s'agissait avant tout d'empêcher les personnes publiques de porter atteinte à la concurrence et d'assurer la préservation des budgets locaux d'activités, qui, du fait de leur nature, pouvaient se révéler risquées.

1. D. SALLES, « Colbertisme », *in* N. KADA, M. MATHIEU, *Dictionnaire d'administration publique*, PUG, 2014, p. 70.
2. Cl. DEVÈS, « Interventions économiques des collectivités territoriales et de leurs groupements – Fondements et modalités », *JCL Coll. terr.*, Synthèse, janv. 2024.
3. Art. 7 : « Il sera libre à toute personne de faire tel négoce ou d'exercer telle profession, art ou métier qu'elle trouvera bon ».
4. CE 29 mars 1901, *Casanova*, *Rec.*, p. 333 ; *GAJA*.
5. « Les idées socialistes de l'époque n'ayant pas la faveur de la majorité des membres du Conseil d'État, celui-ci soumet la création d'activités économiques par les personnes publiques à des conditions extrêmement strictes dans son arrêt Casanova de 1901 », S. NICINSKI, *Droit public des affaires*, LGDJ, coll. « Précis Domat Droit public », 8e éd., 2021, p. 509.

Les exceptions se sont toutefois multipliées à partir de la fin de la Première Guerre mondiale et tout au long du XXe siècle. Les difficultés économiques récurrentes de l'époque commandaient l'intervention des personnes publiques. L'un des premiers textes s'orientant vers l'interventionnisme économique des collectivités est le décret-loi du 28 décembre 1926. Il prévoit en effet que « les communes et les syndicats de communes peuvent être autorisés à exploiter directement des services d'intérêt public à caractère industriel et commercial »[6]. Si ce texte permet de mettre en exergue la volonté des pouvoirs publics de voir les collectivités assurer un rôle économique, le Conseil d'État a, quant à lui, opéré un revirement de jurisprudence plus mesuré. Ainsi, dans sa décision *Chambre syndicale du commerce en détail de Nevers*[7], il confirme sa jurisprudence antérieure en atténuant néanmoins sa position. Ce n'est que dans des *« circonstances particulières »* qu'il admet la création de services publics locaux à caractère économique et social, et ce, lorsque sont réunies deux conditions : l'existence d'un intérêt public local et le constat d'une carence de l'initiative privée. Ces deux conditions cumulatives se sont assouplies avec le temps. Le Conseil d'État a admis que l'intérêt public local pouvait s'étendre aux activités culturelles, artistiques, touristiques, sportives[8] et économiques[9]. De même, la jurisprudence administrative a très vite adopté une approche souple de la carence de l'initiative privée. Si dans un premier temps cette dernière était envisagée selon une approche seulement quantitative, elle a très vite été appréciée également d'un point de vue qualitatif[10]. Néanmoins, la jurisprudence relative à l'intervention économique des collectivités a pendant longtemps fait preuve de peu de clarté compte tenu de l'assouplissement des deux critères. Le juge administratif a alors opéré un revirement de sa politique jurisprudentielle pour considérer seulement la présence d'un intérêt public local. Déjà, dans sa décision du 18 mai 2005, *Territoire de la Polynésie française*, il considère que la carence de l'initiative privée n'est

6. Décret-loi du 28 déc. 1926 relatif aux régies municipales réglementant le fonctionnement des entreprises exploitées par les communes ou dans lesquelles elles ont une participation financière, *JORF* 31 déc. 1926, p. 13744.

7. CE Sect. 30 mai 1930, *Chambre syndicale du commerce en détail de Nevers*, *Rec.*, p. 583 ; *RDP* 1930, p. 530, concl. Josse.

8. Voir notamment : CE 12 nov. 1938, *Golberg et Lichtenberg*, *Rec.*, p. 822 (à propos de la création d'un cinéma) ; CE 21 janv. 1944, *Léoni*, *Rec.*, p. 26 (à propos de la création d'un théâtre municipal) ; CE 25 juill. 1986, *Commune de Mercœur*, req. n° 56334, *Dr. adm.* 1986, n° 489 (à propos de la création d'un café-hôtel-restaurant).

9. Voir notamment : CE 23 juin 1933, *Planche*, *Rec.*, p. 682 ; *S.* 1933. III., p. 81, concl. J. Rivet ; *RDP* 1934, p. 280.

10. CE 20 nov. 1964, *Ville de Nanterre*, *Rec.*, p. 563 ; *AJDA* 1964, p. 686, chron. Puybasset et Puissochet.

pas un critère exclusif permettant de prouver la présence d'un intérêt public[11]. Il parachèvera l'évolution de sa politique jurisprudentielle un an plus tard, en estimant que la carence de l'initiative est un critère parmi d'autres pour justifier la présence d'un tel intérêt[12]. C'est d'ailleurs selon cette même logique que le Conseil d'État confirmera que la présence d'un intérêt public peut servir de justification à une aide économique octroyée par une collectivité territoriale[13].

Si la jurisprudence du Conseil d'État a joué un rôle indéniable dans le développement de l'interventionnisme économique des collectivités territoriales, depuis les lois Defferre de 1982, la législation s'est multipliée. Le cadre législatif a été rendu d'autant plus nécessaire qu'avec la crise économique de la fin des années 1970 et les premiers licenciements, les collectivités ont accordé des aides aux entreprises pour tenter de les sauver. L'article 4 de la loi du 7 janvier 1982 prévoyait à cet effet que les collectivités et leurs groupements pouvaient accorder des aides aux entreprises[14]. Par la suite, de nombreux textes ont reconnu la compétence des collectivités en la matière, avec un rôle prépondérant reconnu à la région comme le souligne la version initiale de l'article L. 4221-1 du CGCT qui précise à propos du conseil régional qu'il a compétence pour promouvoir le développement économique. Il n'en demeure pas moins que l'ensemble des collectivités territoriales peut intervenir soit en vertu d'une compétence légale d'attribution, soit sur la base de la clause générale de compétence.

La volonté du législateur d'affermir le rôle de la région est patente lors de l'adoption de la loi du 13 août 2004 relative aux libertés et responsabilités locales. Le premier titre de la loi consacré au développement économique confie à la région un rôle de coordinateur sur son territoire de l'ensemble des actions de développement économique des collectivités et de leurs groupements. Il revient alors à la région de définir le régime des aides et leur octroi aux entreprises. De même, le législateur prévoit une expérimentation permettant à l'État de confier à la région

11. Il considère, à propos de la desserte aérienne de la Polynésie française, que l'intérêt public peut s'apprécier également *« au regard des besoins futurs du développement touristique »*, CE 18 mai 2005, *Territoire de la Polynésie française*, *AJDA* 2005, p. 2130, note S. Nicinski.

12. CE Ass. 31 mai 2006, *Ordre des avocats au barreau de Paris*, *Rec.*, p. 272 ; *AJDA* 2006, p. 1592, chron. C. Landais et F. Lenica ; *AJDA* 2008, p. 911, J.-J. Israël. En application de cette jurisprudence, le Conseil d'État validera une intervention publique en considérant que la satisfaction des besoins de la population permet de justifier un intérêt public. CE 3 mars 2010, *Département de la Corrèze*, *AJDA* 2010, p. 957, concl. Boulouis et p. 1251, note Glaser.

13. CE 20 oct. 2010, *Province des îles Loyauté*, *AJCT* 2011, p. 30, obs. Gueguen ; *BJCL* 2011, p. 183, concl. Lieber.

14. Loi n° 82-6 du 7 janv. 1982 approuvant le plan intérimaire 1982-1983, *JORF* 8 janv. 1982, p. 222.

le soin d'élaborer le schéma régional de développement économique : une fois adopté, la région aura compétence par délégation de l'État pour gérer les crédits déconcentrés au profit des entreprises. On peut toutefois reprocher au législateur d'être resté frileux en ne confiant pas à la collectivité régionale la responsabilité de la politique économique régionale et en ne faisant pas usage de la notion de chef de file, pourtant introduite dans la Constitution lors de la révision de 2003.

Les débats récurrents sur la clarification des compétences ont conduit le législateur tout d'abord à consacrer la région comme collectivité territoriale chef de file dans le cadre de la loi MAPTAM du 27 janvier 2014[15] pour ensuite lui en octroyer la compétence exclusive avec l'adoption de la loi NOTRe du 7 août 2015, à l'exclusion de l'immobilier d'entreprises réservé au bloc communal. Cette nouvelle répartition des compétences, couplée avec la suppression de la clause générale de compétence pour les départements et les régions, laisse entendre que seule la collectivité régionale est désormais compétente en la matière. Le but affiché est ainsi de rationaliser la répartition des compétences et de gagner en efficacité et lisibilité. Dans cette perspective, plusieurs instruments ont été mis en place visant à permettre un exercice coordonné de l'action économique au niveau régional. Il en est ainsi notamment du schéma régional de développement économique, d'innovation et d'internationalisation (SRDEII), ou encore des conventions et délégations de compétences pour le financement des aides aux entreprises.

Il n'en demeure pas moins que cette nouvelle architecture, pensée en 2015, n'apparaît pas entièrement efficiente. Il existe en effet une tension entre l'ambition initiale de la loi et son application concrète dans le domaine du développement économique. Les départements ont notamment continué d'agir en la matière, ce qui n'a pas permis d'améliorer la lisibilité de la répartition des compétences et les SRDEII n'ont pas réellement rempli leur fonction de concertation.

I. La loi NOTRe : une volonté affirmée de clarification et de rationalisation des compétences économiques

L'article L. 4251-12 du CGCT issu de l'article 2 de la loi du 7 août 2015 prévoit que « La région est la collectivité territoriale responsable, sur son territoire, de la définition des orientations en matière de développement économique ». Le législateur lui attribue ainsi une compétence exclusive en la matière qui se « traduit

15. L'article L. 1111-9 du CGCT prévoit que « II. - La région est chargée d'organiser, en qualité de chef de file, les modalités de l'action commune des collectivités et de leurs établissements publics pour l'exercice des compétences relatives [...] 4° Au développement économique ; 5° Au soutien de l'innovation ; 6° À l'internationalisation des entreprises [...] ».

par l'affirmation de la vocation stratégique de l'échelon régional ainsi que par la consolidation de ses principaux leviers d'intervention en matière économique »[16]. Cela s'est formalisé par la mise en place d'un nouvel outil, le schéma régional de développement économique, d'innovation et d'internationalisation (SRDEII) envisagé comme un instrument de concertation et par une volonté de rationaliser l'exercice de cette compétence.

A. Le SRDEII, un instrument de la stratégie économique de la région

La loi NOTRe a renforcé le rôle de planification de la région en matière économique en prévoyant qu'il lui appartient d'élaborer le SRDEII. Ce dernier a pour vocation de définir

> « les orientations en matière d'aides aux entreprises, de soutien à l'internationalisation et d'aides à l'investissement immobilier et à l'innovation des entreprises, ainsi que les orientations relatives à l'attractivité du territoire régional. Il définit les orientations en matière de développement de l'économie sociale et solidaire, en s'appuyant notamment sur les propositions formulées au cours des conférences régionales de l'économie sociale et solidaire. Il définit également les orientations en matière de développement de l'économie circulaire, notamment en matière d'écologie industrielle et territoriale »[17].

La loi du 10 février 2020[18] prévoit, en outre, que ce schéma doit définir les orientations dans les domaines de la lutte contre le gaspillage et l'économie circulaire. Cet instrument a donc pour but de permettre la rationalisation de l'action économique sur le territoire régional en organisant la complémentarité entre les différentes interventions des collectivités et de leurs groupements en matière d'aide aux entreprises.

Ce schéma met en avant la concertation comme mode d'élaboration. Il s'agit d'une évolution majeure par rapport au schéma régional de développement économique[19] où la région ne prenait simplement que l'avis des différentes personnes publiques. Toutefois, il convient de souligner que les règles sont peu contraignantes. Si les communes et les départements sont exclus de la concertation, dans la mesure où seuls sont concernés les métropoles, la Métropole de Lyon et les EPCI à fiscalité

16. P. Idoux, « Les régions et le développement économique », *RFDA* 2016, p. 467.
17. Art. L. 4251-13 du CGCT.
18. Loi n° 2020-105 du 10 févr. 2020 relative à la lutte contre le gaspillage et à l'économie circulaire, *JORF*, n° 0035, 11 févr. 2020.
19. Le schéma régional de développement économique avait été institué dans le cadre d'une expérimentation prévue par la loi du 13 août 2004 relative aux libertés et responsabilités locales (art. 1er), *JORF* 17 août 2003.

propre, le schéma fait néanmoins l'objet d'une discussion au sein de la conférence territoriale de l'action publique (CTAP)[20]. La région peut également consulter tout organisme ou personne en vue de l'élaboration du schéma.

Le rôle de la région en la matière est néanmoins amoindri. Dans le cadre du dialogue avec les métropoles, en cas de désaccord, ces dernières élaborent un document d'orientations stratégiques qui prend en compte le schéma régional[21]. Néanmoins, rien dans la loi ne prévoit que les choix stratégiques des métropoles devront être en conformité avec ceux de la région, « ce qui tempère considérablement la vocation prescriptive et harmonisatrice du schéma régional »[22]. En conséquence, ce nouvel outil conçu pour mettre en lumière la stratégie de la région sur l'ensemble de son territoire ne répond que partiellement à son objectif initial.

Le SRDEII est enfin approuvé par arrêté du représentant de l'État. Cela lui confère un caractère prescriptif, de sorte que les actes des collectivités territoriales et de leurs groupements en matière d'aides aux entreprises devront être compatibles avec le schéma. Dans cette perspective, les collectivités infrarégionales ne pourront plus définir leur propre régime d'aides et leurs actes « ne devront pas aller à l'encontre des orientations fondamentales définies dans le schéma »[23]. Néanmoins, le rapport de conformité des actes des collectivités avec ce schéma demeure relatif du fait notamment de l'interdiction de la tutelle d'une collectivité territoriale sur une autre posée par l'article 72 de la Constitution[24]. C'est d'ailleurs selon cette logique que les jurisprudences du Conseil constitutionnel et du Conseil d'État considèrent qu'un rapport de compatibilité n'est pas constitutif de la mise en place d'une tutelle[25]. Par ailleurs, il convient de remarquer que le caractère prescriptif du schéma est pour le moins relatif. Les premiers schémas adoptés en 2017 s'apparentent davantage, comme le relève l'Inspection générale de l'administration, « à une grille de lecture de l'économie régionale [ils] définissent des

20. Sont également associées aux discussions les chambres consulaires et la chambre régionale de l'économie sociale et solidaire.

21. Art. L. 4251-15 du CGCT.

22. P. IDOUX, *op. cit.*, p. 472.

23. Instruction du Gouvernement du 22 déc. 2015 (NOR INTB1531125J) relative à la nouvelle répartition des compétences en matière d'interventions économiques des collectivités territoriales et de leurs groupements, issue de l'application de la loi nº 2015-99.

24. En ce sens, F. SENERS, « La prohibition de la tutelle d'une collectivité territoriale sur une autre », *RFDA* 2004, p. 518. Sur la question des schémas et des risques de tutelle, voir : M. BAUBONNE, « Les schémas régionaux et les risques de tutelle régionale », *RFDA* 2017, p. 715.

25. En ce sens, Cons. const. 7 déc. 2000, nº 2000-436 DC, *Loi SRU*, *JORF* 14 déc. 2000, p. 19840 ; *Rcc.*, p. 176 ; CE avis nº 349324 du 5 mars 1991, *EDCE* nº 43, p. 391.

principes d'interventions (ex : *non-dumping* social), fixent des priorités en matière de filières, mais n'ont pas véritablement de caractère prescriptif (obligation de faire ou de ne pas faire) »[26]. L'Inspection poursuit en relevant que pour certaines régions, la prescriptivité « n'a rien apporté par rapport aux schémas antérieurs, sinon une contrainte supplémentaire : la nécessité de l'approbation du document par le préfet »[27].

Si la mise en place de ces schémas régionaux a vocation à tracer les orientations de l'interventionnisme local en matière économique, l'efficience de cet outil commandait en parallèle une rationalisation des compétences en la matière.

B. Une tentative de rationalisation de l'action publique locale

L'un des objectifs de la loi NOTRe était de procéder à une clarification et une rationalisation des compétences en supprimant notamment la clause générale de compétences pour les départements et les régions et en les cantonnant, en conséquence, à une action possible dans le cadre des compétences légales d'attribution[28]. Cela a permis de clarifier le rôle de la région en matière d'interventionnisme économique en mettant fin à la répartition des compétences telle qu'elle existait depuis la loi sur les responsabilités locales de 2004, qui permettait à toutes les collectivités de mettre en place leur propre système d'aides. Néanmoins, la clarification des compétences connaît des limites et il n'est guère possible d'établir une attribution exclusive d'un bloc de compétence à une seule collectivité. La technique de la répartition par bloc, envisagée en 1983 s'est soldée par un échec. Qui plus est, une telle répartition apparaît utopique dans ce domaine, car il est impossible « d'isoler totalement les enjeux économiques de la plupart des décisions et politiques publiques »[29].

L'article L. 1511-2 du CGCT affirme la compétence de droit commun de la région pour définir un régime d'aides et pour décider de l'octroi de ces aides aux entreprises en faveur de la création ou de l'extension d'activités économiques.

26. Rapport de l'IGA n° 16119-R présenté par B. ACAR et P. REIX, *Délégation de compétences et conférence territoriale d'action publique, de nouveaux outils au service de la coopération territoriale*, mai 2017, p. 59.
27. *Ibid.*
28. Cette nouvelle répartition a été jugée conforme à la Constitution et au principe de libre administration; Cons. const. 16 sept. 2016, n° 2016-565 QPC, *Assemblée des départements de France*, *JORF*, n° 0218, 18 sept. 2016, texte n° 37.
29. P. IDOUX, *op. cit.*, p. 472.

Désormais, seule la région a un pouvoir d'initiative exclusive en la matière. L'action des communes, des EPCI et de la Métropole de Lyon devra s'inscrire dans le cadre des orientations et des objectifs fixés dans le SRDEII.

Les collectivités infrarégionales ne sont pas pour autant dépourvues de compétences en matière d'interventionnisme économique. Tout d'abord, la commune conserve la clause générale de compétence qui peut lui permettre, le cas échéant, d'intervenir pour répondre à un intérêt public local. Par ailleurs, l'article L. 1511-3 du CGCT prévoit que les communes, la Métropole de Lyon et les EPCI à fiscalité propre sont seuls compétents pour définir les aides ou les régimes d'aides et décider de l'octroi de ces aides en matière d'immobilier d'entreprises et de location de terrains ou d'immeubles[30]. Le législateur a également maintenu plusieurs possibilités permettant à la commune[31] et au département[32] d'intervenir en matière économique et sociale. Dans les deux cas, ces interventions doivent s'inscrire dans le respect de la liberté du commerce et de l'industrie ainsi que du principe d'égalité des citoyens devant la loi. À cet effet, le département conserve la possibilité d'intervenir de manière autonome dans des cas spécifiques[33] pour attribuer des aides favorisant l'installation ou le maintien de professionnels de santé dans des zones déterminées[34] ; pour l'exploitation de salle de cinéma[35] ; pour des garanties d'emprunts au profit de personnes de droit privé, mais de manière circonscrite[36].

Outre l'exercice de ces compétences en leur nom propre, les collectivités infrarégionales peuvent agir en matière d'aides aux entreprises. Ainsi, les communes et leurs groupements peuvent participer au financement des aides et régimes d'aides mises en place par la région, dans le cadre d'une convention avec la collectivité régionale. Une délégation de compétences peut également être mise en place sur le fondement de l'article L. 1111-8 du CGCT qui prévoit qu'une collectivité peut

30. Ces aides revêtent la forme de subventions, de rabais sur le prix de vente, de location ou de location-vente de terrains nus ou aménagés ou de bâtiments neufs ou rénovés, de prêts, d'avance remboursable ou de crédit-bail à des conditions plus favorables que celles du marché.

31. Art. L. 2251-1 et s. du CGCT.

32. Art. L. 3231-1 et s. du CGCT.

33. La suppression de la clause générale de compétence pour les départements a eu pour conséquence de limiter ses possibilités d'intervention. Voir en ce sens CE 12 mai 2017, *Assemblée des départements de France*, *AJDA* 2017, p. 2534, note A. Treppoz-Bruant ; CE 13 déc. 2017, *Assemblée des départements de France*, *AJCT* 2018, p. 220, obs. J.-D. Dreyfus.

34. Art. L. 1511-8 du CGCT.

35. Art. L. 3232-4 du CGCT.

36. Art. L. 3231-4 et s. du CGCT.

déléguer à une autre « tout ou partie d'une compétence dont elle est attributaire y compris pour la réalisation ou la gestion de projets structurants pour son territoire […] ».

La loi NOTRe a consacré la région comme l'échelon de droit commun compétent en matière de développement économique. Elle dispose pour cela de compétences stratégiques fortes et d'outils d'intervention significatifs. Cependant, le développement économique n'est pas un enjeu « monolithique » qui pourrait être géré par un seul niveau de collectivité. Il est par nature diffus et multidimensionnel. C'est pourquoi d'autres niveaux de compétences ont été, et sont toujours maintenus, en dépit de la volonté de rationalisation. Il apparaît en effet impossible d'écarter les initiatives des départements et de cantonner les communes et les EPCI à l'immobilier d'entreprises « tant l'intérêt général exige que les possibilités de financement offertes par chaque collectivité ne soient pas négligées »[37].

II. La loi NOTRe : une mise en œuvre confrontée à des limites structurelles et opérationnelles

L'un des objectifs poursuivis par le législateur en adoptant la loi NOTRe était de procéder à une rationalisation des compétences en matière économique en alliant à la fois la rigidité et des possibilités de coopération grâce au procédé de la délégation de compétences. Toutefois, cette nouvelle répartition a maintenu une certaine complexité faisant toujours intervenir l'ensemble des collectivités. Les premiers bilans d'application de la loi NOTRe démontrent cet état de fait. De même, la crise sanitaire de 2020, qui a nécessité l'intervention de l'ensemble des collectivités territoriales, a permis de démontrer qu'un autre mode de fonctionnement était possible et qu'il était donc nécessaire d'adapter les compétences économiques des collectivités.

A. Une complexité de l'action publique locale en matière économique maintenue

L'objectif de spécialisation de la région en matière économique poursuivi par la loi NOTRe n'a pas été atteint. Il est remarquable de relever, à l'instar de la Cour des comptes[38], que la répartition des compétences établie en 2016 était caduque dès le départ du point de vue de la rationalisation et également de la lisibilité.

37. B. FAURE, « Le leadership régional : nouvelle orientation du droit des collectivités territoriales », *AJDA* 2015, p. 1902.

38. Voir le rapport annuel de la Cour des comptes de 2023, p. 216.

L'exemple de la collectivité départementale est le plus parlant. Initialement, le législateur avait exclu le département du dispositif. Ce dernier ne pouvait intervenir que dans des cas spécifiques énumérés par la loi[39] ou dans le cadre de délégations de compétences. La suppression de la clause générale de compétence, si elle a amoindri la capacité d'action des départements, ne l'a pas pour autant réduit à néant. Ces derniers se sont vu reconnaître une clause de solidarité territoriale[40] leur permettant, lors du constat de la carence de l'initiative privée, de financer des opérations d'investissements en faveur d'entreprises de services marchands nécessaires aux besoins de la population en milieu rural, dont la maîtrise d'œuvre est assurée par les communes ou les EPCI à fiscalité propre[41]. La suppression de la clause générale de compétence devait également « entraîner un transfert du financement des structures de développement économique » comme le relève la Cour des comptes[42]. Or, si dans certaines régions les agences départementales ont été intégrées dans les agences régionales de développement économique, dans d'autres ces agences sont financées encore en partie par les départements. Par ailleurs, plusieurs de ces agences ont été maintenues dans des départements qui ont réorienté leur action vers le tourisme qui est une compétence partagée. Nonobstant une rationalisation finalement assez limitée de l'intervention économique des collectivités, le législateur a apporté des correctifs au dispositif mis en place par la loi NOTRe. Ainsi, dans la loi du 27 décembre 2019[43], il est revenu sur l'abrogation de l'article L. 3231-3 du CGCT qui prévoyait que « lorsque la protection des intérêts économiques et sociaux de la population départementale l'exige, le département peut accorder des aides ». Cet article, réintroduit par la loi « Engagement et proximité », autorise désormais les départements à accorder des aides aux entreprises. Cette possibilité est strictement limitée aux entreprises dont au moins un établissement est situé dans une commune du département qui a été reconnue en état de catastrophe naturelle ou technologique par un arrêté interministériel. La réintroduction de cet article, même dans un cadre très restrictif, reflète une certaine flexibilité et une reconnaissance du rôle de proximité des départements.

39. Voir *infra*.

40. M. LONG, « Le département après la loi NOTRe, un acte de décès non transformé », *AJDA* 2015, p. 1915.

41. Art. L. 1111-10 du CGCT.

42. Rapport annuel, *op. cit.*, p. 217.

43. Loi nº 2019-1461 du 27 déc. 2019 relative à l'engagement dans la vie locale et à la proximité de l'action publique, *JORF*, nº 0301, 28 déc. 2019.

La Cour des comptes relève également que la procédure d'élaboration des SRDEII basée sur la concertation, notamment dans le cadre des CTAP, « est un exercice sans autre valeur que la validation formelle du SRDEII »[44]. Ces dernières mises en place par la loi MAPTAM du 27 janvier 2014 et la loi NOTRe n'ont pas produit les effets escomptés[45]. Conçues pour favoriser un exercice concerté des compétences des collectivités et des EPCI, les CTAP n'ont pas « réussi à faire émerger un pacte de gouvernance locale »[46]. Elles ont porté en elles la crainte d'un « jacobinisme régional »[47], avec l'idée d'une coopération pilotée par la région. Plus qu'une véritable instance décisionnelle, elles en sont réduites à une instance de dialogue uniquement formel compte tenu du nombre de membres qu'elles réunissent et les critiques quant à la représentativité de certains échelons[48].

Le rapport de la Cour des comptes souligne enfin que si le législateur a souhaité la mise en place d'une rationalisation des compétences en matière économique, la coordination entre les différents acteurs est assez souple malgré une répartition assez stricte. Néanmoins, cette coordination porte en elle une limite, car elle repose avant tout sur la volonté de coopération entre les régions et les collectivités infrarégionales[49]. Elle ne répond pas non plus à l'objectif visé de simplification, car le législateur lui-même est à l'origine d'une complexification en autorisant les collectivités à recourir au procédé de la délégation[50].

---

44. Rapport annuel, *op. cit.*, p. 226.
45. Le rapport Ravignon les compare à « des coquilles vides » : B. RAVIGNON, *Coûts des normes et de l'enchevêtrement des compétences entre l'État et les collectivités : évaluation, constats et propositions*, mai 2024, p. 23.
46. Rapport de l'IGA, *op. cit.*, p. 5.
47. Rapport d'information de F. GROSDIDIER et N. TOCQUEVILLE, *L'association des collectivités territoriales aux décisions de l'État qui les concernent : la codécision plutôt que la concertation*, Sénat, n° 642, 26 mai 2016, p. 31.
48. La loi 3 Ds du 21 févr. 2022 prévoit, dans son article 8, de nouvelles modalités pour la désignation des membres de la CTAP. Loi n° 2022-217 du 21 févr. 2022 relative à la différenciation, la décentralisation, la déconcentration et portant diverses mesures de simplification de l'action publique, *JORF*, n° 0044, 22 févr. 2022. Ces nouvelles modalités sont prévues par le décret n° 2022-1581 du 16 déc. 2022, *JORF*, n° 0293, 18 déc. 2022.
49. Rapport annuel, *op. cit.*, p. 228.
50. « On peut s'interroger sur l'objectif visé lorsqu'on institue des compétences d'attribution et qu'on autorise dans le même temps des délégations sans réelle limite ou condition », N. FERREIRA, « La loi NOTRe : l'enchevêtrement des compétences, suite et… fin ? », *AJCT* 2016, p. 83.

B. *Une nécessaire amélioration de la répartition des compétences en matière économique*

Très rapidement après l'adoption de la loi NOTRe, plusieurs critiques ont été soulevées quant à la nouvelle architecture mise en place en matière de répartition des compétences. Toutefois, outre la question du manque de lisibilité soulevée précédemment, la crise sanitaire liée à la Covid a pu être perçue comme un catalyseur des manques de la loi de 2015, en mettant à l'épreuve la répartition des compétences. Les départements ont en effet été amenés à jouer un rôle dépassant le cadre des compétences qui leur sont accordées en particulier en matière économique. La situation d'urgence induite par la crise a nécessité la mise en place de dérogations dans la répartition des compétences[51] permettant aux départements, de façon exceptionnelle, d'aider les entreprises implantées sur leur territoire. Dans cette perspective la mission d'information du Sénat sur le rôle, la place et les compétences des départements a formulé plusieurs propositions tendant à redonner son rôle à la collectivité départementale. Elle relève notamment que compte tenu du rôle des départements dans le développement économique « il paraît tout à fait malvenu qu'ils ne soient même pas associés – contrairement aux EPCI à fiscalité propre – aux concertations préalables à l'adoption du schéma régional de développement économique d'innovation et d'internationalisation »[52]. Par ailleurs, elle souligne également la nécessité de « desserrer la répartition des compétences économiques issues de la loi NOTRe ». En ce sens, elle préconise d'autoriser les régions à déléguer aux départements l'octroi de tout ou partie des aides à la création ou l'extension d'activités économiques ; de leur permettre d'octroyer de telles aides en dehors de délégation mais avec l'accord de la région ; de contribuer au financement des aides et régimes d'aides mis en place par la région[53].

---

51. Par habilitation législative, le gouvernement a créé un fonds de solidarité à destination des entreprises touchées par les conséquences économiques de la crise sanitaire, auquel toutes les collectivités ainsi que les EPCI pouvaient contribuer. Ordonnance n° 2020-317 du 25 mars 2020, *JORF*, n° 0074, 26 mars 2020.
52. Rapport de C. Cukierman fait au nom de la mission d'information, *Quel rôle, quelle place, quelles compétences des départements dans les régions fusionnées aujourd'hui et demain ?*, Sénat, n° 706, 15 sept. 2020, p. 128.
53. *Ibid.*, p. 129.

A contrario, le rapport Woerth propose de renforcer les compétences économiques des régions « en faisant d'elles le premier partenaire des entreprises dans les territoires »[54]. Dans cette perspective, le rapport préconise de faire de la région l'interlocuteur de référence et de supprimer toutes les compétences reconnues au département. La consolidation des compétences régionales doit également passer par un renforcement de la coopération avec les différentes agences de l'État qui interviennent au travers de programmes de soutien aux entreprises[55]. Ce renforcement pourrait également se traduire par la participation des régions à l'élaboration des appels à projets nationaux, « en leur donnant la possibilité de les adapter à l'écosystème régional avec des enveloppes régionales dédiées et garanties »[56]. Enfin, dans un but de rationalisation et de cohérence, le rapport préconise que les régions soient cosignataires et cofinanceurs de la convention d'objectifs et de moyens entre les chambres du commerce et de l'industrie et l'État et qu'elles contractualisent avec BpiFrance pour assurer la coordination des différents instruments en faveur des entreprises. Cette contractualisation aurait pour but de « simplifier le "maquis" des aides existantes et les démarches administratives des entreprises »[57]. Si le but manifeste de ces différentes propositions tend vers le renforcement du rôle exclusif de la région et des EPCI en matière de développement économique, elles ont pour inconvénient de favoriser une approche rigide de la répartition des compétences.

La délégation aux collectivités territoriales du Sénat privilégie au contraire une approche plus souple[58]. Elle reconnaît le rôle structurant de la région, notamment au regard de la mise en place de la stratégie économique, en relevant toutefois que l'élaboration du principal instrument de la planification, le SRDEII, est un « exercice institutionnel et déconnecté des réalités du terrain, qui se caractérise par l'addition d'orientation en silo, sans vision systémique »[59]. Elle recommande de clarifier la répartition des compétences en matière de développement écono-

---

54. Rapport d'É. WOERTH, *Décentralisation : le temps de la confiance*, mai 2024, p. 43 ; H. PAULIAT, « Comment relancer la décentralisation ? – À propos du rapport d'Éric Woerth "Décentralisation : le temps de la confiance" », *JCP A*, nº 23, 10 juin 2024, act. 308.
55. Le rapporteur propose de déléguer aux régions les crédits des programmes de soutien aux PME et ETI de l'Agence de l'environnement et de la maîtrise de l'énergie et de l'agence nationale de la cohésion des territoires. *Ibid.*
56. *Ibid.*
57. *Ibid.*
58. D. GUÉRET, S. DE LA PROVÔTÉ, J.-J. LOZACH, C. BRULIN, *La nouvelle donne de l'ingénierie des collectivités territoriales en matière de développement économique*, Rapport d'information fait au nom de la délégation aux collectivités territoriales et à la décentralisation, Sénat, nº 660, 27 mai 2025.
59. *Ibid.*, p. 33.

mique en renforçant le couple région-intercommunalité. La délégation ne nie pas pour autant le rôle des départements et considère qu'il est nécessaire de dépasser la problématique de l'échelon compétent pour se focaliser sur « la capacité des collectivités concernées à coordonner leur action et à mutualiser leurs ressources et leur ingénierie, au bénéfice du développement économique des territoires »[60]. De la même manière, l'AMF, auditionnée par la délégation, préconise que « contrairement à la loi NOTRe, il faudrait laisser la liberté aux territoires de s'organiser, par exemple en permettant à un département de s'impliquer. La répartition des compétences est aujourd'hui trop rigide ». En ce sens, il est proposé d'expérimenter la possibilité pour les départements de se voir déléguer une partie de la compétence du développement économique.

***
*

Si la loi NOTRe a cherché à rationaliser et à confier un rôle prépondérant à la région en matière de développement économique, la réalité de terrain et les expériences récentes ont montré que la complexité demeure. Une approche plus souple et collaborative est nécessaire pour une action publique locale plus efficiente. Le défi réside donc dans la capacité à concilier la nécessaire lisibilité des compétences avec la flexibilité indispensable pour répondre aux réalités économiques locales. Cela devrait passer, non pas, par la suppression des compétences des uns au profit des autres, mais par une coordination et une contractualisation plus poussées, permettant une coopération structurée au lieu d'une simple superposition d'interventions.

60. *Ibid.*, p. 36.

L'INTERCOMMUNALITÉ RENFORCÉE PAR LA LOI NOTRe PUIS DIFFÉRENCIÉE INÉGALEMENT PAR LES LOIS « ENGAGEMENT ET PROXIMITÉ » ET « 3Ds »

Nadine DANTONEL-COR

Professeur de droit public
Directrice adjointe de l'Institut de recherches sur l'évolution de la Nation et de l'État – IRENEE, Université de Lorraine
Membre du conseil scientifique du GIS-GRALE, Université Paris 1 - Panthéon-Sorbonne

D'un point de vue institutionnel, la loi n° 2015-991 du 7 août 2015 portant nouvelle organisation territoriale de la République renforce à la fois les régions et les intercommunalités par rapport aux autres catégories de collectivités territoriales, ce qui entraîne *ipso facto* une diminution du rôle des départements et des communes. Les titres I et II de cette loi sont particulièrement évocateurs de cette volonté de privilégier ces collectivités publiques régionales et intercommunales, sans porter atteinte au principe d'absence de tutelle d'une collectivité territoriale sur une autre et sans contredire le principe de libre administration des collectivités territoriales. Cette volonté d'avantager d'emblée une catégorie de collectivité territoriale et tous les genres de groupements de communes n'a pas été sans générer de nombreuses difficultés.

Le choix de renforcement du rôle des régions se coule parfaitement dans le moule de la loi n° 2015-29 du 16 janvier 2015 relative à la délimitation des régions et décidant la fusion de certaines régions. L'objectif annoncé consistait à inscrire ces collectivités élargies géographiquement et territorialement dans la concurrence européenne[1]. Le regroupement de certaines régions avait déjà été préconisé dans plusieurs rapports, dont celui du comité pour la réforme des collectivités territoriales, présidé par Édouard Balladur en mars 2009, ou le rapport des sénateurs Raffarin et Krattinger sur l'avenir de l'organisation décentralisée de la République

1. La loi NOTRe s'inscrit surtout dans la démarche amorcée par la loi n° 2014-58 du 27 janv. 2014 de modernisation de l'action publique et d'affirmation des métropoles, *JORF* 28 janv. 2014.

en octobre 2013. Les fondements de la fusion des régions consistaient à concentrer ces collectivités sur leur vocation d'aménagement du territoire, en leur conférant des compétences stratégiques. Les régions étant le plus vaste niveau de collectivités territoriales, le législateur a considéré qu'elles devaient jouer un rôle de stratège et de planificateur, par l'élaboration de nombreux schémas, pour certains à caractère prescriptif.

S'agissant de l'intercommunalité, les enjeux du renforcement étaient liés au constat du nombre trop important de groupements de communes sur le territoire hexagonal : avant la loi NOTRe, il était possible de recenser 2 133 établissements publics de coopération intercommunale à fiscalité propre, se répartissant de la manière suivante : 11 métropoles, 9 communautés urbaines, 226 communautés d'agglomération, 1 884 communautés de communes et 3 syndicats d'agglomération nouvelle. De l'autre côté de l'échiquier intercommunal, on recensait 13 500 groupements de communes sans fiscalité propre, essentiellement des syndicats de communes. Compte tenu de cette grande diversité d'intercommunalités, le législateur a estimé qu'il importait de les doter d'une taille critique permettant la mise en place d'un véritable projet de territoire.

En réalité, la loi NOTRe a poursuivi les objectifs annoncés dans la loi n° 2014-58 du 27 janvier 2014 de modernisation de l'action publique et d'affirmation des métropoles, qui avait créé deux statuts différenciés de métropoles, des métropoles de droit commun et des métropoles à statuts particuliers. La loi NOTRe s'est également inscrite dans le mouvement amorcé par la loi précitée de 2014, en poursuivant les volontés de rationalisation de l'action publique locale par l'intermédiaire des collectivités « chefs de file » ou des conférences territoriales de l'action publique présidées par le président du conseil régional. Les intercommunalités à fiscalité propre ou sans fiscalité propre ne sont pas exclues de la rationalisation des territoires locaux; en effet, la nouvelle stratégie mise en place par la loi NOTRe a consisté à accroître le périmètre des établissements publics de coopération intercommunale à fiscalité propre et à diminuer le nombre de syndicats devenus obsolètes par la constitution d'intercommunalités intégrées. L'accroissement de la solidarité territoriale, de la transparence et de la responsabilité financière est venu compléter le tableau du renforcement de la coopération intercommunale. Paradoxalement, la clause générale de compétence a été supprimée à la fois pour les départements et les régions, ce qui semble aller quelque peu à l'encontre de la volonté du législateur de rendre les régions plus puissantes. Un constat identique peut être formulé au sujet la clause générale de compétence conservée au profit des communes, au nom de la subsidiarité et de la proximité de cette collectivité de base avec ses citoyens. On relève l'absence de logique du législateur sur l'attribution de la clause aux seules communes, qui n'ont pas pour objectif d'être mises en avant sur la scène de la loi NOTRe[2]. L'ambiguïté peut également être relevée au sujet des fonctions départementales, qui sont ponctuellement maintenues à l'égard des communes. L'étude d'impact du 17 juin 2014 précise à leur endroit que tant que les communes ne disposeront pas d'une intercommunalité « d'une taille critique suffisante pour assurer pleinement les fonctions de solidarité territoriale, le rôle du département doit pouvoir continuer à soutenir les communes et les plus petites intercommunalités »[3].

L'architecture de la loi NOTRe, quelquefois qualifiée de « big bang territorial », se focalise donc sur un couple prépondérant régions/intercommunalités, qu'il importe de comparer au binôme institué pour les élections départementales sur chaque canton. Comme les régions et les intercommunalités, aucun membre du binôme n'est supérieur à l'autre, les conseillers sont tous deux sur un pied d'égalité, tout comme les régions et les intercommunalités qui exercent leurs compétences en complémentarité et sans aucune tutelle.

Même si la loi NOTRe n'est pas la dernière loi fondamentale en droit des collectivités territoriales, on ne peut que mettre en évidence le fait que l'intercommunalité a été renforcée par rapport aux communes, dans la continuité de la loi MAPTAM du 27 janvier 2014 (I). Cette prééminence des groupements de communes dans le bloc communal ne perdurera pas puisque les deux lois ultérieures rééquilibreront la place de chaque protagoniste dans le paysage local de proximité (II). L'évolution de l'intercommunalité est donc loin d'être linéaire.

I. L'intercommunalité renforcée par rapport aux communes dans la loi NOTRe

La loi NOTRe poursuit le schéma de développement des métropoles, qui ont déjà fait l'objet de nombreux aménagements dans la loi MAPTAM. Cette dernière avait mis en exergue les missions importantes des métropoles, tant de droit commun qu'à statut particulier. La Métropole du Grand Paris et la métropole d'Aix-Marseille-Provence ont été créées officiellement au 1er janvier 2016. Quant à la Métropole de Lyon créée par la loi MAPTAM, elle a été instituée à partir du 1er janvier 2015 sous

2. Le choix de privilégier les communes semble néanmoins parfaitement fondé puisque la subsidiarité est un principe constitutionnel, mais cette option peut surprendre au regard du renforcement de l'intercommunalité.
3. Étude d'impact, sur le projet de loi portant nouvelle organisation territoriale de la République, NOR : RDFX1412429L/Bleue-1, 17 juin 2014, p. 93. Relevons que les départements jouent toujours un rôle important de soutien aux petites communes.

la forme d'une collectivité à statut particulier, en lieu et place de la communauté urbaine de Lyon et du département du Rhône sur les limites du périmètre de la métropole[4]. Cette métropole lyonnaise exerce à la fois des compétences métropolitaines et départementales. Ces doubles compétences obligatoires contribuent à son originalité, complexifiant encore un peu l'organisation générale intercommunale et confortant l'image du *« patchwork »* territorial, qui n'épargne aucune structure locale. Cette métropole originale et hybride à bien des égards bénéficie en outre de la clause générale de compétence, pourtant uniquement conservée dans le giron des communes par la loi NOTRe. Principes et exceptions se combinent et une loi ultérieure, même proche, n'hésite pas à en contredire une autre[5]. Néanmoins, et nonobstant des contradictions législatives, il est possible de constater la volonté de poursuivre le renforcement des métropoles dans la loi NOTRe, et tout particulièrement de celles à statut particulier ; on doit également prendre en considération la volonté d'élargissement des intercommunalités, qui atteignent un sommet très élevé, jamais égalé (A). Le législateur persévère également dans son objectif de rationalisation des groupements de communes, dont on ne peut que constater les lacunes du dispositif juridique (B).

A. La continuité par la volonté d'élargissement d'intercommunalités rationalisées

Les lois décentralisatrices de 2014 et 2015 précitées conduisent à accroître la place des intercommunalités dans le jardin à l'anglaise décentralisateur. Le pic intercommunal est atteint, le sommet le plus élevé est gravi le 7 août 2015.

De nombreux établissements publics de coopération intercommunale ayant un seuil inférieur à 5 000 habitants, il a été décidé de regrouper plusieurs intercommunalités à fiscalité propre. Le préfet de département, dont les missions ont été multipliées, a dû prévoir la constitution de groupements de communes à fiscalité propre regroupant au moins 15 000 habitants ; toutefois, ce seuil a pu être adapté pour des zones à faible densité démographique ou situées dans des secteurs montagneux, sans pouvoir être inférieur à 5 000 habitants. Autrement dit, les communautés de communes ne peuvent plus être créées en dessous des seuils précités, ce qui contraint un certain nombre d'établissements à se regrouper

4. L. HAVARD, « La métropole collectivité territoriale de Lyon : évolution ou révolution ? », *AJDA* 2017, p. 510.

5. On peut prendre l'exemple de la clause générale de compétence, instaurée pour toutes les catégories de collectivités territoriales dans la loi du 27 janv. 2014 et supprimée pour les départements et les régions par la loi du 7 août 2015.

pour réaliser de nouveaux projets ou à s'allier par obligation législative ou pour bénéficier d'incitations financières[6]. Il en est résulté une intégration renforcée mais autoritaire des communautés de communes et même d'agglomération[7]. Pour favoriser ces regroupements dans l'élaboration du schéma départemental de la coopération intercommunale, le préfet a dû également prendre en compte des critères législatifs particulièrement flous, ce qui a contribué à renforcer son pouvoir discrétionnaire. À titre d'exemple, on peut citer la prise en compte de la cohérence spatiale et de la solidarité territoriale, dont on ne peut que relever l'impossible définition et l'appréciation au cas par cas par le représentant de l'État[8]. Ces mesures s'inscrivent dans le mouvement parallèle de déconcentration, qui implique le transfert au préfet d'un pouvoir individuel de dérogation aux normes dans un certain nombre d'attributions[9].

Par voie de conséquence, la création d'intercommunalités élargies par la loi NOTRe engendrera la réduction corrélative du nombre de syndicats de communes et de syndicats mixtes, en particulier par la suppression des doubles emplois entre des groupements de communes sans et avec fiscalité propre. Le représentant de l'État dans le département peut, en outre, mettre en œuvre les propositions d'élargissement, par exemple par fusions, contenues dans le schéma départemental mais il peut aussi déterminer lui-même un projet de rationalisation ne figurant pas dans le schéma, après avis de la commission départementale de la coopération intercommunale. Il en résulte une grande complexité puisque toutes les évolutions sont possibles, y compris celles qui ne figurent pas dans le schéma départemental, considéré comme un document fondamental soumis à diverses appréciations. Les portes de l'évolution de l'intercommunalité ont été grandes ouvertes pour le préfet de département qui incarne les intérêts supérieurs de l'État[10]. Les communes ne peuvent pas s'opposer aux évolutions de l'intercommunalité puisque l'intérêt géné-

6. Rappelons qu'avant la loi NOTRe, deux communes seulement pouvaient décider de créer une communauté de communes puisqu'il n'y avait aucun seuil de création nécessaire à la constitution d'un tel groupement. C'est toujours possible aujourd'hui, même si cette création doit atteindre les seuils de population préc.

7. M. DEGOFFE, « Les nouvelles intercommunalités », *RFDA* 2016, p. 481.

8. N. DANTONEL-COR, « Rationalisation de l'intercommunalité et justice spatiale : quelles conséquences sur les territoires ? » *in* F. LERIQUE, V. DUSSART (dir.), *Justice spatiale et politiques publiques territoriales*, éd. mare et martin, coll. « Droit public », 2022, p. 161-176.

9. Voir décrets n° 2025-723 et 2025-724 étendant le pouvoir de dérogation reconnu aux préfets, *JORF* n° 176, 31 juill. 2025.

10. Le préfet peut en outre dans certaines circonstances passer outre à un avis défavorable des élus, ou prendre une position divergente de celle des élus à la suite d'un avis simple, qui n'a pas d'obligation d'être suivi d'effet.

ral prévaut sur le principe de libre administration[11]. Les fusions et modifications du périmètre des groupements de communes sont facilitées par le législateur puisqu'il y a continuité des actes et délibérations[12]. La seule interdiction est circonscrite à l'inclusion d'intercommunalités à fiscalité propre dans le périmètre d'un groupement de communes déjà existant.

Comme mentionné précédemment, le législateur pose très fréquemment une règle, pour y apporter très rapidement des dérogations, ce qui ne facilite pas la compréhension des principes régissant l'intercommunalité. On peut prendre pour exemple la création des communautés d'agglomérations, autorisée à titre dérogatoire ou expérimental en dehors des seuils de constitution de droit commun, ce qui accentue l'illisibilité du dispositif de constitution de ces établissements publics de coopération intercommunale[13].

Le regroupement des intercommunalités s'accompagne de la création d'un conseil de développement dans les intercommunalités à fiscalité propre de plus de 20 000 habitants, composé de personnalités qualifiées, c'est-à-dire de représentants des milieux économiques, sociaux, culturels, scientifiques, environnementaux et associatifs du périmètre du groupement et disposant d'une compétence consultative[14]. Par touches successives, le législateur tente d'améliorer le régime juridique des intercommunalités mais on ne peut que constater les nombreuses incohérences normatives (B).

B. L'échec de la tentative d'amélioration du statut juridique des intercommunalités

La loi NOTRe du 7 août 2015 complète le régime juridique des métropoles d'Aix-Marseille-Provence et du Grand Paris. La métropole d'Aix-Marseille-Provence et celle du Grand Paris sont divisées en territoires, dont le périmètre est défini par un décret en Conseil d'État « en tenant compte des solidarités géographiques existantes ». La loi NOTRe institue également une conférence métropolitaine des maires, composée de l'ensemble des maires de la métropole et dont l'objet principal

11. Saisi d'une question prioritaire de constitutionnalité, le Conseil constitutionnel a précisé que le législateur peut, « dans un but d'intérêt général d'achèvement et de rationalisation de la carte de l'intercommunalité, apporter des limitations à la libre administration des communes garantie par les articles 34 et 72 de la Constitution ». Voir Cons. const. 26 avr. 2013, n° 2013-303 QPC, *Commune de Puyravault*.

12. C. cass., Civ. 1re, 8 avr. 2021, *Métropole Rouen Normandie*, n° 19-26.189.

13. S. DYENS, « Des intercommunalités (véritablement) renforcées ? », *AJCT* 2015, p. 578.

14. Actuellement, le seuil de création obligatoire de ces conseils est de 50 000 habitants, les autres groupements pouvant créer facultativement un conseil de développement. Voir L. 5211-10-1 du CGCT.

consiste à émettre des avis. Cette conférence des maires dans ces intercommunalités élargies à statut particulier sera mise en place par les lois décentralisatrices de 2019 et 2022 dans les groupements de communes de droit commun.

Les relations entre les deux métropoles à statut particulier et leurs territoires ne sont pas des plus limpides. Concernant la métropole du sud de la France, des précisions sont apportées par loi du 7 août 2015 à la compétence en matière d'urbanisme : des conseils de territoire aixois-marseillais sont chargés notamment de la préparation et du suivi de l'élaboration et de toute procédure d'évolution du projet de plan local d'urbanisme. Le conseil métropolitain d'Aix-Marseille-Provence, quant à lui, engage l'élaboration d'un schéma de cohérence territoriale. Des dispositions assez semblables s'appliquent à la Métropole du Grand Paris. Ainsi, le législateur lui a confié l'élaboration du schéma de cohérence territoriale, alors que les établissements publics territoriaux se voient confier l'adoption d'un plan local d'urbanisme intercommunal couvrant l'intégralité de leur territoire, avec une association du conseil de la métropole à la procédure d'élaboration. Plus généralement, la loi NOTRe a limité les compétences de la Métropole du Grand Paris au profit des établissements publics territoriaux[15]. Le nombre d'organes inframétropolitains et les compétences attribuées aux différents organes renforce la complexité du fonctionnement de l'édifice métropolitain à statut particulier[16].

Les conseils des métropoles d'Aix-Marseille-Provence et du Grand Paris élaborent un pacte de gouvernance financier et fiscal, dont l'objectif consiste à déterminer une stratégie d'exercice des compétences et des relations financières entre la métropole et ses conseils de territoire. Relevons que l'institution de ce pacte de gouvernance sera étendue par les lois ultérieures à toutes les catégories d'intercommunalités. Le projet mené par la métropole doit être cohérent sur l'ensemble de son territoire et le pacte de gouvernance, dont on a quelques doutes sur les contours, doit y contribuer.

Le principe de subsidiarité, qui permet l'exercice de la compétence à l'échelon pertinent, est renforcé par la conservation de la notion d'intérêt communautaire, dont on avait pu s'interroger à un moment donné sur sa pérennité, tant la définition de cet intérêt pouvait s'avérer délicate. La notion d'intérêt communautaire permet d'adapter les politiques intercommunales aux particularités des territoires ; l'intérêt communautaire permet au groupement d'étendre ses compétences ou, au contraire,

15. O. RENAUDIE, « Le Grand Paris », *RFDA* 2016, p. 490.

16. O. RENAUDIE, « La Métropole du Grand Paris : du rêve à la (dure) réalité », *AJCT*, n° 9, sept. 2021, p. 416.

de les restreindre. Ce sont là les prémices de l'application de la différenciation territoriale dans le bloc communal, qui est davantage porté par les groupements que par les communes puisque la définition de l'intérêt communautaire ou métropolitain relève de la responsabilité des conseils des intercommunalités[17]. En conséquence, tous les conseillers municipaux ne peuvent pas se prononcer.

En outre, des critiques générales peuvent être formulées à l'aune du dixième anniversaire de la loi portant nouvelle organisation territoriale de la République du 7 août 2015. Globalement, elle n'a pas abouti aux économies d'échelle pourtant attendues par la réduction des intercommunalités, comme l'a démontré la Cour des comptes dans son rapport de septembre 2019 sur les finances locales[18]. De plus, comme le relève le Professeur Jean-Marie Pontier, « la loi a entraîné une perte de proximité, à la fois pour les citoyens qui éprouvent un sentiment d'injustice et pour les élus communaux, dont la relation avec les institutions intercommunales s'est modifiée et qui ressentent l'éloignement et une perte d'influence vis-à-vis des intercommunalités »[19]. Dans un sens identique, les députés Bruno Questel et Raphaël Schellenberger, dans leur rapport sur l'évaluation de l'impact de la loi NOTRe, sont très critiques, en mettant en évidence le fait que cette loi n'a pas atteint ses objectifs initiaux et que la répartition des compétences est source de rigidités et d'insécurité juridique[20]. Les parlementaires proposent de rétablir la confiance et la liberté juridique. Par conséquent, le ressentiment d'échec global de cette loi conduira le législateur à adopter quelques années plus tard des prises de positions plus équilibrées au profit du bloc communal (II).

II. Le bloc communal rééquilibré dans les lois « Engagement et proximité » et « 3Ds »

La loi n° 2019-1461 du 27 décembre 2019 relative à l'engagement dans la vie locale et à la proximité de l'action publique et la loi n° 2022-217 du 21 février 2022 relative à la différenciation, la décentralisation, la déconcentration et portant diverses mesures de simplification de l'action publique locale, dite loi 3Ds, sont issues des résultats de l'évaluation de la loi NOTRe et des nombreuses discussions avec les associations d'élus, notamment des maires, qui souhaitaient conforter les

17. Le Professeur Jean-François Lachaume relève que « le socle du renforcement dépend largement de l'usage qu'en font les élus » intercommunaux. Voir J.-F. LACHAUME, « Des intercommunalités renforcées », *AJDA* 19 oct. 2015, n° 34, p. 1905.

18. C. comptes, *Les finances publiques locales 2019 – Fasc. 2*, sept. 2019, p. 73-140.

19. J.-M. PONTIER, « La loi NOTRe : les illusions perdues », *AJDA* 2020, p. 481.

20. B. QUESTEL et R. SCHELLENBERGER, Rapport d'information AN n° 2539, 18 déc. 2019.

communes dans les intercommunalités et accentuer la différenciation territoriale. Les principaux objectifs de ces réformes se focalisaient sur le renforcement de la liberté d'action dans le bloc communal et sur la revivification du rôle joué par les communes au sein des groupements de communes, sans remettre en cause les grands équilibres institutionnels. À l'exception de l'augmentation réitérée des pouvoirs de police des maires, la loi « Engagement et proximité » met l'accent sur l'articulation des relations institutionnelles entre les communes et les intercommunalités (A). En complémentarité, la loi 3Ds encourage les intercommunalités à s'adapter à la particularité des territoires et entraîne des inégalités dans les compétences pouvant être exercées par les différentes catégories de groupements[21] (B).

A. La rationalisation institutionnelle du bloc communal par l'ajustement des équilibres

La loi « Engagement et proximité » ajuste les équilibres institutionnels entre les communes et l'intercommunalité à laquelle elles ont adhéré. Les élus locaux peuvent s'accorder sur un pacte de gouvernance qui permettra d'instituer une ou plusieurs conférences des maires, consultées lors de l'élaboration et de la mise en œuvre des politiques de l'établissement public de coopération intercommunale. La conférence des maires est d'ailleurs obligatoire dans les établissements publics de coopération intercommunale à fiscalité propre, sauf lorsque le bureau du groupement comprend déjà l'ensemble des maires des communes membres. Cet organe consultatif, sollicité depuis de longue date par les maires, autorise des débats sur la gouvernance et le contenu de la mise en œuvre des politiques publiques, et favorise l'information des édiles sur les projets à venir. Sans exhaustivité[22], l'accord de gouvernance peut également prévoir les conditions dans lesquelles le groupement peut confier la création ou la gestion de certains équipements ou services relevant de ses attributions à une ou plusieurs de ses communes membres. Ou encore, le pacte peut déterminer les orientations en matière de mutualisation entre les services de l'établissement et ceux des communes membres, dans l'objectif d'assurer une meilleure organisation des services. D'un point juridique, le pacte ne constitue aucunement un contrat, ni même un acte unilatéral engageant le groupement ultérieurement. Il peut être assimilé à une charte de bonne conduite relationnelle entre

21. N. DANTONEL-COR, « La différenciation intercommunale de la loi ATR à la loi 3Ds : la complexité renforcée par la diversité », *in* F. LERIQUE (dir.), *Les fondements de l'administration territorialisée*, L'Harmattan, coll. « GRALE », 2023, p. 197-216.

22. Sur le contenu du pacte de gouvernance, voir l'art. L. 5211-11-2 du CGCT.

les communes et l'intercommunalité. C'est un instrument de droit souple, qui se coule dans le moule volontaire de conservation des relations apaisées entre les différents protagonistes.

La rationalisation institutionnelle passe également par des aménagements du périmètre des établissements publics de coopération intercommunale. Ainsi, l'obligation de réviser tous les dix ans les schémas départementaux de coopération intercommunale est supprimée. En effet, le législateur a considéré que la procédure d'élaboration ou de révision était trop lourde pour imposer des délais bien déterminés. L'initiative d'élaboration peut provenir du représentant de l'État mais la révision, outre le préfet, peut également émaner de la commission départementale de la coopération intercommunale, composée à 80 % d'élus communaux et intercommunaux. Contrairement à la loi NOTRe, l'article 26 de la loi du 27 décembre 2019 dispose que des établissements publics de coopération intercommunale peuvent être créés par partage d'une communauté de communes ou d'une communauté d'agglomération existante, après avis de l'organe délibérant du groupement. Ce retour en arrière législatif a répondu à des sollicitations d'élus, soulignant à plusieurs reprises la complexité de gestion quotidienne et d'adoption de décisions dans certaines intercommunalités gigantesques.

Dans une conception identique, la loi 3Ds revient sur la création des conseils de territoires, échelons inframétropolitains, dans l'organisation de la métropole d'Aix-Marseille-Provence. Ces organes intermédiaires sont supprimés car ils étaient considérés comme des obstacles « à l'appropriation des enjeux stratégiques du territoire »[23]. Les communes de la métropole bénéficient à nouveau de compétences de subsidiarité renforçant l'équilibre du bloc métro-communal, et le conseil métropolitain retrouve une compétence de principe relative à l'organisation de la métropole. En effet, c'est le conseil de la métropole qui délibère désormais sur l'organisation territorialisée des services.

On entrevoit ainsi la construction d'une nouvelle organisation du bloc communal, davantage fondée sur l'équilibre des rapports entre les communes et l'intercommunalité. Cet ajustement favorise la confiance et confère aux élus locaux une marge de manœuvre non négligeable ; elle oblige les représentants des citoyens à s'accorder dans la gestion de leur territoire, dans l'intérêt commun. Cette organisation « à la carte » engendrera certainement quelques difficultés de gestion et quelques ralentissements du processus décisionnel ; la question fondamentale

23. M. Letanoux, « Quelle intercommunalité après la loi 3Ds ? », *AJCT* 2022, p. 244 ; A. Gardère, « Le volet intercommunal de la loi 3Ds », *JCP A et CT*, n° 13, 4 avr. 2022, 2102.

consiste toutefois à se demander où placer le curseur de la différenciation institutionnelle territoriale, pour éviter une fragmentation des territoires et pour conserver le caractère unitaire du pays. Une interrogation identique est posée à l'égard des normes de différenciation matérielle (B).

B. Le renforcement de la différenciation des compétences dans le bloc communal : vers un équilibre et des inégalités ?

Les lois du 27 décembre 2019 et du 21 février 2022 renforcent la différenciation des compétences entre les différentes catégories de personnes publiques locales, ce qui entraîne des répercussions sur la répartition des compétences dans le bloc communal. Dans son avis relatif au projet de loi 3Ds, le Conseil d'État relevait que « la reconnaissance aux collectivités territoriales de marges de manœuvre accrues était de nature à renforcer la démocratie locale et à permettre à celles-ci d'exercer des compétences avec une plus grande efficacité, grâce aux responsabilités supplémentaires données aux élus pour innover et adapter leur action aux réalités du territoire ainsi qu'aux besoins de la population et l'économie »[24]. Cette vision idyllique de l'application de la différenciation territoriale soulève de nombreuses interrogations quant à l'organisation et au fonctionnement du bloc communal.

Indubitablement, l'adaptation des normes aux territoires peut entraîner des inégalités non négligeables entre les communes et leur groupement à fiscalité propre.

Ainsi, l'accentuation de la différenciation territoriale dans le bloc communal se constate à la lecture de l'article 17 de la loi du 21 février 2022. Une ou plusieurs communes membres d'une intercommunalité à fiscalité propre peuvent lui transférer, en tout ou partie, certaines de leurs compétences, à partir du moment où le transfert n'est pas prévu par la loi ou la décision institutive[25]. La modulation des compétences est donc vivement encouragée, non seulement entre les intercommunalités et les collectivités supra-communales (départements et régions), mais également au sein même du bloc communal. L'exercice d'attributions « à géométrie variable » ou « à la carte » diffère en fonction de la configuration des territoires ou de leurs besoins. Le bloc communal peut de ce fait fonctionner à plusieurs vitesses et induire davantage de complexité de gestion et de nombreuses incohérences. La formule des groupements sans fiscalité propre ne peut pas être transposable aux établissements de coopération à fiscalité propre, fondés sur la mise en œuvre de projets cohérents et solidaires de territoire. Ces modulations endogènes descendantes, qui introduisent davantage d'équilibre et d'individualisme dans le

24. CE 6 mai 2021, Avis sur le projet de loi 3Ds, n° 402412.
25. Art. L. 5211-17-2 du CGCT.

bloc communal, ne semblent pas satisfaisantes d'un point de vue de la cohérence de la mise en œuvre des politiques de proximité[26]. Il en résulte de nombreuses modifications en termes budgétaires et de ressources humaines[27]. L'absence de stabilité dans la gouvernance du bloc communal peut s'avérer incompréhensible, non seulement pour les élus locaux mais également pour les citoyens qui dénoncent régulièrement l'opacité des politiques publiques.

Il convient également de remarquer que les inégalités entre les intercommunalités sont exacerbées au sein même de l'exercice de certaines compétences, pour lesquelles le législateur tend à privilégier les intercommunalités d'agglomération. On peut citer l'article L. 121-5 du Code de la voirie routière qui dispose que « l'État peut confier [...] à une métropole ou une communauté urbaine, par convention et à la demande du groupement concerné, la maîtrise d'ouvrage d'une opération d'aménagement d'une voie du domaine public routier national non concédé située principalement sur son territoire [...] »[28]. Dans un sens similaire d'accentuation des responsabilités des groupements d'agglomération, le législateur n'hésite pas à introduire des différenciations dans le domaine de l'habitat. Selon l'article L. 302-5 du Code de la construction et de l'habitation, la politique locale en matière d'habitat diffère en fonction du nombre d'habitants des communes comprises dans des agglomérations à fiscalité propre de plus de 50 000 habitants comprenant au moins une commune de plus de 15 000 habitants et dans lesquelles le nombre de logements sociaux représente moins de 25 % des résidences principales[29].

Pour toutes ces raisons, le député Éric Woerth, dans son rapport sur la « Décentralisation : le temps de la confiance », préconise de simplifier les intercommunalités autour d'un seul statut juridique associé à une liste unique de compétences obligatoires[30]. Cette proposition aurait pour conséquence de faire disparaître les quatre catégories d'intercommunalités à fiscalité propre existantes et de revenir en arrière sur le développement des groupements de communes basés sur la réalisation de projets liés à l'exercice de compétences obligatoires

26. N. Dantonel-Cor, « La différenciation intercommunale de la loi ATR à la loi 3Ds : la complexité renforcée par la diversité », *op. cit.*
27. On peut prendre l'exemple de la compétence « promotion du tourisme », dont la création d'offices de tourisme, qui peut être restituée par certaines catégories d'intercommunalités aux communes touristiques qui le souhaitent. Toutefois, l'article 10 de la loi 3Ds précise que cette compétence pourra continuer d'être exercée par les groupements concernés, à l'exclusion de la création d'offices de tourisme.
28. Art. 41 de la loi 3Ds.
29. Art. 65 (V) de la loi 3Ds.
30. É. Woerth, *Décentralisation : le temps de la confiance*, prop. 32, p. 103, mai 2024.

effectives. La différenciation intercommunale renforcée, et le détricotage complet des compétences qui en résulterait, ne serait pas adaptée à la volonté de constituer des cadres juridiques bien déterminés. Surtout, la modulation « à la carte » contribuerait à accentuer l'opacité des politiques publiques menées dans le bloc communal et serait néfaste pour la démocratie de proximité. La liberté conférée aux communes et aux intercommunalités doit s'appliquer dans un cadre strict et bien ordonné, déterminé par le législateur, afin d'éviter les trop grandes distorsions dans les catégories déjà existantes. L'article L. 5210-1 du CGCT dispose que « le progrès de la coopération intercommunale se fonde sur la libre volonté des communes d'élaborer des projets communs de développement au sein de périmètres de solidarité ». Cette libre volonté est conditionnée par le législateur qui détermine les formes de coopération envisageables entre les communes en fonction d'un certain nombre de critères, dont le plus fondamental est relatif à la population, ce qui paraît s'imposer logiquement. Plus la population est importante, plus le degré d'intégration des groupements est conséquent, tant d'un point de vue des attributions que sous un angle fiscal.

D'ailleurs, l'intérêt communautaire ou métropolitain de certaines compétences permet déjà aux communes et aux intercommunalités de s'organiser territorialement dans la gestion de leurs compétences. En effet, les modulations apportées par la définition de l'intérêt communautaire peuvent favoriser la différenciation territoriale, c'est-à-dire l'exercice global de la compétence par la commune ou l'intercommunalité, voire le partage de l'attribution dans un grand nombre de situations. La plus-value apportée par le groupement doit être clairement démontrée et en application du principe de subsidiarité, « la commune doit être préférée à l'intercommunalité, sauf s'il est établi que l'action intercommunale est plus efficace »[31].

***

*

Pour conclure, il nous semble que la différenciation territoriale ne doit pas être continuellement renforcée, afin d'éviter le morcellement des territoires, le fractionnement des politiques publiques et l'accentuation de la complexité de la gouvernance. L'apogée de la différenciation territoriale à laquelle nous assistons devrait même peut-être décliner, pour accroître la cohésion de l'État unitaire, dans lequel les collectivités territoriales jouent un rôle fondamental en tant que garantes de la sécurité juridique et de l'égalité entre les territoires en faveur des citoyens.

31. Rapport sénatorial, *Métropoles : pour de nouvelles dynamiques territoriales*, 11 juin 2021, p. 12.

LA CARTE DES RÉGIONS : LE DESS(E)IN DE L'ÉTAT

Sébastien DENAJA

Maître de conférences en droit public
Institut Maurice Hauriou, Université Toulouse 1 - Capitole
Conseiller régional d'Occitanie
Ancien député

L'actuelle carte des régions de France est issue de la loi du 16 janvier 2015[1], laquelle n'est pas un texte isolé mais au contraire l'élément d'un ensemble normatif que l'on a désormais coutume d'appeler l'« acte III de la décentralisation ». Même si l'on sait la métaphore théâtrale discutable, cette « scène » s'ajoute notamment à celles de la loi MAPTAM[2], de la loi NOTRe[3], auxquelles on adjoint rétrospectivement parfois la loi du 16 décembre 2010 portant réforme des collectivités territoriales[4]. À ces textes législatifs, il convient d'ajouter le décret du 7 mai 2015 portant « charte de la déconcentration »[5], dès lors que comme toute réforme de l'administration territoriale de la République, l'acte III de la décentralisation s'accompagne d'une réforme de l'appareil territorial de l'État. En outre, et surtout, la région est tout à la fois une circonscription administrative de l'État, une collectivité territoriale et de ce fait une circonscription électorale. Dès lors, remodeler la carte des régions de France, c'est en réalité redéfinir trois cartes qui se superposent et donc nécessairement sur la base de préoccupations de natures différentes.

1. Loi nº 2015-29 du 16 janv. 2015 relative à la délimitation des régions, aux élections régionales et départementales et modifiant le calendrier électoral, *JO* 17 janv. 2015.
2. Loi nº 2014-58 du 27 janv. 2014 de modernisation de l'action publique territoriale et d'affirmation des métropoles, *JO* 28 janv. 2014.
3. Loi nº 2015-991 du 7 août 2015 portant nouvelle organisation territoriale de la République, *JO* 8 août 2015.
4. Loi nº 2010-1563 du 16 déc. 2010 de réforme des collectivités territoriales, *JO* 17 déc. 2010.
5. Décret nº 2015-510 du 7 mai 2015 portant charte de la déconcentration, *JO* 8 mai 2015.

Cette nouvelle carte des régions a, d'emblée, défrayé la chronique et suscité des débats aussi vifs que chaotiques au Parlement[6] comme dans presque tout le pays, en particulier dans les territoires appelés à être intégrés dans les nouvelles grandes régions. Si cette « notion de grande région manque singulièrement de consistance »[7], il n'est pas beaucoup plus aisé de définir la nature de ce qui a été opéré par le législateur en 2015 : remodelage, redécoupage, regroupement, refonte, fusion, alliance territoriale ? Les expressions employées à ce sujet ne manquent pas.

Si la loi du 16 décembre 2010 prévoyait la possibilité de regroupements volontaires de régions, aucune d'entre elles n'a souhaité s'engager dans un tel processus. Aussi, face à l'inertie des pouvoirs locaux, le pouvoir central a décidé, de manière jugée quelque peu autoritaire[8], de procéder d'office, par la loi, à ce qui n'est bien, sur un plan strictement juridique, comme le titre de la loi l'indique d'ailleurs à juste titre, qu'une nouvelle délimitation des régions. En outre, le processus engagé est bien celui d'un regroupement et le produit de celui-ci est, juridiquement encore, celui d'une fusion, au sens où, comme en droit international s'agissant de la fusion d'États, celle-ci donne lieu à la formation d'une entité unique à partir de plusieurs entités distinctes, qui disparaissent et laissent place à une seule personne morale[9].

Le débat sur ces nouveaux périmètres n'a en tout cas jamais cessé depuis leur adoption et un énième découpage, couplé à la résurrection du conseiller territorial a, un temps, été envisagé au sommet même de l'État[10]. Cependant, la situation politique issue de la dissolution de l'Assemblée nationale en 2024 rend l'hypothèse très peu probable à brève échéance.

Même si des analyses ont déjà pu être entreprises pour tenter d'évaluer les effets d'une telle réforme, il est sans doute quelque peu prématuré de prétendre en dresser un bilan ferme et définitif tant les ressorts en sont complexes. Telle n'est d'ailleurs pas l'ambition ici. Il s'agit, plus modestement, de revenir sur la genèse de cette carte en s'appuyant sur l'analyse des discours, travaux préparatoires et textes normatifs qui en constituent le support, tout en nourrissant le propos de

---

6. Sur les multiples rebondissements de ce débat parlementaire, voir not. F. HOURQUEBIE, « La nouvelle carte des régions : question de bon sens ou de baronnie ? », *AJDA* 2015, p. 626 et s.

7. Sur cette notion de « grande région », voir J.-M. PONTIER, « La notion de grande région », *in* GRALE, *Droit et gestion des collectivités territoriales 2018*, « Les grandes régions », éd. Le Moniteur, p. 59 et s.

8. E. DERDAELE, « La fusion autoritaire des régions », *Civitas Europa* 2016/2, n° 37, p. 241-267.

9. Sur la nature du processus engagé, voir not. S. DENAJA, « La fusion des régions en question », *Pouvoirs locaux*, n° 122, mai 2023, p. 47 et s.

10. C. BERTRAND, « Emmanuel Macron réfléchit à rediviser les régions », *www.ladepeche.fr*, 6 févr. 2023.

l'expérience d'acteur de la réforme conduite, dès lors que l'auteur de ces lignes en fut l'un des artisans en tant que député et, de surcroît, « responsable » du texte concerné pour le groupe majoritaire de l'époque[11]. Un tel regard est évidemment susceptible d'entamer quelque peu l'objectivité du propos, tout autant qu'il est susceptible, on l'espère, d'enrichir les développements relatifs à la confection de l'actuelle carte des régions que la presse nationale avait même appelée la « carte Denaja »[12]. Il sera donc tenté, au-delà des motifs apparents (I), de mettre en lumière les motifs sous-jacents (II), voire inconscients, qui ont pu guider les promoteurs de la réforme qui incarnaient alors l'État.

I. Les motifs apparents

Si l'élaboration d'une nouvelle carte des régions répondait naturellement à des préoccupations spécifiques à l'échelon régional, en particulier d'ordre économique (B), elle renvoie aussi à des motivations plus générales, dès lors que cette carte n'est qu'un élément d'une réforme plus globale de l'architecture même de notre organisation territoriale (A), dans laquelle elle doit être resituée si l'on veut en comprendre plus précisément les ressorts.

A. Les motivations tenant au projet d'une recomposition institutionnelle d'ensemble

C'est dans un discours-fleuve prononcé à Dijon[13], le 3 mars 2012, que le candidat à la présidence de la République, François Hollande, a tracé les contours de la réforme territoriale qu'il envisageait de conduire une fois élu. Le candidat considérait alors notre organisation territoriale largement perfectible, au vu d'un trop grand enchevêtrement des compétences et d'une insuffisante place laissée à la différenciation territoriale pouvant être encouragée par le renforcement du rôle et de la place des contrats entre l'État et les collectivités territoriales et de ces dernières entre elles. Il déplorait également l'émiettement communal et le déficit démocratique de l'échelon intercommunal disposant pourtant d'importantes responsabilités et de budgets propres élevés. En outre, François Hollande s'engageait, en cas d'élection à la tête de l'État, à prendre en compte les coûts générés par

11. Pour un récit anecdotique circonstancié sur les « dessous de la carte », voir S. DENAJA, « La fusion des régions en question », art. préc., p. 49.

12. « Réforme territoriale : les députés PS redessinent la carte de François Hollande », *www.lepoint.fr* 15 juill. 2014.

13. Sur les principales propositions formulées dans ce discours, voir not. J.-B. FORRAY, « François Hollande veut confier aux régions le pouvoir d'adapter les lois », *www.lagazettedescommunes.com*, 5 mars 2012.

la complexité de notre organisation territoriale et l'augmentation continue des dépenses publiques, le tout sous le contrôle de la Commission européenne. En filigrane, le candidat, pourtant président de département, semblait plutôt dessiner les contours d'une réforme aux accents régionalistes s'appuyant en même temps sur les grands ensembles urbains métropolitains susceptibles de générer croissance et emplois. Dans cette perspective, le discours du 3 mars 2012 permettait de préciser les contours d'une nouvelle étape de décentralisation fondée sur une « République des contrats » impliquant d'ailleurs la création d'un Haut Conseil des Territoires en vue de renforcer le dialogue entre l'État et les collectivités territoriales. Aux régions, le candidat Hollande envisageait de confier la préparation de l'avenir en leur attribuant principalement la responsabilité du développement économique et de l'innovation, de l'aménagement du territoire, des transports publics et de la formation, avec une participation accrue aux politiques de l'emploi. Il souhaitait également confier aux régions un pouvoir réglementaire autonome et la gestion des fonds structurels européens. En outre, et surtout, se dégageait de ce discours le projet d'une recomposition institutionnelle d'ampleur devant renforcer le nouveau duo territorial « Intercommunalités/Régions », au détriment du vieux couple « Communes/Départements ». Le dessein d'ensemble était donc bien celui d'une nouvelle architecture institutionnelle locale.

Si ce discours de Dijon revêt rétrospectivement quelque intérêt, c'est parce qu'il constitue la plate-forme programmatique sur la base de laquelle ont été élaborés les différents projets de lois qui constitueront l'acte III de la décentralisation. Et c'est bien le dessein global d'une vaste recomposition institutionnelle qui ressort en filigrane, malgré des débats parlementaires chaotiques qui en ont largement compliqué et brouillé la compréhension : affirmation des métropoles avec la loi MAPTAM, renforcement des responsabilités régionales avec la loi NOTRe, disparition programmée des départements[14] et avènement de grandes régions. La création de ces dernières était cependant justifiée par des considérations propres.

B. Les motivations tenant spécifiquement à l'échelon régional : la prédominance des considérations d'ordre économique

L'actuelle carte des régions est assurément le produit de nombreuses contingences. Mais la carte idéale n'existe pas, et ce d'autant plus si l'on tient compte de la spécificité de l'échelon régional, qui explique d'ailleurs la récurrence du débat sur le périmètre des régions en France.

14. Sur ce projet finalement abandonné, voir not. S. DENAJA, « Le département, de la résistance à la résilience », *Pouvoirs locaux*, n° 116/IV/2019, p. 65 et s.

Dans l'histoire contemporaine du système français d'administration territoriale, la recherche de l'« optimum dimensionnel » et du « territoire pertinent » est, en matière d'aménagement du territoire, une quête toujours recommencée. Si elle intéresse toutes les strates d'administration locale, elle concerne encore davantage que d'autres l'échelon régional sur lequel porte spécifiquement cette réflexion récurrente, et ce depuis l'origine, d'autant plus que c'est la région qui a été longtemps contestée dans son principe même. Son histoire est, on le sait, particulièrement tourmentée, sans doute parce que les régions « cristallisent le clivage entre ceux qui perçoivent les particularismes locaux et régionaux comme des menaces permanentes pour l'unité de la République, et ceux qui les brandissent pour appeler à une réorganisation de l'État républicain »[15]. Du projet de réorganisation économique de la France sur une base régionale en 1917 jusqu'à la création en 1972 des établissements publics régionaux, en passant par les commissions de développement économique régionales (CODER) instaurées en 1964, les régions ont toujours, et avant tout, été des espaces fonctionnels à vocation économique. Ce n'est qu'à partir des lois de décentralisation de 1982 que la région devient véritablement un espace politique[16].

À toutes les étapes de la lente affirmation de l'échelon régional dans le paysage institutionnel français, la question du découpage régional a été dominée par des préoccupations d'ordre économique, y compris et surtout au moment de l'adoption de la nouvelle carte des régions. En ce sens, le ministre de l'Intérieur, Bernard Cazeneuve, affirmait que l'« objectif (n'était) pas de créer des régions identitaires, comme peuvent l'être la Catalogne en Espagne, le Piémont en Italie, ou la Bavière en Allemagne, mais des régions économiques à la fois puissantes et respectueuses des identités locales »[17]. Plus généralement, le gouvernement promouvait l'idée de grandes régions sur la base d'un raisonnement suivant lequel « des régions plus fortes aux compétences élargies, c'est plus d'économies, plus d'attractivité, plus de simplicité »[18]. Il s'appuyait en ce sens sur une note de France Stratégie selon laquelle « dans une économie où l'innovation et les métropoles jouent un rôle incontournable et croissant, le périmètre actuel des régions n'est plus à l'échelle des défis à relever. Il a été défini en 1960 dans le cadre d'un paradigme économique

15. R. PASQUIER, « Région », *in Dictionnaire encyclopédique de la décentralisation*, Berger-Levrault, 2017, p. 895.

16. *Ibid.*, p. 896.

17. Audition de Bernard Cazeneuve, ministre de l'Intérieur, devant la commission des lois de l'Assemblée nationale, le 8 juill. 2014. Voir le rapport n° 2120 du député C. Da Silva, p. 10.

18. Voir *https://www.gouvernement.fr/partage/383-201407724-la-nouvelle-carte-de-france-a-13-regions*.

et territorial aujourd'hui dépassé par celui de l'économie de la connaissance. [...] C'est pourquoi il faut élargir le périmètre régional pour le mettre à l'échelle de la géographie de la croissance qui découle de la métropolisation »[19]. L'étude d'impact – dont il faut souligner cependant qu'elle ne porte pas sur les périmètres finalement retenus – affirmait quant à elle qu'il fallait « doter les régions françaises d'une taille critique qui leur permette d'exercer à la bonne échelle les compétences stratégiques qui leur sont attribuées, de rivaliser avec les collectivités comparables en Europe et de réaliser des gains d'efficience »[20].

Au-delà des arguments « de circonstance », l'évolution constante de l'économie induit nécessairement qu'à intervalles réguliers soient remis en question les périmètres de l'action publique en la matière. Cela étant, rien dans « la littérature économique ne permet d'identifier une taille optimale pour les pays, encore moins pour les régions » et il est presque impossible de corréler taille des territoires et succès économique[21]. Si bien que lorsqu'on ajoute aux préoccupations d'ordre économique, des considérations administratives et celles d'ordre politique, la réflexion sur la taille – donc sur le nombre – des régions devient quasiment insoluble. Partir d'une carte vierge de frontières régionales comme certains avaient pu l'imaginer[22] aurait d'ailleurs été impossible dans le cadre d'une procédure nécessairement parlementaire. C'est d'ailleurs la raison pour laquelle, la plupart du temps, en France comme ailleurs, la modification des découpages administratifs consiste à procéder par « l'agglomération d'entités déjà existantes »[23]. On aurait pu également réfléchir à un regroupement à partir des départements, des bassins de vie ou des bassins d'emplois définis par l'INSEE, mais c'était devoir se prononcer sur des centaines voire des milliers d'hypothèses et ouvrir un débat interminable. Aussi, si la voie choisie en 2015 reste discutable[24], elle apparaît néanmoins comme un choix à la fois pragmatique et sage.

19. B. LAJUDIE, « Réforme régionale : un enjeu pour la croissance ? », *France Stratégie* juill. 2014.
20. *https://www.senat.fr/leg/etudes-impact/pjl13-635-ei/pjl13-635-ei.pdf.*
21. A. ALESINA, E. SPOLAORE, *The size of Nations*, MIT, Cambridge.
22. C. BERNARD, T. CAZENAVE, A. EPAULARD, « Comment repenser le découpage régional », *France Stratégie*, billet, 21 août 2014.
23. A. EPAULARD, « Le nouveau découpage territorial : pour quelle efficacité économique ? », *in* M. ABADIE, J.-B. AUBY, O. RENAUDIE (dir.), *Un nouveau système territorial ?*, Berger-Levrault, 2017, p. 46.
24. Voir not. G. DORÉ, « Les nouvelles régions en France. Un projet réfléchi ? Des fusions probantes ou non ? », *Les analyses de Population et Avenir*, n° 32, mai 2021, p. 1-27.

En tout état de cause, « le résultat de l'œuvre législative de 2015 ne peut se concevoir que dans la nuance »[25]. Si l'on s'en tient ici à apprécier la cohérence des entités régionales créées en 2015 d'un point de vue économique, qui était donc le principal objectif affiché par les promoteurs du texte, on peut considérer qu'« une analyse *ex post* valide le nouveau découpage régional car il permet de diminuer le nombre de départements subissant des forces centrifuges », c'est-à-dire « le nombre de départements attirés, *via* leurs liens économiques, vers une autre région »[26], dès lors qu'« une région est dite cohérente si les échanges de chaque département à l'intérieur de la région sont plus intenses que les échanges avec chacune des autres régions »[27]. Enfin, si une véritable évaluation des effets des fusions opérées corrélés à ceux de la redéfinition des compétences régionales ne pourra être véritablement conduite qu'après le terme du second mandat postfusion, la Cour des comptes concluait dès 2019 que « le redécoupage des régions et l'extension de leurs compétences se sont accompagnés d'une amélioration de leur situation financière. Elles disposent dans l'ensemble de marges de manœuvre importantes, portées par une fiscalité économique certes volatile mais dynamique, qui se sont traduites par une progression de leurs investissements et un endettement en majorité contenu », si bien que la Cour en appelait à « un renforcement des compétences régionales ». D'ailleurs, entre 2016 et 2019, les régions ont réduit la durée de leur désendettement de 4,9 à 4 ans et c'est cette situation financière saine qui leur a permis de faire face aux conséquences de la crise de la Covid-19 dès 2020[28]. Ajoutons que l'on ne note pas de différence significative de l'évolution des dépenses de fonctionnement mutualisables entre les régions fusionnées et les autres et que, dans la plupart des régions fusionnées, c'est en tout cas le cas de l'Occitanie, les économies générées par la fusion sont supérieures aux coûts de la fusion[29]. Enfin, il semble aussi que la réforme ait permis de réelles économies pour l'administration régionale de l'État, ce qui était d'ailleurs l'un des mobiles sous-jacents de la réforme.

---

25. A. NIEPCERON, *La place des régions dans la décentralisation française*, L'Harmattan, 2017, p. 21.
26. A. EPAULARD, « Le nouveau découpage territorial : pour quelle efficacité économique ? », art. préc., p. 46.
27. *Ibid.*
28. Sur ce sujet, voir not. S. DENAJA, « Voter le budget d'une région en 2022 », *GFP*, n° 1-2023/janv.-févr. 2023, p. 39 et s.
29. Données rendues publiques lors de l'assemblée plénière du conseil régional d'Occitanie du 19 déc. 2019.

II. Les mobiles sous-jacents

Parmi les mobiles sous-jacents – ce qui ne signifie pas qu'ils soient secondaires pour autant – figurent des mobiles d'ordre politique et administratif (A). En outre, sans se lancer dans une analyse psychanalytique qui n'aurait pas lieu d'être, ni verser dans la théorie d'un complot fomenté par ce que d'aucuns nomment « l'État profond » ou orchestré par quelque « main invisible », on peut s'interroger sur la question de savoir si la nouvelle carte des régions ne renvoie pas à un dessein, si ce n'est caché, impensé, voire inconscient, d'un glissement progressif vers une nouvelle forme d'État ; un État régional en l'occurrence (B).

A. Des mobiles politiques et administratifs

Comme le souligne Jean-Marie Pontier, la région apparaît principalement comme « une donnée administrative étroitement conditionnée par des facteurs politiques »[30]. Or ce sont bien des motivations d'ordre politique et administratif qui ont aussi guidé les promoteurs de la nouvelle carte des régions.

Parmi les motivations d'ordre purement politique, il ne faut pas sous-estimer la volonté du gouvernement de l'époque, et singulièrement de son chef, Manuel Valls, même s'il n'y a là aucune originalité particulière, de prouver sa capacité réformatrice. Or, les débats relatifs à la réforme de notre système d'administration territoriale sont souvent des débats techniques et complexes, pour lesquels nos concitoyens montrent généralement une appétence plutôt modérée. De ce point de vue, le projet de doter la France d'une nouvelle carte des régions avait le mérite apparent de la simplicité, au risque du simplisme : réduire le nombre de régions pour réduire la dépense publique. Mais ce projet constituait aussi, et surtout, une réforme qui se « donnait à voir », une réforme « visuelle ». Or, dans une société de l'image, le dessin de la nouvelle carte des régions permettait, d'un simple coup d'œil si l'on ose dire, de se figurer le dessein réformateur du gouvernement et de sa majorité parlementaire. Cette dimension « visuelle » de la réforme en fut d'ailleurs un élément perturbateur, car chaque amendement, traduit en image, donnait lieu à la diffusion ou à la publication, sur les chaînes d'information en continu, les réseaux sociaux et dans la presse quotidienne régionale, d'une nouvelle carte, au point de finalement brouiller le dessin et dessein d'ensemble.

30. J.-M. PONTIER, « La notion de grande région », *in* GRALE, *Droit et gestion des collectivités territoriales 2018*, « Les grandes régions », éd. Le Moniteur, p. 63.

On l'a dit, la carte des régions est aussi une carte électorale. Remodeler cette carte c'est donc redéfinir des circonscriptions électorales. Le titre de la loi souligne d'ailleurs cette dimension électorale du texte. Il peut, à ce propos, être témoigné qu'après une lourde défaite aux élections municipales ayant entraîné un changement de Premier ministre, le gouvernement nourrissait de compréhensibles inquiétudes face à la perspective d'élections régionales et départementales difficiles pour les partis de la majorité présidentielle qui détenait alors la quasi-totalité des régions et une large majorité de départements. Si tous les nouveaux périmètres ne renvoyaient pas à de telles considérations, il est tout à fait juste de reconnaître que ce qui était perçu comme une menace de voir l'extrême-droite remporter deux ou trois régions dans le nord ou dans le sud du pays, en Languedoc-Roussillon en particulier, a pesé dans les choix opérés. En ce sens, peuvent être confirmés les propos de Christian Eckert, secrétaire d'État au Budget dans le gouvernement de Manuel Valls, selon lequel l'un des principaux objectifs était en réalité électoral. Ainsi, déclarait-il en 2019 que « la fusion des régions a été présentée à tort sous l'angle des économies. En réalité, le redécoupage n'a pas été spécialement fait pour économiser de l'argent. Il a été décidé pour contrer la présence forte du Front National dans certaines régions comme le Nord ou l'Occitanie »[31].

En outre, il ne s'agissait pas simplement de réorganiser les régions mais l'État, et ainsi de rationaliser son action publique dans les territoires[32]. À cet égard, il est juste de souligner que les régions « n'ont pas à proprement parler de territoire mais un périmètre »[33] et, toujours est-il, que les mobiles de l'État répondaient bien à des considérations d'ordre administratif pour les besoins de sa propre réorganisation. La réforme de l'administration déconcentrée était déjà largement engagée dans le cadre de la révision générale des politiques publiques (RGPP) et poursuivie par la Modernisation de l'administration publique (MAP). Dans ce cadre, l'échelon régional est devenu l'échelon de droit commun de pilotage des politiques publiques de l'État dans les territoires, l'échelon départemental devenant celui de la mise en œuvre de ces politiques. Dès lors, c'est bien la prééminence de l'échelon régional qui se trouvait consacrée. La fusion de régions opérée en 2015 ne faisait donc que confirmer ce processus, tout en visant l'objectif de réaliser des économies, grâce

---

31. *La Gazette* 25 sept. 2019.

32. B. FAURE, « L'épisode constitutionnel de la réforme des collectivités locales », *RDP*, n° 5, sept. 2015, p. 1173 et s.; sur ce sujet, voir not. M.-C. MONTECLER, « L'adaptation de l'État à la nouvelle carte des régions », *Dalloz actualité* 2015, p. 1564; S. TRAORÉ, « L'autre réforme, la réforme de l'État », *AJCT* 2016, p. 76; E. MARCOVICI, « La simplification de l'administration territoriale de l'État par la modernisation de l'action publique : entre hésitations et complexité », *RFDA* 2016, p. 971.

33. E. DERDAELE, « La fusion autoritaire des régions », art. préc., p. 246.

notamment au fait que la nouvelle carte régionale impliquait, au moins à court terme, la suppression de 9 postes de préfets et de directeurs généraux d'agence régionale de santé et 63 postes de directeurs régionaux des administrations de l'État ainsi que leurs états-majors. De même que dans chaque région fusionnée, il était prévu que ne subsiste qu'un seul recteur de région académique[34]. Au-delà de la réforme de l'État, c'est la forme même de l'État qui se trouve également questionnée par l'avènement de grandes régions aux compétences renforcées.

B. Des mobiles inconscients : le désir refoulé d'un État régional ?

La question de l'éventuel glissement vers une autre forme d'État a commencé à se poser avec acuité à la faveur de la révision constitutionnelle relative à l'organisation décentralisée de la République de mars 2003, au regard de l'introduction d'une faculté d'expérimentation normative locale à l'article 72 alinéa 4 de la Constitution[35]. Plus directement encore, certains auteurs posaient la question de savoir si l'expérimentation n'était pas « au service d'une régionalisation à la française »[36], d'aucuns avançant même que « l'expérimentation pourrait être le cheval de Troie de la régionalisation de l'État français »[37].

Sans reprendre ici les éléments de la controverse doctrinale de l'époque[38] et en se fondant simplement, à l'instar de Jacques Ziller, sur le fait que le seul critère de distinction incontestable entre État unitaire décentralisé et État régionalisé est celui de la répartition de la fonction législative[39], on peut convenir que, même après

34. Voir not. R. MAZON, « L'État choisit ses capitales régionales et redéploie ses services dans les territoires », *La Gazette des communes* 31 juill. 2015.

35. G. CHAVRIER, « L'expérimentation locale : vers un État subsidiaire ? », *in* GRALE, *Annuaire 2004 des collectivités locales*, CNRS Éditions, p. 37.

36. B. FLAMAND-LEVY, « Nouvelle décentralisation et forme unitaire de l'État », *RFDA* janv.-févr., 2004, p. 59 et s.

37. A. FADLI, « La consécration constitutionnelle de l'expérimentation juridique : entre innovations et implications », *in* H. ROUSSILLON, X. BIOY, S. MOUTON (dir.), *Les nouveaux objets du droit constitutionnel*, Presses de l'Université des sciences sociales de Toulouse, 2006, p. 227.

38. La plupart des auteurs considéraient à l'instar de Louis Favoreu que les initiateurs de la réforme ne s'étaient engagés ni dans la voie de l'État fédéral ni même dans celle de ce qu'on appelle aujourd'hui l'État régional ou autonomique. En ce sens, voir L. FAVOREU, « Une réforme d'envergure », *JCP A et CT*, n° 3, 28 oct. 2002, p. 95. Pour une étude d'ensemble voir S. DENAJA, *Expérimentation et administration territoriale*, J.-L. AUTIN (dir.), Thèse, univ. Montpellier-I, 2008, spécialement p. 526 et s. concernant les implications discutées de l'expérimentation sur la forme de l'État.

39. J. ZILLER, « L'État composé et son avenir en France », *RPP*, n° 1009-1010, nov.-déc./janv.-févr. 2001, p. 152.

les quelques ajustements réalisés en 2021[40], l'expérimentation normative locale reste très en deçà du pouvoir normatif des régions italiennes ou des communautés autonomes espagnoles. Cela étant, il n'en demeure pas moins que cette faculté d'expérimentation normative locale ajoutée aux approfondissements divers mais continus du pouvoir normatif en outre-mer ont engagé la France dans un « processus de métissage juridique »[41] sans que l'on puisse pour autant définir d'une main ferme les contours de la forme de l'État, tant « notre système juridique est devenu gélatineux »[42].

Ce questionnement semble cependant pouvoir être réactivé au regard de plusieurs évolutions survenues au cours de l'acte III de la décentralisation, et notamment de l'adoption d'une nouvelle carte des régions. Certes, comme on vient de l'évoquer, le pouvoir normatif des régions françaises reste limité au point que la France – pour ce qui concerne l'hexagone – ne peut être située, au mieux qu'entre l'État unitaire décentralisé et l'État régionalisé. Mais le champ des responsabilités et compétences régionales n'a cessé de croître, en particulier dans le cadre de la loi NOTRe qui a réalisé, de surcroît, une avancée notable en conférant un caractère prescriptif au schéma directeur de développement économique d'innovation et d'internationalisation (SRDEII)[43] et au schéma régional d'aménagement et de développement durable du territoire (SRADDET)[44]. Certes, comme la souligne Romain Pasquier, « la prescriptivité de ces schémas et surtout leur efficacité restent à démontrer »[45], mais l'avancée du point de vue du pouvoir normatif régional, même limitée, n'en reste pas moins réelle. Une fois encore, même si cette évolution est insuffisante pour conclure à l'avènement d'un État régional, c'est bien vers ce « modèle » que le mouvement continue de progresser à petits pas. Et, sans méconnaître le principe constitutionnel d'interdiction de toute tutelle d'un échelon local sur un autre, le législateur s'insinue clairement dans la voie d'une forme de hiérarchisation des collectivités territoriales, à l'aune d'ailleurs de l'autorité acquise par les préfets

40. Loi organique n° 2021-467 du 19 avr. 2021 relative à la simplification des expérimentations mises en œuvre sur le fondement du quatrième alinéa de l'article 72 de la Constitution, *JO* 20 avr. 2021.
41. S. DENAJA, *Expérimentation et administration territoriale*, *op. cit.*, p. 493 et s.
42. Expression employée par J.-M. Pontier lors de son intervention au séminaire d'actualité du droit de l'outre-mer organisé par l'IDOM à la faculté de droit de Montpellier, le 3 mai 2006.
43. Voir not. « La loi NOTRe – Le développement économique : un peu d'ordre dans les compétences ? », *AJCT* 2015, p. 556 et s.
44. Voir not. M. MOLINER-DUBOST, « Loi NOTRe – La "nouvelle" planification environnementale (déchets et SRADDET) », *AJCT* 2015, p. 562 et s.
45. R. PASQUIER, « Les régions dans la réforme territoriale : vers un fédéralisme à la française ? », *AJCT* févr. 2016, p. 74.

de région sur les préfets de département en 2010[46]. C'est dans cette perspective, que l'avènement de grandes régions peut être regardé, comme participant de ce mouvement ou de ce glissement vers une autre forme d'État. On peut en effet considérer, à l'instar de Jean-Marie Pontier que « plus une collectivité a un territoire vaste, plus s'impose l'exigence de désigner une collectivité chef de file »[47]. Or, ce sont bien les grandes régions qui, par définition, semblent devoir bénéficier de cette dynamique, au détriment des échelons infrarégionaux.

Le nouveau dessin de la carte des régions pourrait donc bien dissimuler en arrière-plan le dessein plus subversif encore d'une nouvelle architecture territoriale voire d'une évolution de la forme même de l'État. Mais, le poids de la symbolique unitaire en France auquel il faut ajouter les vicissitudes de la vie politique française empêchent de formuler un pronostic péremptoire. Toujours est-il que depuis la révision constitutionnelle de mars 2003, en passant par la loi de 2004 sur les libertés et les responsabilités locales[48], la loi NOTRe et celle de janvier 2015 qui a établi une nouvelle carte des régions de France, celles-ci n'ont jamais cessé d'affirmer leur place et leur rôle dans notre paysage institutionnel. Et, au regard des évolutions normatives en Corse et en Outre-mer, sans oublier le cas singulier de la Nouvelle-Calédonie, la question ne semble plus de savoir si la France est en voie de régionalisation, mais quand l'État décidera de ne plus ignorer qu'il devient un État régional et que s'ouvrira le débat public qu'un tel sujet mérite.

46. Décret n° 2010-146 du 16 févr. 2010 modifiant le décret n° 2004-374 du 29 avr. 2004 relatif aux pouvoirs des préfets, à l'organisation et à l'action des services de l'État dans les régions et départements.

47. J.-M. PONTIER, « La notion de grande région », art. préc., p. 72.

48. Loi n° 2004-809 du 13 août 2004 relative aux libertés et responsabilités locales, *JO* 17 août 2004.

FAUT-IL EN FINIR AVEC LA MÉTROPOLE DU GRAND PARIS ?

Christophe DOUBOVETZKY
Maître de conférences en droit public
Laboratoire interdisciplinaire d'études du politique-Hannah Arendt – LIPHA (EA 7373)
Université Paris-Est Créteil

La Métropole du Grand Paris a été créée d'office par la loi du 27 janvier 2014 de modernisation de l'action publique territoriale et d'affirmation des métropoles (MAPTAM)[1] pour répondre à une problématique ancienne tenant à la nécessité d'organiser le développement de l'agglomération parisienne, tâche particulièrement complexe eu égard à sa spécificité. À chaque époque, en effet, « le pouvoir central [...] a voulu encadrer la dynamique de l'agglomération capitale et la positionner dans le club fermé des métropoles mondiales »[2]. En ce sens, la constitution de la métropole a pour but « d'améliorer le cadre de vie de ses habitants, de réduire les inégalités entre les territoires qui la composent, de développer un modèle urbain, social et économique durable, moyens d'une meilleure attractivité et compétitivité au bénéfice de l'ensemble du territoire national »[3].

1. Art. 12 de la loi nº 2014-58 du 27 janv. 2014, MAPTAM, *JO* 28 janv. 2014, texte nº 3. V. DE BRIANT, « Qu'est-ce que la "Métropole du Grand Paris" ? », *AJCT* 2014, p. 237 et s. ; E. MARCOVICI, « De la métropole de 2010 aux métropoles de 2014 », *AJDA* 2014, p. 435 ; L. JANICOT, « Les métropoles à statut particulier : le Grand Paris, Lyon et Aix-Marseille-Provence », *AJDA* 2014, p. 613.
2. S. RONAI, « Comment les maires ont tué la Métropole du Grand Paris », *Hérodote* 2024, nº 193, p. 13. Sur les évolutions historiques voir par ex. : B. GUIGOU, G. LACOSTE, *Le Grand Paris – La loi MAPTAM et ses conséquences sur la politique de la ville*, coll. « Les après-midi », 2014 ; M. VERPEAUX, « Paris, entre droit commun et collectivité à statut particulier », *RFDA* 2017, p. 619 et s. ; E. BELLANGER, « Histoire politique du Grand Paris, XIXe-XXe siècles – Chap. I. Contrôler et pacifier la métropole pour mieux la gouverner », *in* P. LE GALÈS (dir.), *Gouverner la métropole parisienne*, Presses de Sciences Po, 2020, p. 41 et s. ; APUR, *Étude : Grand Paris, Histoire, enjeux, projets (2000-2021)*, 2021, p. 8 et s.
3. Art. 12 de la loi nº 2014-58 du 27 janv. 2014, MAPTAM. Elle s'inscrit dans cette perspective dans la logique des dispositions de l'art. 1 de la loi nº 2010-597 du 3 juin 2010 relative au Grand Paris, *JO* 5 juin 2010, texte nº 1.

Instituée au 1er janvier 2016, la Métropole du Grand Paris est un établissement public de coopération intercommunale à fiscalité propre à statut particulier[4] dont les compétences, les ressources financières et la délimitation ont été précisées notamment par la loi du 7 août 2015 portant nouvelle organisation territoriale de la République (NOTRe)[5], bien que le statut de collectivité territoriale ait pu être envisagé antérieurement[6]. Elle regroupe la Ville de Paris et 123 communes des trois départements des Hauts-de-Seine, de la Seine-Saint-Denis et du Val-de-Marne et 7 communes de l'Essonne et du Val-d'Oise[7]. Elle est soumise, sauf (nombreuses) indications contraires[8], aux dispositions du Code général des collectivités territoriales relatives aux métropoles[9]. La Métropole du Grand Paris est divisée en douze territoires, Paris et 11 établissements publics territoriaux (EPT)[10], dont le statut a été clarifié par la loi NOTRe[11] pour pallier les critiques adressées à leur encontre, s'agissant en particulier de leur appellation et de l'absence de personnalité juridique[12]. Ainsi, les EPT sont formés d'un espace d'un seul tenant et sans enclave d'au moins 300 000 habitants, étant précisé que ces établissements regroupent l'ensemble des communes membres de la Métropole du Grand Paris, exception faite de Paris. Ils sont dotés de la personnalité juridique et soumis aux dispositions relatives aux syndicats de communes[13]. Le système mis en place est donc, un double système d'intercommunalités, composé de la Métropole du Grand Paris et des EPT, échelon intermédiaire entre les communes et la métropole destiné à une

4. Art. L. 5219-1 du Code général des collectivités territoriales (CGCT).

5. Art. 59 de la loi n° 2015-991 du 7 août 2015 NOTRe, *JO* 8 août 2015, texte n° 1 ; S. DAUCÉ, « La Métropole du Grand Paris à l'issue de la loi NOTRe », *JCP A*, n° 38-39, 2015, 2274 ; O. RENAUDIE, « Le Grand Paris – dossier : La loi NOTRe », *RFDA* 2016, p. 490.

À noter que l'intégration obligatoire de certaines communes au périmètre de la MGP a été jugée constitutionnelle. Cons. const. 23 janv. 2014, n° 2013-687 DC, consid. 24.

6. P. DALLIER, *Rapport d'information fait au nom de l'Observatoire de la décentralisation sur les perspectives d'évolution institutionnelle du Grand Paris*, Sénat, n° 262, 8 avr. 2008, p. 127-128.

7. Décret n° 2015-1212 du 30 sept. 2015 constatant le périmètre fixant le siège et désignant le comptable public de la Métropole du Grand Paris, *JO* 2 oct. 2015, texte n° 23.

8. Art. L. 5219-1 II du CGCT.

9. Art. L. 5217-1 à L. 5217-19 du CGCT.

10. Art. L. 5219-2 du CGCT. Voir aussi les décrets n° 2015-1655 à 1665 du 11 déc. 2015 relatifs à la Métropole du Grand Paris et fixant les périmètres des établissements publics territoriaux, *JO* 13 déc. 2015, textes n° 23 à 33.

11. Art. 59, loi n° 2015-991 du 7 août 2015, NOTRe.

12. Voir par ex. : S. DAUCÉ, *op. cit.* ; O. RENAUDIE, « Le Grand Paris », *op. cit.*

13. Art. L. 5219-2 du CGCT. Dispositions relatives aux syndicats de communes : art. L. 5212-1 à L. 5212-34 du CGCT.

« gestion de proximité »[14]. Le territoire de la métropole est ainsi couvert par cinq niveaux d'administration locale : communes, établissements publics territoriaux, Métropole du Grand Paris, départements, région.

Les statuts de la Métropole du Grand Paris, issus « d'un très long et chaotique processus »[15], résultent de compromis politiques[16]. Ils sont dès l'origine objet de controverses et critiques qui aujourd'hui demeurent. Dix ans après sa mise en place, la Métropole du Grand Paris continue de faire débat. Plusieurs rapports en dressent un bilan plutôt négatif[17], l'un d'entre eux invitant même à sa suppression pure et simple[18]. La question du devenir de la métropole mérite donc d'être soulevée.

La Métropole du Grand Paris, institution depuis toujours contestée n'est pas parvenue à convaincre. Son identité manquée (I) rend son évolution indispensable (II).

I. Une identité manquée

La Métropole du Grand Paris porte dans sa gouvernance et ses moyens (A) comme dans l'attribution et l'exercice de ses compétences (B) les stigmates de son caractère « mal né »[19], dont elle n'a, avec le temps, pas su se défaire. Cela remet en cause la pertinence de « [son] identité politique, fondée sur le dialogue et la recherche

---

14. *Ibid.*

15. P. LE LIDEC, « Chap. VI. L'émergence contrariée d'un gouvernement métropolitain dans le Grand Paris », *in* P. LE GALÈS (dir.), *op. cit.*

16. Ce que rappelle par exemple la réponse du président P. Ollier au rapport d'observations définitives portant sur le contrôle des comptes de la MGP, p. 1 (dans CRC Île-de-France, *La Métropole du Grand Paris, exercices 2016 et suivants* – Rapport d'observations définitives, 2022) et soulignent tant les analyses doctrinales que les rapports institutionnels, voir par ex. : *ibid.*, S. RONAI, *op. cit.*, p. 15 et s. ; P. SUBRA, « Métropole de Paris : les aventures extraordinaires d'un projet de loi », *Hérodote* 2014, n° 154, p. 158 ; C. LESCLOUPÉ, *Une configuration indécidable. Retour sur vingt années de réforme ininterrompue des institutions du Grand Paris (2000-2020)*, Thèse Science politique, Université Paris-I - Panthéon-Sorbonne, 2021, p. 9 ; P. DALLIER, D. RAMBAUD, *Réformer la gouvernance du Grand Paris : une méthode, une grille de lecture, un calendrier* – Rapport d'information n° 444 (2020-2021), 11 mars 2021, p. 19 et s. ; CRC Île-de-France, *op. cit*, p. 8 et s. ; C. comptes, *L'organisation territoriale de la Métropole du Grand Paris, Bilan et perspectives*, janv. 2023, p. 31 et s.

17. P. DALLIER, D. RAMBAUD, *op. cit.* ; CRC Île-de-France, *La Métropole du Grand Paris, op. cit.* ; C. comptes, *op. cit.* ; CRC Île-de-France, *La politique d'aménagement sur le territoire du Grand Paris*, mars 2024 ; É. WOERTH, *Décentralisation : le temps de la confiance*, mai 2024.

18. É. WOERTH, *op. cit.*, p. 112.

19. CRC Île-de-France, *La Métropole du Grand Paris, op. cit.*, p. 8.

du consensus »[20] et la portée de son « identité d'action [visant à] la protection des plus exposés aux inégalités urbaines »[21], et ce peut-être de façon moins défendable que par le passé[22].

A. Une identité politique contrariée

L'identité politique de la Métropole du Grand Paris est contrariée par une gouvernance inadaptée (1) et par de faibles ressources (2).

1. Une gouvernance inadaptée

L'organisation institutionnelle choisie pour la Métropole du Grand Paris semble, à plusieurs égards, nuire à sa gouvernance.

Au niveau métropolitain, l'instance décisionnelle, le conseil de métropole est composé de 208 conseillers métropolitains représentants des communes relevant de son périmètre[23]. Si la question du fonctionnement d'un tel conseil pouvait alors être soulevée eu égard au nombre de conseillers[24], « le choix d'une "gouvernance partagée" qui se traduit par la recherche, pour la plupart des délibérations soumises au vote du conseil métropolitain, du plus large consensus parmi les communes »[25] interroge tout autant. D'abord, la gouvernance est déséquilibrée au profit de la Ville de Paris – collectivité à statut particulier depuis 2017 dont la position à l'égard de la métropole paraît parfois ambiguë[26] – en raison du nombre de ses représentants élus (60 sièges) par rapport aux autres communes (3 sièges pour les plus importantes)[27]. Ensuite, l'hétérogénéité des collectivités territoriales composant la métropole complexifie la recherche d'intérêts convergents dans ses différents domaines de compétences et « favorise l'émergence du plus petit dénominateur commun »[28], ce qui questionne son efficacité revendiquée[29]. Le

20. O. RENAUDIE, « La Métropole du Grand Paris : du rêve à la (dure) réalité », *AJCT* 2021, p. 416 et s.
21. *Ibid.*
22. Sur cette défense, voir *ibid.*
23. Art. L. 5219-9 du CGCT.
24. Voir par ex. : O. RENAUDIE, « La Métropole du Grand Paris : du rêve à la (dure) réalité », *op. cit.*
25. C. comptes, *op. cit.*, p. 76 ; CRC Île-de-France, *La Métropole du Grand Paris*, *op. cit.*, p. 25.
26. S. RONAI, *op. cit.*, p. 21.
27. Arrêté interpréfectoral nº 75-2019-10-14-001 en date du 14 oct. 2019 constatant la recomposition du conseil métropolitain de la Métropole du Grand Paris lors du prochain renouvellement général des conseils municipaux des 15 et 22 mars 2020.
28. *Ibid.* Pour des exemples, voir *infra.*
29. Voir not. le titre de l'une des parties des rapports d'activité de la métropole, 2021, p. 20 ; 2022, p. 20 ; 2023, p. 20.

président Ollier souligne cependant que cette gouvernance partagée est indispensable au fonctionnement de la métropole faute de quoi elle aurait été « morte née »[30] *(sic)*. Ce phénomène est amplifié du fait que dans chaque commune, « le ou les conseillers métropolitains de la commune sont [obligatoirement] désignés conseillers de territoire »[31]. Ce sont donc les représentants de la Ville de Paris et des 130 communes, soumis aux fluctuations politiques, qui sont arbitres des choix de politiques territoriales ou métropolitaines; raison pour laquelle la Métropole du Grand Paris est qualifiée de « métropole des maires ».

Par ailleurs, des instances consultatives existent à côté du conseil de métropole. Certaines sont prévues par la loi (assemblée des maires, conseil de développement) d'autres sont créées à l'initiative du président de la métropole (la conférence du territoire)[32]. Cela complique la lisibilité du fonctionnement de la métropole, d'autant plus que leur utilité au regard du sous-usage qui semble en être fait est discutable[33].

Enfin, l'articulation entre la Métropole du Grand Paris et les établissements publics territoriaux est souvent décrite comme insuffisante malgré l'imbrication de leurs compétences, qu'il s'agisse de l'irrégularité de la réunion de la conférence des présidents[34] ou de l'assemblée des maires[35] ou du manque d'un pacte de gouvernance prévu par la loi[36] et dont l'élaboration a été actée par la métropole[37].

2. Des moyens et une redistribution faibles

Plusieurs critiques sont adressées à la Métropole du Grand Paris s'agissant de son organisation financière, pour certaines depuis sa création.

Le financement de la Métropole du Grand Paris, « compromis boiteux »[38], est d'abord jugé trop complexe pour les élus comme pour les citoyens. En effet, l'organisation institutionnelle suppose des flux financiers entre les trois niveaux

30. P. OLLIER, *op. cit.*
31. Art. L. 5219-9-1 du CGCT. Les conseillers de territoire manquants sont désignés par les conseils municipaux des communes concernées.
32. Art. 28, 30 et 29, *Règlement intérieur de la Métropole du Grand Paris*, p. 12.
33. Voir *infra*.
34. C. comptes, *op. cit.*, p. 80; CRC Île-de-France, *La Métropole du Grand Paris*, *op. cit.*, p. 22. Voir aussi les rapports d'activité de la métropole, ex. : aucune conférence signalée en 2021, 2022, 2023.
35. *Ibid.* Voir aussi les rapports d'activité de la métropole, ex. : 2021 : une réunion signalée (p. 33); 2022 : aucune réunion signalée (p. 34); 2023 : une réunion (p. 35).
36. Art. L. 5211-11-2 du CGCT.
37. Délibération CM2021/02/12/03 : Débat et élaboration d'un pacte de gouvernance, 12 févr. 2021.
38. P. DALLIER, D. RAMBAUD, *op. cit.*, p. 30.

institutionnels : communes, établissements publics territoriaux et Métropole du Grand Paris[39]. Cette situation, qui sur certains aspects ne devait être que temporaire, tend à être systématiquement reconduite. Ainsi, le transfert de la cotisation foncière des entreprises des établissements publics territoriaux et de la Ville de Paris vers la Métropole du Grand Paris, initialement prévu pour 2021, vient à nouveau d'être reporté de deux ans (soit jusqu'en 2026 inclus) par la loi de finances pour 2025[40]. Ce report la prive de ressources et prolonge l'anomalie juridique de la perception du produit d'une taxe par des établissements publics dénués de fiscalité propre[41].

Ensuite, la métropole, « nain budgétaire »[42], a des moyens propres qui dépendent de la conjoncture économique et sont très faibles (50 à 100 M. d'euros)[43] au regard de ses ressources financières (3,5 Mds d'euros en 2020)[44]. L'essentiel d'entre elles est en effet reversé aux communes membres. Cette situation résulte des dispositions législatives comme « des choix partagés avec ses communes membres » et témoigne de « l'étroitesse des compétences qu'elles ont accepté de lui transférer »[45].

Par ailleurs, la métropole ne semble pas avoir permis une redistribution suffisante des ressources entre collectivités sur son territoire, de par un usage trop modeste et inadéquat des « petits outils »[46] de péréquation à sa disposition[47]. Il en est ainsi en particulier de la dotation de soutien à l'investissement territorial dont les modalités de répartition sont critiquées[48] et du fonds d'investissement métropolitain dont la mise en œuvre conduit à un effet de « saupoudrage sans effet levier significatif »[49] (une moyenne de 200 000 euros par projet entre 2016 et 2022). Pour le président Ollier ce dernier constitue cependant bien un outil au service

39. Pour le détail, voir C. comptes, *op. cit.*, p. 92.
40. Art. 184, loi nº 2025-127 du 14 févr. 2025 de finances pour 2025, *JO* 15 févr. 2025, texte nº 1 ; M. DAVRAINVILLE « Les finances de l'établissement public territorial (EPT) sauvées pendant encore deux ans ! », *Seban Avocats*, 13 févr. 2025 (en ligne).
41. Voir par ex. O. RENAUDIE, « Le Grand Paris », *op. cit.* et – « La Métropole du Grand Paris : du rêve à la (dure) réalité », *op. cit.*,
42. P. DALLIER *in* P. DALLIER, D. RAMBAUD, *op. cit.*, p. 105.
43. C. comptes, *op. cit.*, p. 94.
44. *Ibid.*
45. *Ibid.*, p. 101. Voir *infra*.
46. S. RONAI, *op. cit.*, p. 23.
47. C. comptes, *op. cit.*, p. 101.
48. *Ibid.*
49. S. RONAI, *op. cit.*, p. 24. C'est aussi l'avis de la CRC en 2022 (p. 70), de la Cour des comptes en 2023 (p. 101 et s.) et du rapport P. DALLIER, D. RAMBAUD, p. 30.

du rééquilibrage est/ouest au regard de la répartition des sommes allouées (41 % Seine-Saint-Denis, 26 % dans le Val-de-Marne et 29 % dans les Hauts-de-Seine)[50] ; leur montant permet cependant d'en douter.

B. Une identité d'action a minima

Les compétences de la métropole telles qu'issues de la loi NOTRe apparaissent en recul[51] par rapport à la loi MAPTAM, dans un souci de réalisme pour certains, la vidant d'une partie de sa substance pour d'autres[52]. Il en va différemment pour les établissements publics territoriaux[53]. « L'objectif est [en effet] de centrer l'action de la métropole sur quelques compétences stratégiques en confiant aux EPT un socle de compétences propres »[54]. Ainsi, la Métropole du Grand Paris est dotée de compétences qui tendent en particulier au rééquilibrage territorial et socio-économique dans son périmètre. Leur portée a néanmoins été limitée du fait même du fonctionnement de la métropole (1) et leur mise en œuvre paraît insuffisante (2).

1. Des compétences structurellement limitées

La métropole est dotée de deux types de compétences, dont l'étendue participe de sa spécificité par rapport aux autres métropoles[55] : des compétences obligatoires et des compétences facultatives. Relèvent de cette seconde catégorie celles soumises à la reconnaissance d'un intérêt métropolitain[56] et celles transférées par les communes dans les conditions de droit commun[57]. L'État peut également transférer à la métropole du grand Paris à sa demande la propriété, l'aménagement, l'entretien et la gestion de grands équipements et infrastructure[58].

Eu égard à ses objectifs de développement territorial et de lutte contre les inégalités, les compétences obligatoires confiées progressivement à la métropole recouvrent notamment quatre domaines : l'aménagement de l'espace métropolitain ; la politique locale de l'habitat ; le développement et l'aménagement économique, social et culturel ; la protection et de mise en valeur de l'environnement et de

50. P. OLLIER, *op. cit.*
51. L'abandon de l'élaboration du PLU par la métropole en est un exemple.
52. O. RENAUDIE, « Le Grand Paris », *op. cit.*
53. L. 5219-5 du CGCT.
54. F. PRIET, P. QUILICHINI, A. TREPPOZ-BRUANT, *Droit des collectivités territoriales*, Dalloz, coll. « Hypercours », 3e éd., 2024, p. 224.
55. C. REGOURD, « Métropole du Grand Paris », *JurisClasseur Administratif* 2019, Fasc. 129-28, § 21.
56. L. 5219-1 II du CGCT.
57. L. 5219-1 III du CGCT.
58. L. 5219-1 V *bis* du CGCT.

politique du cadre de vie[59]. Une partie de l'exercice des compétences dans les trois premiers domaines est subordonnée à la reconnaissance de leur intérêt métropolitain[60]. À défaut de celle-ci, ils échoient aux établissements publics territoriaux[61]. Or l'intérêt métropolitain est souvent défini « *a minima* »[62] et de manière imprécise par la métropole ce qui vient limiter sa possibilité d'intervention. La chambre régionale des comptes relève par exemple que « la délibération CM2019/10/11/07 déclare d'intérêt métropolitain le "soutien financier à la piscine de Bondy" sans pour autant déclarer d'intérêt métropolitain cet équipement sportif qui fait partie des piscines d'entraînement des Jeux olympiques et paralympiques de 2024 »[63]. Cette situation s'explique, selon son président, par la difficulté de l'exercice de détermination de l'intérêt commun[64] et ce d'autant plus que les textes régissant l'organisation de la métropole « autant que le double échelon d'intercommunalités [constituent] des freins à [sa] définition autant qu'à des transferts de compétences plus importants »[65]. Aussi, semblent y avoir été uniquement intégrées « les opérations dont l'intérêt est manifeste pour son [de la métropole] territoire et dont la réalisation était complexe ou impossible sans intervention de sa part »[66].

2. Des compétences insuffisamment mises en œuvre

Bien que le nombre de compétences de la métropole soit réduit, celles-ci sont, de l'avis général, insuffisamment mises en œuvre[67], en particulier dans ses quatre domaines fondamentaux. Cela l'empêche de tenir son rôle et de s'affirmer face aux autres collectivités.

À titre d'exemple en matière d'aménagement, sur plus de mille opérations d'ici 2030, seules sept ont été déclarées d'intérêt métropolitain[68], deux en tant qu'opérations existantes (la ZAC des Docks à Saint-Ouen, Noisy-Champs Pôle Gare à Noisy) et cinq en tant qu'opérations futures telles le projet de la ZAC de la Plaine Saulnier et une opération d'aménagement à Villeneuve-le-Roi[69].

---

59. L. 5219-1 II du CGCT.
60. *Ibid.*
61. L. 5219-5 IV du CGCT.
62. Voir par ex. les rapports de la CRC et de la C. comptes.
63. CRC, *La Métropole du Grand Paris*, *op. cit.*, p. 41.
64. Réponse du président Ollier, *op. cit.*, p. 1, *ibid.*
65. *Ibid.*
66. *Ibid.*
67. Voir *supra*.
68. CRC, *La politique d'aménagement sur le territoire du Grand Paris*, *op. cit.*, p. 26.
69. *Ibid.* et délibération CM2023/10/12/10-1.

Il en va de même s'agissant de la planification urbaine, pour laquelle la métropole doit être « porteuse d'une vision stratégique de l'aménagement urbain, propre à réduire les déséquilibres territoriaux constatés [...] »[70]. En effet, le schéma de cohérence territoriale de 2022, destiné à devenir le cadre de référence de l'ensemble des documents de planification à l'échelle métropolitaine, est jugé insuffisamment prescriptif et territorialisé[71]. De même, la métropole n'a pas à ce jour arrêté de plan métropolitain de l'habitat et de l'hébergement[72], ce qui rend impossible l'exercice de ses compétences de coordination des politiques locales[73]. La problématique est telle, que le rapport Ravignon, qui propose une décentralisation vers des autorités organisatrices de l'habitat différenciées notamment aux agglomérations, communautés urbaines et métropoles, pose une exception « pour la Métropole du Grand Paris qui ne paraît pas en mesure de se saisir du sujet du logement sur son périmètre »[74].

À l'inverse, dans le domaine de l'environnement et de la politique du cadre de vie, la métropole a été plus active. Elle a adopté un plan climat-air-énergie métropolitain et peut donc coordonner les actions des collectivités territoriales dans son périmètre. C'est dans ce cadre qu'a été instaurée une zone à faible émission, dont le devenir est incertain en raison des débats actuels autour de leur éventuelle suppression[75] dans le cadre du *projet de loi de simplification de la vie économique*.

Au regard des critiques adressées à la Métropole du Grand Paris, un *statu quo* n'est plus envisageable et une évolution institutionnelle paraît indispensable.

---

70. C. comptes, *op. cit.*, p. 40.
71. *Ibid.*
72. Voir par ex. : « Nouveaux consensus et vieux clivages sur le logement autour du PMHH », *Le Journal du Grand Paris* 8 avr. 2025 (en ligne); « Grand Paris : les élus de gauche déplorent l'absence persistante de PMHH et pointent les mauvais élèves de la loi SRU », *AEF info* 1er juill. 2025 (en ligne).
73. Art. L. 5219- 1 V et VI du CGCT.
74. Note n° 50, B. RAVIGNON, *Coûts des normes et de l'enchevêtrement des compétences entre l'État et les collectivités : évaluation, constats et propositions*, mai 2024, p. 57.
75. Votée par l'AN le 17 juin 2025.

II. Une évolution institutionnelle indispensable

Si plusieurs pistes de réformes progressives[76] de la Métropole du Grand Paris sont proposées dans les rapports successifs, sa suppression est aussi régulièrement envisagée[77], bien qu'elle puisse paraître « absurde » pour ses défenseurs[78]. Cette dernière apparaît peut-être même comme « probablement inévitable eu égard au constat d'échec »[79]. Deux types de changements institutionnels sont alors possibles : le maintien d'une forme d'intercommunalité (A) et la transformation en métropole collectivité ou collectivité métropole (B). Sauf dans les hypothèses où ils sont supprimés, les établissements publics territoriaux deviennent des établissements publics de coopération intercommunale à fiscalité propre dans les différents scénarios. Cela constitue un préalable nécessaire aux modifications prévues et témoigne du succès de cet échelon.

A. L'intercommunalité ou le maintien conditionné

La Métropole du Grand Paris peut rester une métropole à statut particulier sous réserve de son renforcement (1), solution explicitement écartée par le rapport Woerth[80]. Elle peut également être transformée en une autre forme d'intercommunalité (2).

1. Le renforcement possible du Grand Paris comme métropole à statut particulier

Un seul scénario, avec deux variantes, permet de conserver le statut de métropole à statut particulier dans les différents rapports; preuve, peut-être des difficultés consubstantielles à ce statut pour le Grand Paris.

76. Des ajustements à court terme sont proposés sans toucher à la structure de l'organisation en place. C. comptes, *op. cit.*, p. 105; CRC Île-de-France, *La Métropole du Grand Paris*, *op. cit.*, p. 24, p. 43 et p. 64. Voir aussi dans une moindre mesure P. DALLIER, D. RAMBAUD, *op. cit.*, p. 63.

77. Proposition de loi visant à engager une réforme institutionnelle du Grand Paris (AN, n° 3681, 14 déc. 2020) cosignée par 41 députés de La République en marche uniquement; P. DALLIER, D. RAMBAUD, *op. cit.*, p. 48 et s.; C. comptes, *op. cit.*, p. 113 et s.; É. WOERTH, *op. cit.*, p. 112; Proposition de loi visant à supprimer la Métropole du Grand Paris (AN, 1507, 4 juin 2025) cosignée par treize députés de six groupes politiques différents.

78. P. MARTIN, « Suppression du Grand Paris : "Encore une minute, Monsieur le bourreau" », *Région magazine* 6 juin 2024 (en ligne).

79. C. REGOURD, « Le rapport Woerth : repenser l'intercommunalité au prisme de la décentralisation », *DA* déc. 2024, étude 14.

80. É. WOERTH, *op. cit.*, p. 112.

Celui-ci consiste en la suppression des établissements publics territoriaux[81] ou en leur intégration en tant qu'échelons déconcentrés à la Métropole du Grand Paris[82], sans qu'il y ait de modification sur les départements. Cela conduit à la disparition d'un échelon territorial et au renforcement des compétences et des ressources de la métropole par le transfert des compétences et des moyens des établissements publics territoriaux et des communes membres. Néanmoins, cette proposition fragilise potentiellement l'intégration intercommunale en raison de la restitution inévitable de compétences aux communes membres (compétences de proximité) et ne résout pas la problématique liée au périmètre de la métropole[83]. De plus, le caractère central de la « place des maires » risque d'être maintenu, voire accentué.

2. Une intercommunalité renouvelée

Deux scénarios permettent d'envisager le Grand Paris dans le cadre d'une intercommunalité renouvelée.

Le premier consiste en un retour à la « marguerite », logique du projet initial de la loi MAPTAM, et à la transformation de la métropole en pôle métropolitain[84] soumis aux règles applicables aux syndicats mixtes fermés, ou ouverts[85] le cas échéant[86]. L'ambition est alors de créer « un espace de coopération plus souple et qui intègre [potentiellement] tous les acteurs »[87], cela « [...] afin de promouvoir un modèle d'aménagement, de développement durable et de solidarité territoriale »[88]. Le pôle métropolitain emporte cependant au moins deux limites, corollaires pour partie à sa souplesse de création et de fonctionnement. D'une part, l'adhésion de la région Île-de-France et des départements de la petite couronne n'est pas acquise car, en principe, volontaire, ce que relève bien la proposition de loi de 2020[89]. Il

81. C. comptes, *op. cit.*, 112.
82. P. DALLIER, D. RAMBAUD, *op. cit.*, p. 48-52. Voir aussi O. RENAUDIE, « La Métropole du Grand Paris : du rêve à la (dure) réalité », *op. cit.*, p. 416 et s.
83. C. comptes, *op. cit.*, 106.
84. Art. L. 5731-1 du CGCT.
85. Art. L. 5731-3 du CGCT.
86. Proposition de loi visant à engager une réforme institutionnelle du Grand Paris, *op. cit.* ; Scénario 1. P. DALLIER, D. RAMBAUD, *op. cit.*, p. 40 ; Scénario 2 (syndicat mixte pas pôle métropolitain), C. comptes, *op. cit.*, p. 113.
87. Exposé des motifs, Proposition de loi visant à engager une réforme institutionnelle du Grand Paris, *op. cit.*, p. 5.
88. Art. L. 5731-1 du CGCT.
89. Exposé des motifs, p. 5 et art. 3 II, Proposition de loi visant à engager une réforme institutionnelle du Grand Paris, *op. cit.* Voir aussi : P. DALLIER, D. RAMBAUD, *op. cit.*, p. 40. Bien que le rapport y indique que la proposition de loi rend obligatoire l'adhésion, cela ne paraît pas être le cas voir en ce

en va de même de la poursuite de la gestion commune des grands projets ou de la mutualisation de politiques publiques, notamment en matière de lutte contre les inégalités territoriales qui résultent également d'un choix (politique) que rien ne garantit, quand bien même ce serait l'objet du pôle métropolitain[90]. Il appartient en effet aux organes délibérants des membres du pôle métropolitain de se prononcer, par délibérations concordantes, sur l'intérêt métropolitain des compétences qu'ils transfèrent ou des actions qu'ils lui délèguent[91]. D'autre part, et comme le rappelle le rapport Dalladier-Rambaud, la gouvernance d'un pôle métropolitain est faible et sa création n'emporte pas en tant que tel mutualisation des moyens et partage de la richesse fiscale[92].

Le second scénario prévoit que la Métropole du Grand Paris soit composée de la Ville de Paris et des départements de la petite couronne qui absorberaient les compétences et les ressources des établissements publics territoriaux et se substitueraient aux communes dans la gouvernance de la Métropole du Grand Paris[93]. Celui-ci permet notamment de faciliter la lisibilité institutionnelle, de rééquilibrer le poids de la Ville de Paris et d'assurer la continuité entre certaines politiques (ex. politique sociale du département et logement social et action sociale à l'échelle du territoire). Il comporte cependant le risque de rendre plus difficile la gestion de proximité et de n'avoir qu'un impact limité sur la répartition des ressources. Le rapport de la Cour des comptes[94], qui l'envisage, n'indique pas quel serait le statut de la Métropole du Grand Paris dans ce cadre, lequel pourrait demeurer une intercommunalité ou devenir une collectivité territoriale à statut particulier.

B. La métropole collectivité ou le changement radical

L'hypothèse de la métropole collectivité recouvre deux cas distincts : la région-métropole souhaitée dans la proposition de loi de 2025 (1) et la reconnaissance à la Métropole du Grand Paris du statut de collectivité à statut particulier (2).

---

sens l'exposé des motifs (p. 6) et l'article 3 II de la proposition de loi de 2020.

90. Voir par ex. art. 3 I 2, Proposition de loi visant à engager une réforme institutionnelle du Grand Paris.

91. Art. L.5731-1 al. 3 du CGCT.

92. P. DALLIER, D. RAMBAUD, *op. cit.*, p. 52.

93. C. comptes, *op. cit.*, p. 114.

94. *Ibid.*

1. La création d'une région-métropole

Ce scénario[95] repose sur l'affirmation selon laquelle la région constitue la strate légitime pour porter le projet métropolitain qui dépasse le périmètre du territoire de la métropole s'agissant notamment des transports, des centres de développement, du foncier économique, etc.[96] Au-delà de la problématique de l'acceptabilité d'un tel projet par les élus locaux, il interroge au regard d'au moins trois éléments. D'abord la détermination des modalités et du contenu des compétences transférées à la région est malaisée. Ainsi, le rapport Woerth est muet à ce propos, le rapport de 2021 évoque « les fonctions de coordination et de production de documents ou schémas de planification dont la MGP a aujourd'hui la charge »[97] et la proposition de loi de 2025 indique qu'il s'agit des compétences « non transférées aux établissements publics de coopération intercommunale nouvellement créés [...] par décret »[98], sans indiquer desquelles il s'agit ou la manière dont elles seront déterminées. Ensuite, la gouvernance de la région-métropole s'avère difficile à concevoir et à mettre en œuvre. À cet égard, seul le rapport de 2021 indique quelques éléments en faisant état d'une proposition de la présidente du conseil régional d'Île-de-France relative à la création d'une assemblée de 1 300 maires[99], qui paraît peu réaliste. Enfin, la question de la péréquation entre les territoires reste posée.

2. La reconnaissance de la Métropole du Grand Paris comme collectivité à statut particulier

La transformation de la Métropole du Grand Paris en collectivité à statut particulier est envisagée dans le rapport Dallier-Rambaud[100]. Elle résulte de la suppression des trois départements de la petite couronne et de l'absorption de leurs compétences et ressources par la Métropole du Grand Paris, accompagnée éventuellement de celle des établissements publics territoriaux. Cette hypothèse permet la suppression d'un voire deux échelons territoriaux et de renforcer les compétences et les ressources

95. Déjà appelé par la région en 2013.
96. P. DALLIER, D. RAMBAUD, *op. cit.*, p. 44 et É. WOERTH, *op. cit.*, p. 113.
97. P. DALLIER, D. RAMBAUD, *op. cit.*, p. 44.
98. « Art. 3 Proposition de loi visant à supprimer la Métropole du Grand Paris », *op. cit.* Voir aussi l'exposé des motifs, p. 3.
99. « Proposition de V. Pécresse » *in* P. DALLIER, D. RAMBAUD, *op. cit.*, p. 50.
100. *Ibid.*, p. 48-52.

de la métropole. Elle soulève cependant des difficultés de mise en œuvre, de légitimité politique et d'acceptabilité par les élus locaux ; raisons pour lesquelles la Cour des comptes l'a explicitement exclue[101].

***
*

In fine, il semblerait que la métropole parisienne soit à nouveau, pour ne pas dire toujours, à « la recherche [du] pilote »[102]. La perspective des réformes envisagées renforce alors l'impression d'illisibilité.

101. C. comptes, *op. cit.*, p. 111.

102. P. ESTÈBE, P. LE GALÈS, « La métropole parisienne : à la recherche du pilote ? », *Revue française d'administration publique* 2003, n° 107, p. 345.

LA PARTICIPATION DES CITOYENS DANS LE PROCESSUS DE CRÉATION DE NOUVELLES COLLECTIVITÉS TERRITORIALES ENGAGÉ EN 2015

Olivier DUPÉRON

Professeur de droit public
Centre de recherche droit et territoire – CRDT (UR 3312)
Université de Reims

La démocratie est communément présentée comme un système politique, une forme de gouvernement dans lequel la souveraineté appartient au peuple, à l'ensemble des citoyens. Elle emprunte toutefois des chemins divers s'agissant de sa mise en œuvre, avec une distinction qui s'est fortement cristallisée ces dernières années autour des expressions de démocratie dite « représentative » ou « participative ». Depuis la Révolution française, en réalité, des tensions fortes ont traversé la politique démocratique contemporaine et qui opposent la représentation à la « démocratie directe » ou « semi-directe »[1].

Prise dans son sens de la participation directe des citoyens à la prise de décision, la démocratie est un peu l'arlésienne de la décentralisation à la française, souvent invoquée, rarement convoquée. Cette affirmation peut surprendre car, bien sûr, la Constitution (art. 72) prévoit que les collectivités territoriales s'administrent librement par des conseils élus ; et les élections locales rythment la vie des collectivités, avec un degré d'intérêt très variable de la part des électeurs d'ailleurs, si on en juge aux taux de participation pour les dernières élections locales, départementales et régionales notamment[2]. Par ailleurs, la démocratie de proximité, la démocratie participative locale sont aujourd'hui au cœur de dispositions

1. Sur cette référence à la Révolution et à ces tensions, voir P. PAYNAUD, « Démocratie » *in* F. FURET, M. OZOUF (dir.), *Dictionnaire critique de la Révolution française*, Paris, Flammarion, 1988, p. 674 ; Voir aussi J.-M. DENQUIN, « Démocratie participative et démocratie semi-directe », *Les Cahiers du Conseil constitutionnel*, n° 23, févr. 2008.
2. Les taux de participation au premier tour des élections départementales et des élections régionales en juin 2021 étaient respectivement de 33,32 % et de 33,28 %.

constitutionnelles (art. 72-1) et de lois qui leur sont dédiées, en tout ou partie[3], et ce sont des mécanismes qui ont intégré le droit des collectivités territoriales, *via* le Code général des collectivités territoriales (CGCT), de multiples manières, du droit à l'information des habitants à l'instauration de comités consultatifs divers, en passant par les possibilités de consultations des électeurs ou de référendums locaux.

Toutefois, les grands mouvements de décentralisation, de l'acte I en 1982 à l'acte II en 2003, jusqu'aux réformes plus récentes, se sont toujours réalisés en dehors de la consultation directe des électeurs. C'est d'ailleurs le paradoxe d'une décentralisation réalisée au nom d'un impératif démocratique, mais pour laquelle les citoyens n'ont que très rarement l'occasion de participer directement aux grands choix qui la façonnent. On relèvera même que le seul référendum organisé sous la Ve République sur le sujet s'est soldé par un résultat négatif, en 1969, avec le projet de création des régions en tant que collectivités territoriales, présenté par le général de Gaulle et rejeté par le corps électoral, pour des raisons toutefois très éloignées de la question posée[4]. Les collectivités territoriales régionales ont fini par être créées par le législateur en 1982, avec la loi du 2 mars 1982 lançant l'acte I de la décentralisation[5] (ce qui est évidemment parfaitement démocratique, dans sa version représentative) et cela explique peut-être pourquoi on envisage toujours avec une grande prudence le fait d'interroger les Français sur ces sujets, encore en 2025 où la proposition d'un référendum sur l'organisation locale est souvent évoquée, jusqu'à présent jamais confirmée.

En 2015, d'importantes réformes institutionnelles ont eu lieu et d'autres y trouvent leurs racines. Bien évidemment, on pense à la réforme dite des « nouvelles régions », avec la fusion d'une partie d'entre elles[6], mais on peut y ajouter la création de la collectivité de Corse, par la loi NOTRe du 7 août 2015[7], l'évolution

3. On pense en particulier à la loi n° 2002-276 du 27 févr. 2002 relative à la démocratie de proximité, *JORF* 28 févr. 2002.

4. Référendum du 27 avr. 1969 portant sur le « projet de loi relatif à la création des régions et à la rénovation du Sénat », victoire du non avec 52,41 % des voix, pour une participation de 80,13 %.

5. Loi n° 82-213 du 2 mars 1982 relative aux droits et libertés des communes, des départements et des régions, *JORF* 3 mars 1982, art. 59.

6. Loi n° 2015-29 du 16 janv. 2015 relative à la délimitation des régions, aux élections régionales et départementales et modifiant le calendrier électoral, *JORF* 17 janv. 2015.

7. Loi n° 2015-991 du 7 août 2015 portant nouvelle organisation territoriale de la République, *JORF* 8 août 2015.

de l'intercommunalité ou des communes nouvelles[8]. Nous aborderons aussi le cas de la collectivité européenne d'Alsace, certes non créée en 2015 mais qui est en très grande partie issue des choix qui ont été effectués à ce moment.

Quelle place a été réservée pour les citoyens dans ces processus de création de nouvelles collectivités territoriales ? Y ont-ils participé ? On peut déjà affirmer que cette place a été faible, les citoyens étant placés en position de spectateurs, y compris pour des réformes pour lesquelles ils avaient déjà exprimé des avis quelques années seulement auparavant. Elle a été faible alors que plusieurs dispositions pouvaient laisser espérer une association plus directe des électeurs, au moins à une partie de ces processus. Or, le législateur a opéré des choix marquant clairement la volonté de ne pas y recourir et la jurisprudence a accompagné cette mise à distance. Le résultat est celui d'un cadre juridique qui est peu contraignant pour la participation des citoyens à ces questions de réformes institutionnelles importantes avec, en 2015 ou à partir de 2015, un citoyen qui remplit une fonction peu enviable de « variable d'ajustement », à utilité fluctuante, dans le cadre de ces réformes.

I. Un cadre juridique peu contraignant pour la participation des citoyens au processus de création de collectivités territoriales

Il n'existe pas de régime juridique uniforme concernant la participation des électeurs aux phases de création ou de modification de statuts de collectivités territoriales, en fonction de la catégorie à laquelle elles appartiennent. En 2015, le législateur a même décidé d'adoucir des dispositifs qui avaient été mis en place peu de temps avant. La question de la portée du droit européen s'est également posée, en lien avec la réforme des régions, et cela a donné lieu à des précisions intéressantes.

A. L'affaiblissement de l'obligation de consultation des électeurs

La révision de la Constitution opérée en 2003, au moment de l'acte II de la décentralisation, avait représenté un moment d'ouverture en matière de démocratie locale directe, vite déçu cependant. Outre l'introduction dans la loi fondamentale d'un droit de pétition pour les électeurs des collectivités territoriales et de la possibilité

8. Ces dernières ont fait l'objet d'un texte spécifique incitant fortement à leur création, en 2015 : loi n° 2015-292 du 16 mars 2015 relative à l'amélioration du régime de la commune nouvelle, pour des communes fortes et vivantes, *JORF* 17 mars 2015.

d'organiser un référendum local décisionnel, d'autres dispositions introduites alors prévoyaient, avec des degrés de contraintes variables, la consultation des électeurs en cas de modifications statutaires des collectivités territoriales.

En outre-mer, le consentement des électeurs du ressort des collectivités est requis, lorsqu'il s'agit de créer une collectivité unique se substituant à un département et une région d'outre-mer (art. 73), ou s'il est envisagé d'organiser le changement de régime de l'une de ces collectivités, de l'un vers l'autre des régimes prévus aux articles 73 et 74 (art. 72-3).

Hors outre-mer, la révision de 2003 a aussi prévu de possibles consultations non contraignantes : lorsqu'il est envisagé de créer une collectivité territoriale dotée d'un statut particulier ou de modifier son organisation ; ou lorsqu'il est envisagé une modification des limites des collectivités territoriales (art. 72-1).

En 2010, le législateur était allé plus loin sur le terrain de la consultation des électeurs, en cas de fusion de départements, de régions, ou de départements et régions. La loi dite « RCT » du 16 décembre 2010[9] avait introduit, dans toutes ces hypothèses, une procédure de consultation obligatoire des électeurs de chaque collectivité concernée. La décision ne pouvait être prise que si le consentement de la majorité absolue des suffrages exprimés par les électeurs, correspondant à un nombre de voix au moins égal au quart des inscrits était obtenu[10].

Or, en 2015, la loi du 16 janvier 2015 sur la délimitation des régions a abrogé ces articles. Saisi de cette question, le Conseil constitutionnel a jugé que l'absence de consultation préalable des conseils des collectivités concernées par les regroupements n'avait pas porté atteinte à la libre administration des collectivités et que, bien évidemment, l'article 72-1 permettait, mais n'imposait pas la consultation des électeurs sur le changement de périmètre[11].

Le redécoupage territorial de 2015 a donc été réalisé sans le citoyen, d'une manière qui a été qualifiée d'« autoritaire »[12], par le législateur. Michel Verpeaux a expliqué ce choix par « la méfiance envers l'expression de la démocratie directe qui ne permet pas l'adoption des réformes statutaires jugées indispensables par

9. Loi n° 2010-1563 du 16 déc. 2010 de réforme des collectivités territoriales, *JORF* 17 déc. 2010.
10. Anciens art. L. 3114-1, L. 4123-1 et L. 4124-1 du CGCT.
11. Cons. const. 15 janv. 2015, n° 2014-709 DC.
12. E. DERDAELE, « La fusion autoritaire des régions », *Civitas Europa* 2016, p. 241.

les autorités étatiques »[13]. À cet égard, les dispositions de la Charte européenne de l'autonomie locale n'ont pas produit plus d'effet, s'agissant du recours aux citoyens pour la réforme des régions.

B. Un cadre européen sans portée effective

La Charte européenne de l'autonomie locale, convention internationale élaborée dans le cadre du Conseil de l'Europe et signée par la France le 15 octobre 1985, est le texte de référence lorsque l'on recherche une conception européenne des principes qui doivent gouverner l'organisation locale des États qui y sont parties. Le droit de la décentralisation en France entretient une relation ambiguë avec la Charte. Pour prendre l'image d'une vieille publicité, la décentralisation se présente un peu comme le *Canada Dry* de l'autonomie locale, au sens européen : ça y ressemble, mais ça n'en est pas ou pas totalement. Jean-Marie Pontier a montré que cette notion se rapproche plutôt de « la reconnaissance d'une sorte de gouvernement local »[14]. Les points de distinction entre le texte européen et le droit interne, objets de nombreuses réserves d'interprétation, de la part du Conseil d'État notamment, ont retardé la ratification de la Charte par la France, intervenue en 2007 seulement[15].

En 2015, la modification des limites de plusieurs régions a donné lieu à des contestations et le Conseil d'État a été saisi d'un recours (par des requérants alsaciens) contre le décret du 30 juillet 2015 convoquant les électeurs en vue des prochaines élections régionales, qui lui a permis de préciser la portée de plusieurs articles de la Charte, dont une disposition intéressant directement la question de la participation des citoyens au processus.

Les auteurs du recours contestaient donc à cette occasion la loi du 16 janvier 2015 relative à la délimitation des régions, servant de base au décret, en soutenant que la loi méconnaissait notamment l'article 5 de la Charte selon lequel « pour toute modification des limites territoriales locales, les collectivités locales concernées doivent être consultées préalablement, éventuellement par voie de

13. M. VERPEAUX, « La décentralisation et la démocratie locale », *Les Cahiers du Conseil constitutionnel*, n° 9, oct. 2022.

14. J.-M. PONTIER, « Charte européenne de l'autonomie locale : enfin ? », *AJDA* 2006, p. 1577.

15. Après l'autorisation donnée par la loi n° 2006-823 du 10 juill. 2006, *JORF* 11 juill. 2006. Pour une vision complète de la relation entre le droit des collectivités territoriales en France et la Charte, voir V. DONIER, « La réforme des collectivités territoriales à l'épreuve de la Charte européenne de l'autonomie locale » *in* Mélanges en l'honneur du Professeur Gérard Marcou, Paris, IRJS Éditions, 2017, p. 169.

référendum là où la loi le permet »[16]. Nous pouvons noter que le même argument avait déjà été soulevé quelques mois auparavant devant le Conseil constitutionnel mais que, conformément à sa position classique, ce dernier s'était refusé à examiner la conformité de la procédure législative aux articles de la Charte, puisqu'il ne lui appartient pas « d'examiner la conformité d'une loi aux stipulations d'un traité ou d'un accord international »[17].

Devant le Conseil d'État, qui s'est prononcé le 27 octobre 2015[18], la question de l'effet direct de l'article 5 de la Charte se posait[19] et plusieurs arguments pouvaient plaider en ce sens. Le rapporteur public, dans ses conclusions, avait souligné le caractère « parfaitement clair » de cet article qui laisse le choix entre consultation de la collectivité ou directement de sa population. Toutefois, le Conseil d'État ne s'est pas explicitement prononcé sur ce point. Il a écarté le moyen du non-respect de l'article 5 en se plaçant sur un autre fondement, celui selon lequel la supériorité des traités sur les lois, prévue par l'article 55 de la Constitution, ne vaut que pour le contenu même de la loi, pas sa procédure d'adoption[20].

La décision a été critiquée et elle apparaît, pour reprendre les termes de Virginie Donier, comme une « manœuvre habile du Conseil d'État tant la contradiction entre la loi et l'article 5 de la Charte paraissait évidente ». Quelques mois après, le Congrès des pouvoirs locaux et régionaux en Europe, chargé du suivi de la mise en œuvre de la Charte, de rédiger des rapports à cette fin et d'établir des recommandations, en a publié deux, directement en lien avec ce sujet, l'une concernant l'ensemble des États membres[21], l'autre propre à la situation française[22]. Le Congrès appelle ainsi indifféremment tous les États « [...] à ne pas modifier les limites territoriales et le statut des entités infranationales sans avoir préalablement consulté leur population ». Par ailleurs, concernant la France et après avoir regretté la procédure d'adoption de la loi du 16 janvier 2015, le Congrès demande au

16. Ils s'appuyaient aussi sur l'article 4 de la Charte qui dispose que « l'exercice des responsabilités publiques doit, de façon générale, incomber, de préférence, aux autorités les plus proches des citoyens ».

17. Décision du 15 janv. 2015 préc.

18. CE 27 oct. 2015, *M. Allenbach et autres*, req. nº 393026, *AJDA* 2015, p. 2005.

19. Pour l'art. 4, cette question a rapidement et logiquement été écartée, voir V. DONIER, *op. cit.*

20. Extrait : il ne peut « être utilement saisi d'un moyen tiré de ce que la procédure d'adoption de la loi n'aurait pas été conforme aux stipulations d'un tel traité ou accord ».

21. Recommandation 385 (2016) du 24 mars 2016, *Autonomie et frontières dans une Europe en mutation – Principes, cadres et procédures pour protéger et modifier le statut, les compétences et les limites territoriales des entités infranationales dans le droit interne.*

22. Recommandation 381 (2016) du 22 mars 2016, *Démocratie locale et régionale en France.*

Comité des ministres d'inviter la France à revoir pour l'avenir sa législation, en vue de consultations effectives des collectivités (pas nécessairement des populations), lesquelles doivent être menées en temps utile et de manière appropriée, ce à quoi le Comité a répondu favorablement par une décision du 13 avril 2016.

On peut donc affirmer que cette question de la participation des citoyens, directement d'abord ou même par le biais de leurs représentants dans les organes délibérants des collectivités territoriales, aux processus de modifications de périmètres et de statuts des collectivités, constitue un point d'éloignement et aussi de crispation, entre l'approche européenne et l'approche française du mouvement de décentralisation.

Plus largement, le cadre juridique est donc peu contraignant pour les autorités nationales et, en 2015, puis encore après, le citoyen est resté à l'écart des transformations réalisées. Mieux ou pire encore, le législateur a parfois pris le contre-pied de consultations citoyennes antérieures, ce qui donne l'impression d'un citoyen simple « variable d'ajustement », que l'on mobilise ou pas de façon très opportune ces dernières années.

II. Le citoyen, « variable d'ajustement » des réformes institutionnelles depuis 2015

Une « variable d'ajustement » peut être définie comme une ressource que l'on fait varier, que l'on mobilise ou pas, selon les besoins. Cela correspond exactement à la place qui est laissée aux citoyens-électeurs dans les phases de création ou de modification de collectivités territoriales en 2015 et depuis, tantôt écartés, tantôt appelés.

A. Le législateur et le contre-pied des électeurs

Si on revient une dernière fois sur la réforme régionale de 2015, il convient de se demander pourquoi le choix politique a été fait de se passer de l'avis des collectivités et en particulier de leurs électeurs. Avec du recul, cela peut même surprendre puisqu'en 2013, un projet de loi visait déjà à inciter les régions à se regrouper, en leur permettant d'organiser des consultations de leur population avant le 30 juin 2015[23]. Seulement, entre-temps, la consultation qui s'est déroulée en Alsace le 7 avril 2013, en vue de la fusion des départements du Haut-Rhin et du Bas-Rhin, et qui s'est soldée par un échec, alors que les prévisions quelques semaines plus tôt étaient optimistes, a refroidi les velléités d'associer directement les citoyens à cette démarche. Elle a convaincu que « les populations sont irrémédiablement

23. Point évoqué par E. DERDAELE, *op. cit.*, p. 244.

réfractaires à tout changement »[24], d'autant que ce coup de froid alsacien arrivait dix ans après le non des électeurs corses, consultés eux aussi sur la disparition de leurs départements, en juillet 2003.

Les autorités nationales ont donc évité les citoyens en 2015, pour ne pas se retrouver en situation d'opposition frontale entre leur volonté de regrouper les régions et le risque réel de désapprobations populaires locales. Plus intéressant peut-être encore, dans les deux cas précédemment cités, Corse et Alsace, par des cheminements différents dans les deux cas, il a finalement été décidé de faire, totalement ou partiellement, ce que les électeurs avaient précédemment empêché.

La Corse est devenue le 1er janvier 2018, à partir de dispositions contenues dans la loi NOTRe du 7 août 2015, une collectivité unique, la collectivité de Corse se substituant à l'ancienne collectivité territoriale de Corse et aux départements de Haute-Corse et de Corse-du-Sud[25]. Le 6 juillet 2003, une consultation locale organisée en Corse avait abouti à l'arrêt du même projet, rejeté par 51 % des électeurs de l'île. Par la suite, c'est l'Assemblée de Corse elle-même qui a engagé des travaux, à partir de 2010, sur la simplification de l'organisation administrative du territoire. Le 12 décembre 2014, une forte majorité de l'Assemblée a adopté une délibération en faveur de la mise en place de la collectivité unique (42 voix sur 51), en demandant au gouvernement de l'inscrire dans le projet de loi NOTRe, en discussion au Parlement.

L'Assemblée de Corse était donc bien à l'initiative de cette création d'une nouvelle collectivité à statut particulier, mais les élus souhaitaient une consultation des électeurs, après l'épisode de 2003[26]. Avec l'argument de la rapidité, du large consensus politique et de l'absence de contrainte juridique (art. 72-1 de la Constitution, voir *supra*), le gouvernement n'a pas retenu cette hypothèse[27]. On peut aussi y voir la volonté de ne pas s'exposer au « risque d'un rejet démocratique de la fusion »[28].

---

24. *Ibid.*
25. Art. L.4421-1 et s. du CGCT.
26. Sur toutes ces étapes, voir : D. VOLUT, « Corse, l'expérience de la mise en place d'une collectivité unique », *Fondation Jean-Jaurès* 29 mars 2022 : *https://www.jean-jaures.org/publication/corse-lexperience-de-la-mise-en-place-dune-collectivite-unique/.*
27. Ce qui n'a pas été sans réaction politique, notamment de la part des élus communistes : *https://groupe-communiste.assemblee-nationale.fr/interventions/discussions-générales/article/collectivites-de-corse,* 9 févr. 2017.
28. D. VOLUT, *op. cit.*

Le cas de l'Alsace est à la fois comparable avec le précédent, quant à l'issue, avec un législateur qui a fini par désavouer (en partie) les électeurs, mais très différent dans son évolution, ses causes et ses conséquences. Déjà, si l'année 2015 est une année clé pour la question alsacienne, c'est cette fois-ci parce que les choix qui en relèvent ont déclenché le mouvement qui a débouché plus tard sur la création d'une nouvelle collectivité et non pas ont abouti à cette création, comme cela a été le cas pour la Corse avec la loi NOTRe.

Parmi les nouvelles régions, la création de la région Grand Est, issue du regroupement entre les anciennes régions d'Alsace, de Lorraine et de Champagne-Ardenne, s'est rapidement heurtée à une forte hostilité exprimée par des élus, mais aussi par la population alsacienne. On rappellera par exemple que le 20 juillet 2014, Jean Rottner, alors maire de Mulhouse (et futur président du nouveau conseil régional), lançait une pétition pour défendre l'Alsace contre la grande région. Le 11 octobre 2014, 7 000 à 15 000 personnes se retrouvaient à Strasbourg à la manifestation « Pour l'Alsace unie », avec les mêmes objectifs. Après la publication de la loi de janvier 2015, le 1er février 2015, la Fédération démocratique alsacienne lançait une pétition « Alsace, retrouve ta voix », qui a recueilli 117 000 signatures[29]. Le paradoxe est qu'en 2013, comme cela a été dit précédemment, la consultation des électeurs des deux départements alsaciens n'avait pas permis la création d'une collectivité unique dans ce territoire et que cela a rendu possible la fusion de l'Alsace avec les deux autres régions[30].

Cela étant, quasiment concomitamment à l'installation de la région Grand Est, au 1er janvier 2016, la revendication pour une autre solution institutionnelle pour l'Alsace a continué à se développer, en s'appuyant d'ailleurs sur des sondages ou des « consultations citoyennes » dans le but de mobiliser les habitants en faveur

29. Source : *https://www.lalsace.fr/politique/2018/10/29/diaporama-de-l-echec-du-referendum-a-l-annonce-de-la-creation-d-une-collectivite-europeenne-d-alsace.*

30. Sur cette consultation du 7 avr. 2013, ses origines et l'analyse de l'échec, voir : R. KLEINSCHMAGER, « Le référendum sur la collectité territoriale d'Alsace du 7 avril 2013 », *Revue d'Alsace* 139 | 2013, 1er oct. 2016 [consulté le 1er mai 2019] : *http://journals.openedition.org/alsace/1970 ; DOI : 10.4000/alsace.1970.* La procédure en vigueur à ce moment prévoyait que les électeurs des deux départements concernés devaient approuver le projet à la majorité des suffrages exprimés, représentant au moins 25 % des inscrits. Or, le non l'a emporté dans le Haut-Rhin avec 55,7 % des suffrages exprimés (et 20,1 % des inscrits). Dans le Bas-Rhin, le oui arrivait en tête avec 67,5 %, mais représentant 22 % des inscrits seulement ; soit, un double échec aux multiples causes : désintérêt de la campagne, rejet de la classe politique, craintes du Haut-Rhin de se voir absorbé par le Bas-Rhin, etc.

d'une collectivité alsacienne et de la sortie du Grand Est[31]. Sans en reprendre ici toutes les étapes, après la remise du rapport du préfet Jean-Luc Marx au Premier ministre, en juin 2018[32], la solution s'est arrêtée sur la création, en 2019, de la Collectivité européenne d'Alsace (CEA), effective depuis le 1er janvier 2021[33]. La CEA n'est pas une collectivité unique, contrairement au projet de 2013, ni même une collectivité à statut particulier, mais plutôt un département particulier dans la catégorie des départements[34]. Le rapport Marx envisageait toutes ces possibilités et le gouvernement aurait écarté celle de la collectivité unique, en raison du refus des électeurs alsaciens de 2013[35]. La justification convainc peu et l'exemple Corse a montré que la loi pouvait parfois prendre le contre-pied parfait des électeurs. Une grande part d'opportunité et l'objectif de ne pas remettre en cause la région Grand Est ont sans aucun doute dominé ici. Le cas alsacien est finalement assez emblématique de cette place très variable accordée aux citoyens, non consultés en 2019 sur la création de la CEA et pourtant au centre de tous les discours politiques pour faire la démonstration du « Désir d'Alsace ». On retrouve encore cette position à géométrie variable dans des situations ou débats plus récents.

B. L'appel aux citoyens pour porter de nouvelles réformes

Dans le sillage de l'année 2015 et de ses réformes réalisées ou impulsées, la question de la création ou de la transformation de collectivités territoriales, mais aussi celle d'éventuelles suppressions, a continué à se poser. Nous n'en développerons pas ici tous les aspects, mais nous trouvons intéressant de relever une relation toujours ambivalente avec les citoyens. De tenus à distance, comme nous l'avons observé, lorsque l'on perçoit un risque de contradiction avec les ambitions portées

31. Cela a été le cas en 2018 notamment, à partir d'une initiative des élus Brigitte Klinkert et Frédéric Bierry, voir *lalsace.fr* préc.

32. Préfet de la Région Grand Est, Préfet du Bas-Rhin, *Rapport au Premier ministre, mission Alsace Grand Est*, Strasbourg, 15 juin 2018, 139 p.

33. Décret nº 2019-142 du 27 févr. 2019 portant regroupement des départements du Bas-Rhin et du Haut-Rhin, *JORF* 28 févr. 2019; Loi nº 2019-816 du 2 août 2019 relative aux compétences de la Collectivité européenne d'Alsace, *JORF* 3 août 2019.

34. Sur sa nature, voir notre étude, O. Dupéron, « La différenciation dans les statuts législatifs des collectivités territoriales : le choix de la plasticité de l'organisation décentralisée de la République » *in* R. Allemand, N. Dantonel-Cor (dir.), *La différenciation territoriale*, Paris, L'Harmattan, coll. « GRALE », 2020, p. 61.

35. J. de Saint Sernin l'indique par exemple dans son article, « La Collectivité européenne d'Alsace : une collectivité *sui generis* ? », *Pouvoirs locaux*, nº 121, nov. 2022, p. 39.

par les pouvoirs publics, ils redeviennent parfois acteurs, lorsqu'il s'agit de soutenir des initiatives, de valider des choix ou même de venir à la rescousse de dispositifs qui sont un peu ralentis comme celui des communes nouvelles.

L'association des citoyens à un processus d'évolution est particulièrement claire et explicite en Corse notamment. Depuis qu'elle est devenue une collectivité unique, une étape nouvelle a été engagée avec un travail très avancé pour doter l'île d'un statut d'autonomie. Adopté par l'Assemblée de Corse le 27 mars 2024, ce projet prévoit un statut d'autonomie au sein de la République, dans le but de reconnaître ses spécificités insulaires, économiques, culturelles, historiques et linguistiques, ce qui devrait passer par une révision constitutionnelle. La dissolution de 2024 a perturbé le calendrier initialement imaginé[36] mais, cette fois, le recours aux électeurs est bien systématiquement prévu. L'évolution est présentée comme un « enjeu démocratique » par l'Assemblée de Corse et elle indique dans ses délibérations que « les règles fondamentales de la démocratie impliquent notamment que les Corses soient consultés, par voie de référendum, sur le principe d'un statut d'autonomie et ultérieurement sur son évolution »[37].

Le Président de la République s'est engagé également, en 2023, à ce qu'il y ait une « consultation en Corse »[38]. Wanda Mastor relève par ailleurs que les électeurs corses ont déjà apporté une « légitimité démocratique » forte à l'évolution vers l'autonomie. Elle souligne le fait qu'en juin 2021, dans un contexte de participation nationale très faible aux élections régionales, la participation en Corse était de plus de vingt points supérieure (57,08 % au premier tour et 58,91 % au second) et que les listes autonomistes ou nationalistes ont obtenu 68 % des voix[39].

En Alsace, la situation est sans doute plus confuse, l'apparition de la CEA en 2021 n'ayant pas stoppé les espoirs locaux d'un statut plus spécifique, en dehors du Grand Est. En revanche, la position de l'exécutif national est ici moins claire, fluctuante même et les citoyens sont appelés à la rescousse, eux qui n'avaient pas permis la collectivité unique en 2013. Déjà en 2019, un sondage réalisé par l'Ifop, à la demande de clubs de réflexion, établissait que 85 % des Alsaciens souhaitaient un référendum sur la sortie de l'Alsace du Grand Est. En 2022, une « consultation

36. Pour un état de la discussion, voir : AN n° 1466, *Rapport d'information sur l'avenir institutionnel de la Corse*, présenté par M. Florent Boudié, député, 28 mai 2025.

37. Délibération n° 23/089 AC de l'Assemblée de Corse Autonomia, séance du 5 juill. 2023.

38. Discours du Président Emmanuel Macron devant les élus de l'Assemblée de Corse, 28 sept. 2023, p. 5.

39. W. MASTOR. « La Corse dans la République ». Commentaire, 2021, n° 176, p. 737-746, *hal-03662164*.

citoyenne » organisée par la CEA, en ligne sur son site internet, a débouché sur un score de 92,4 % en faveur de cette sortie[40]. Toutefois, en deux mois de consultation, seuls 11,8 % du corps électoral s'est prononcé, environ 140 000 personnes, soit moins que le nombre d'électeurs qui avaient voté non en 2013. Le citoyen devient-il un alibi ? Arnaud Duranthon, après avoir rappelé que la consultation réalisée n'a aucun fondement juridique, considère en tout cas que ce type d'opération de communication peut produire un effet négatif sur la promotion de la démocratie participative : « Si [...] rien n'en sort concrètement sur le plan décisionnel, on court le risque de décevoir les attentes légitimes de ceux qui y ont participé, en condamnant d'avance les futures initiatives de participation »[41].

L'appel au citoyen peut donc répondre à des objectifs divers et nous en prendrons une dernière illustration, non sans lien avec l'année 2015 encore une fois. Parmi les textes adoptés alors, il y a eu aussi celui relançant la proposition de créer des communes nouvelles, apparue cinq ans plus tôt avec la loi du 16 décembre 2010, sans grands effets[42]. Dans le régime de constitution de la commune nouvelle, en cas d'absence d'unanimité des conseils municipaux des communes membres, il est prévu d'en passer par la consultation directe des électeurs des communes concernées[43]. Dans la pratique, les communes nouvelles créées l'ont été par accords des conseils municipaux, mais depuis 2020, les différents rapports rendus sur le sujet déplorent le coup de frein donné à ce processus[44]. Parmi les pistes recherchées pour soutenir la création de davantage de communes nouvelles, il y a celles d'une meilleure association des citoyens à la démarche, par exemple au stade du choix du nom de la commune nouvelle (pour lesquels il y a eu des expériences de

40. *Https://www.publicsenat.fr/actualites/non-classe/la-consultation-citoyenne-sur-la-sortie-de-l-alsace-de-la-region-grand-est-relance.*

41. Propos tenus dans *https://savoirs.unistra.fr/societe/lalsace-renaitra-t-elle-de-ses-cendres.*

42. Loi du 16 mars 2015, citée en note 8.

43. Art. L. 2113-3 du CGCT : « Lorsque la demande ne fait pas l'objet de délibérations concordantes des conseils municipaux de toutes les communes concernées mais est formée dans les conditions de majorité prévues à l'article L. 2113-2, les personnes inscrites sur les listes électorales municipales sont consultées sur l'opportunité de la création de la commune nouvelle. Un décret en Conseil d'État fixe les modalités de ces consultations. Les dépenses sont à la charge de l'État. [...] La création ne peut être décidée par arrêté du représentant de l'État dans le département où se situe la commune nouvelle que si la participation au scrutin est supérieure à la moitié des électeurs inscrits et que le projet recueille, dans chacune des communes concernées, l'accord de la majorité absolue des suffrages exprimés correspondant à un nombre de voix au moins égal au quart des électeurs inscrits ».

44. Voir not. IGA, *Les communes nouvelles : un bilan décevant, des perspectives incertaines*, juill. 2022.

démocratie participative) ou en instituant des conseils de participation citoyenne[45]. D'autres en revanche voudraient imposer une procédure de consultation obligatoire des électeurs dans les communes concernées, dont le résultat s'imposerait aux conseils dès lors que la participation atteindrait les 50 % dans chaque commune[46]. Le but ici n'est d'ailleurs pas forcément de permettre la création, mais aussi de donner la possibilité aux électeurs de s'y opposer. Quoi qu'il en soit, sans aboutir nécessairement, on voit bien que le citoyen continue à être perçu assez souvent comme la « variable d'ajustement » de procédures qui, sinon, se déroulent sans lui.

***
*

« Je t'aime, moi non plus », est-ce le titre qui conviendrait le mieux pour caractériser la question de la participation des citoyens dans les processus de créations de nouvelles collectivités territoriales ? La riche séquence des réformes institutionnelles de l'année 2015 et poursuivies depuis en atteste plutôt. Cela ne constitue pas forcément une surprise car la relation entre démocratie représentative et démocratie directe est traditionnellement marquée, en France en particulier, par la méfiance et même l'évitement. Les risques liés à une mobilisation des citoyens par intermittence, que cela arrange ou que cela soit perçu comme tel, sont malgré tout élevés et nombreux. Le pire serait de renforcer la défiance, là où une relation de confiance et systématique pourrait apporter de l'apaisement.

45. Pour des exemples, voir : *https://www.amf.asso.fr/documents-la-relance-necessaire-communes-nouvelles/41385*.

46. Proposition de loi visant à introduire l'obligation du référendum lors de la création de communes nouvelles, n° 2321, déposée le mercredi 16 oct. 2019.

LES AGENTS PUBLICS TERRITORIAUX À L'ÉPREUVE DE LA LOI NOTRe

Léo GARCIA
Docteur en droit public
Institut Maurice Hauriou, Université Toulouse Capitole

La loi du 7 août 2015 portant nouvelle organisation territoriale de la République (NOTRe) s'inscrit dans la continuité des réformes territoriales engagées depuis les années 2010, constituant le troisième volet de la réorganisation après les lois de réforme des collectivités territoriales (RCT) de 2010[1] et de modernisation de l'action publique territoriale et d'affirmation des métropoles (MAPTAM) de 2014[2]. Cette loi, adoptée définitivement par l'Assemblée nationale le 16 juillet 2015 et promulguée le 7 août 2015, redéfinit notamment les compétences attribuées à chaque collectivité territoriale dans un objectif de clarification et de rationalisation de l'action publique locale.

L'ambition originelle de la loi NOTRe était avant tout institutionnelle et fonctionnelle : il s'agissait de mettre fin à la clause générale de compétence pour les départements et les régions, de renforcer l'intercommunalité par l'élévation des seuils démographiques minimaux et de préciser la répartition des compétences entre les différents niveaux de collectivités territoriales. Cette démarche s'inscrivait dans une logique de modernisation de l'architecture territoriale française, héritée de décennies de stratifications normatives et de complexifications institutionnelles[3].

1. Loi n° 2010-1563 du 16 décembre 2010 de réforme des collectivités territoriales, *JORF*, n° 292, 17 déc. 2010.
2. Loi n° 2014-58 du 27 janv. 2014 de modernisation de l'action publique territoriale et d'affirmation des métropoles, *JORF*, n° 23, 28 janv. 2014.
3. Notons par exemple que 25 lois, complétées par environ 200 décrets, ont été votées en seulement quatre ans entre 1982 et 1986.

Si la loi NOTRe n'avait pas initialement vocation à constituer une réforme de la fonction publique territoriale, ses dispositions ont eu des répercussions inévitables et considérables sur la situation professionnelle des agents territoriaux. Les transferts de compétences et les recompositions institutionnelles qu'elle a organisés ont mécaniquement entraîné des mouvements d'agents publics d'une ampleur inédite, contraignant le législateur à prévoir des mesures protectrices spécifiques pour accompagner ces transitions professionnelles imposées.

La problématique centrale qui se pose est celle de l'équilibre à trouver entre les impératifs de rationalisation territoriale portés par la loi NOTRe et la protection des droits acquis des agents publics concernés par ces réorganisations. Cette tension prend inévitablement une dimension particulière dans le contexte de la décentralisation contemporaine, où les collectivités territoriales et les établissements publics de coopération intercommunale à fiscalité propre (EPCI-FP) emploient près de deux millions d'agents et constituent plus d'un tiers de l'emploi public de France[4].

Il est donc légitime de s'interroger sur les modalités de conciliation entre les changements autoritaires d'employeur résultant de la nouvelle organisation territoriale et le maintien des conditions de travail des agents. Dès lors, il conviendra d'examiner les mécanismes juridiques mis en place pour protéger les agents tout en permettant aux nouvelles structures d'exercer efficacement leurs compétences élargies. Et cette problématique soulève la question de la pertinence actuelle de cet équilibre, une décennie après l'adoption de la loi, au regard des évolutions continues de la fonction publique territoriale, notamment sous l'influence de la loi de transformation de la fonction publique de 2019[5].

Cette analyse se propose d'examiner les mécanismes d'accompagnement des agents publics face aux bouleversements induits par la loi NOTRe (I), avant d'évaluer la stabilité et la pérennité de ces dispositifs dans le contexte actuel de transformation de la fonction publique (II).

---

4. Direction générale de l'administration et de la fonction publique (DGAFP), « Chiffres clés 2024 », déc. 2023, p. 2.
5. Loi n° 2019-828 du 6 août 2019 de transformation de la fonction publique, *JORF*, n° 182, 7 août 2019.

I. Des mécanismes de protection des agents publics face aux réorganisations territoriales

La loi NOTRe a généré des transferts d'agents significatifs entre collectivités, nécessitant la mise en place de dispositifs spécifiques pour accompagner ces transitions professionnelles imposées. Cette situation inédite par son ampleur a révélé les enjeux particuliers de la gestion des ressources humaines dans un contexte de réforme institutionnelle d'envergure. En effet, face aux changements autoritaires d'employeur consécutifs à la loi NOTRe (A), des dispositions protectrices du statut et des conditions de travail ont été créées (B).

A. Les changements autoritaires d'employeur consécutifs à la loi NOTRe

La loi NOTRe a provoqué des changements d'employeur contraints pour de nombreux agents territoriaux, principalement par deux mécanismes distincts mais complémentaires qui ont bouleversé les équilibres organisationnels traditionnels des collectivités territoriales.

D'une part, la réorganisation des compétences locales a entraîné des transferts massifs d'agents et des changements d'administration d'emploi. En effet, certains agents, autrefois employés communaux, sont devenus des employés intercommunaux à la suite des transferts de compétences communales au profit des EPCI-FP. La loi NOTRe a effectivement étendu de manière significative le champ des compétences obligatoires et optionnelles devant être exercées par les communautés de communes et les communautés d'agglomération. L'article L. 5214-16 du Code général des collectivités territoriales (CGCT) modifié par la loi NOTRe[6] impose désormais aux communautés de communes d'exercer des compétences supplémentaires, autrefois exercées par l'échelon communal, en matière d'actions de développement économique, d'eau, d'assainissement, de promotion du tourisme, d'aire d'accueil des gens du voyage, d'aménagement de l'espace, de collecte et traitement des déchets des ménages ou encore de gestion des milieux aquatiques et prévention des inondations (GEMAPI).

D'autre part, cette redistribution des compétences s'est également accompagnée d'un renforcement substantiel des seuils démographiques minimaux des EPCI-FP. La loi NOTRe a ainsi porté le seuil minimal des communautés de communes de 5 000 à 15 000 habitants, contraignant de nombreuses structures

---

6. Art. 64 de la loi n° 2015-991 du 7 août 2015 portant nouvelle organisation territoriale de la République, *JORF*, n° 182, 8 août 2015.

intercommunales à fusionner ou à se regrouper pour atteindre le seuil requis[7]. Cette exigence démographique visait à créer des intercommunalités plus robustes, parfois qualifiées d'« EPCI-FP XXL »[8], capables d'exercer efficacement leurs compétences élargies et de porter des projets de développement territorial d'envergure. Aussi, la révision des schémas départementaux de coopération intercommunale (SDCI) a modifié substantiellement la carte intercommunale. L'article L. 5210-1-1 du CGCT, introduit par la loi NOTRe, a doté les préfets de pouvoirs renforcés pour imposer les fusions d'EPCI-FP ou la dissolution de syndicats intercommunaux jugés inadaptés aux nouveaux objectifs de la loi. Ces recompositions institutionnelles et territoriales ont mécaniquement entraîné des changements d'employeur pour les agents des structures concernées par les fusions ou les dissolutions qui sont particulièrement nombreux dans les territoires ruraux où les petites intercommunalités étaient la règle.

Ces transferts ont particulièrement concerné les services techniques municipaux dans les domaines de la voirie, de l'assainissement, des espaces verts et de la gestion des déchets. Les services administratifs n'ont pas été épargnés, notamment ceux responsables de l'urbanisme, du développement économique et de l'environnement. Les fonctions d'encadrement et de direction ont également été affectées, les communes perdant parfois des agents de catégorie A spécialisés dans les domaines de compétences transférés aux EPCI-FP. Des situations qui ont été particulièrement complexes à appréhender car elles ont pu impliquer des agents relevant de statuts différents, de conventions collectives distinctes ou bénéficiant d'avantages locaux spécifiques. La fusion d'intercommunalités aux pratiques hétérogènes en matière de gestion de personnel a créé des défis d'harmonisation considérables.

Ces transferts ont touché tous les niveaux hiérarchiques, des agents d'exécution aux cadres dirigeants, créant une situation de mobilité contrainte à grande échelle. Certains directeurs généraux des services de petites intercommunalités se sont ainsi retrouvés dans des structures beaucoup plus importantes, nécessitant une adaptation de leurs pratiques managériales et de leurs compétences techniques. Inversement, des cadres habitués à des structures importantes ont parfois été affectés dans des intercommunalités de taille plus modeste, avec des responsabilités

7. On dénombre une diminution de 46 % du nombre de communautés de communes depuis l'entrée en vigueur de la loi NOTRe en 2015, passant de 1 842 communautés de communes au 1er janvier 2016 à 988 au 30 juin 2025. Voir Base nationale sur l'intercommunalité, « Nombre de groupements depuis le 1er janvier 2007 », *banatic.fr*, juin 2025.

8. Voir en ce sens : M. Verpeaux, « La loi NOTRe dans son contexte », *RFDA* 17 sept. 2016, n° 4, p. 671 et s.

moindres et redéfinies. Cette redistribution massive des effectifs a également eu des conséquences sur l'équilibre territorial de l'emploi public. En effet, certains bassins d'emploi ont vu leurs effectifs publics locaux considérablement renforcés par la concentration des moyens intercommunaux, tandis que d'autres ont connu une diminution relative de leur poids dans l'emploi territorial local.

B. Les dispositions protectrices du statut et des conditions de travail

Face à l'ampleur de ces changements autoritaires d'administration d'emploi, le législateur a mis en place un arsenal de mesures protectrices visant à préserver les droits acquis des agents concernés. Ces dispositions constituent un compromis original entre des impératifs de réorganisation et la protection des conditions d'emploi.

Le principe fondamental retenu est celui du maintien des avantages collectivement acquis[9]. Les agents transférés conservent ainsi leur régime indemnitaire dans ses composantes individuelles et collectives, qu'il s'agisse des primes liées au poste, des indemnités d'ancienneté ou des avantages spécifiques négociés localement. Cette protection s'étend aux primes et indemnités de toute nature, qu'elles soient liées au poste occupé, à l'ancienneté ou à des conditions particulières d'exercice des fonctions. La préservation du régime indemnitaire constitue un enjeu financier majeur pour les agents, puisqu'il peut représenter une part substantielle de leur rémunération totale[10].

Le législateur a également prévu le maintien des avantages en matière de protection sociale complémentaire[11], garantissant la continuité des droits en matière de mutuelle et de prévoyance. Cette disposition vise à éviter que les agents de la fonction publique territoriale subissent une dégradation de leur couverture sociale du fait du changement d'employeur, situation qui aurait pu générer des coûts supplémentaires significatifs pour les intéressés. La préservation de ces avantages s'impose à la nouvelle structure d'accueil pendant une durée de trois ans, un délai qui permet une adaptation progressive pour la collectivité d'emploi.

9. Art. 76 de la loi n° 2015-991 du 7 août 2015 préc., codifié à l'art. L. 714-9 du Code général de la fonction publique.
10. L'indemnité des fonctions, de sujétions et d'expertise, qui est l'une des composantes du régime indemnitaire, représentait en moyenne 60 % du traitement brut des agents de catégorie A +, 33 % pour les agents de catégorie A, 30 % pour ceux de catégorie B et 22 % pour ceux de catégorie C en 2020. Voir en ce sens DGAFP, *Les rémunérations dans la fonction publique en 2020* – Rapport annuel sur l'état de la fonction publique, 2021, p. 179.
11. Art. 117 de la loi n° 2015-991 du 7 août 2015 préc., codifié à l'art. L. 5111-7 du CGCT.

La loi NOTRe a également permis la conservation de l'indemnité de mobilité, un dispositif prévu par la loi MAPTAM, destinée à compenser les contraintes liées au changement de lieu de travail. Cette indemnité vise à dédommager les agents des frais supplémentaires de transport ou de déménagement occasionnés par les réorganisations territoriales et le changement du lieu d'implantation de l'administration d'emploi[12]. Son versement est conditionné à l'effectivité du changement de lieu de travail et à l'existence d'un préjudice financier démontrable, apprécié au regard de l'augmentation des temps et des coûts de transport. Le montant de cette indemnité est calculé selon un barème dégressif tenant compte de la distance entre l'ancien et le nouveau lieu de travail, ainsi que de la situation familiale de l'agent. Elle peut être versée sous forme de capital ou d'annuités selon les cas, et sa durée est limitée dans le temps pour éviter la cristallisation d'avantages permanents. Traditionnellement peu généreux en matière de compensation des contraintes de mobilité, le droit de la fonction publique est resté inchangé sur ce point avec la loi NOTRe, permettant dès lors de conserver l'octroi d'un avantage aux agents publics.

Cependant, le législateur n'a pas souhaité un maintien intégral de l'ensemble des conditions de travail, révélant une approche nuancée et pragmatique de la protection des droits acquis. Certains avantages n'ont pas été érigés en droits acquis, permettant aux nouvelles structures d'accueil d'adapter leur politique sociale et de maîtriser leurs coûts de fonctionnement. Cette distinction s'explique par la volonté de préserver la capacité d'adaptation des employeurs publics et d'éviter la cristallisation d'avantages individuels coûteux et difficilement harmonisables à long terme.

Les prestations d'action sociale n'ont ainsi pas bénéficié de la protection accordée aux autres avantages. Cette exclusion concerne les aides au logement, les prestations familiales complémentaires, les activités culturelles et sportives ou encore les services de restauration collective. Le législateur a considéré que ces prestations, relevant de choix politiques locaux et de capacités budgétaires variables, ne pouvaient faire l'objet d'un maintien automatique sans compromettre l'autonomie de gestion des nouvelles structures d'accueil.

---

12. Art. 69 de la loi n° 2014-58 du 27 janv. 2014 préc., et dont les modalités ont été précisées par le décret n° 2015-933 du 30 juill. 2015 portant attribution d'une indemnité de mobilité à certains agents de la fonction publique territoriale, *JORF*, n° 175, 31 juill. 2015.

Quant à l'organisation du temps de travail, il constitue un enjeu particulièrement sensible et révélateur des tensions entre protection individuelle et rationalisation collective. En application de l'article 1er du décret du 25 août 2000[13], la durée annuelle du travail effectif est fixée à 1 607 heures. Les collectivités territoriales et les EPCI-FP ne pouvant y déroger, les agents transférés qui bénéficiaient irrégulièrement, au sein de leur collectivité d'origine, d'une durée annuelle de travail plus favorable, ne pouvaient pas prétendre à bénéficier d'un droit acquis à ce titre. L'absence de protection de cet avantage acquis irrégulier avait pour dessein la lutte contre l'hétérogénéité des régimes de temps de travail dans la fonction publique territoriale et l'engagement d'un processus d'harmonisation afin d'atteindre la durée annuelle du travail effectif réglementaire. Pour certains agents territoriaux, particulièrement dans les communes où des accords locaux prévoyaient des durées de travail inférieures au texte, l'harmonisation s'est traduite par une augmentation effective de leur temps de travail.

Si la loi NOTRe a profondément modifié les conditions d'emploi de certains agents territoriaux, la stabilité institutionnelle relative qu'elle a instaurée s'est ensuite diffusée dans le champ du droit de la fonction publique.

II. Une stabilité de la fonction publique territoriale par l'équilibre institutionnel

Dix ans après l'adoption de la loi NOTRe, il convient d'évaluer la stabilité de l'équilibre trouvé entre la réorganisation territoriale et la protection des agents publics, et ce dans un contexte d'évolution continue de la fonction publique marqué par de nouveaux enjeux et de nouvelles réformes. L'on remarque que depuis la loi NOTRe, l'organisation territoriale s'est stabilisée (A) et le temps de travail s'est progressivement harmonisé (B).

A. Une stabilisation relative de l'organisation territoriale

Depuis le vote de la loi NOTRe en 2015, l'organisation territoriale française a connu une période de relative stabilité qui contraste singulièrement avec l'intensité des réformes menées dans la décennie précédente. Cette stabilisation a inévitablement eu des conséquences sur les conditions d'emploi des agents publics.

13. Décret n° 2000-815 du 25 août 2000 relatif à l'aménagement et à la réduction du temps de travail dans la fonction publique de l'État et dans la magistrature.

Tout d'abord, l'absence de réforme de grande ampleur en matière de répartition des compétences depuis 2015 a considérablement réduit les occasions de changements autoritaires d'employeur. Les gouvernements successifs ont privilégié une approche d'approfondissement et de consolidation des réformes antérieures plutôt qu'une nouvelle vague de redistribution des compétences. Cette stabilité législative s'explique en partie par la lassitude des acteurs territoriaux face aux réformes successives, mais aussi par la prise de conscience des coûts humains et financiers des recompositions institutionnelles[14].

Les ajustements de compétences observés depuis 2015 ont été marginaux et ont principalement pris la forme de transferts volontaires entre EPCI-FP et communes membres, conformément aux possibilités offertes par l'article L. 5211-17 du Code général des collectivités territoriales. Ces transferts volontaires, négociés entre les parties, facilitent la mise en œuvre des changements d'administration d'emploi et l'adaptation des agents concernés.

Quant aux modifications de la carte intercommunale, elles sont devenues exceptionnelles. Alors que les grandes recompositions territoriales ayant été réalisées dans le cadre de l'application de la loi NOTRe, les ajustements ultérieurs ont été ponctuels et géographiquement circonscrits[15]. Cette stabilisation s'est mécaniquement traduite par une forte diminution du nombre d'agents concernés par des changements autoritaires d'employeur.

Ces perspectives permettent aux collectivités de se concentrer sur l'optimisation de leur organisation interne plutôt que sur la gestion de transferts d'agents. Les efforts se portent désormais sur l'amélioration de l'efficacité des services, le développement des compétences des agents et l'adaptation aux nouveaux enjeux territoriaux, notamment en matière de transition écologique et numérique.

La jurisprudence administrative a par ailleurs précisé et stabilisé l'interprétation des dispositions protectrices de la loi NOTRe. Le Conseil d'État et les cours administratives d'appel ont développé une jurisprudence protectrice des droits des agents, veillant au respect effectif des garanties légales et précisant les obligations des employeurs publics. L'arrêt du Conseil d'État du 25 septembre 2015 par exemple a ainsi posé le principe selon lequel les mesures de transfert d'agents ne peuvent constituer des sanctions déguisées et doivent respecter les

14. Voir en ce sens C. comptes, *Les finances publiques locales 2019 – Fasc. 2*, sept. 2019, p. 105-111.
15. La diminution du nombre du nombre de communautés de communes a été de seulement de 3 % depuis 2017 et les fusions imposées en 2016. Voir Base nationale sur l'intercommunalité, « Nombre de groupements depuis le 1er janvier 2007 », *banatic.fr* juin 2025.

droits fondamentaux des agents concernés[16]. Cette jurisprudence a contribué à sécuriser juridiquement les situations des agents transférés et à clarifier les obligations des employeurs publics. Elle a également incité les collectivités à adopter des pratiques prudentes et respectueuses des droits des agents, contribuant à la pacification des relations sociales dans le contexte des réorganisations territoriales.

B. L'harmonisation progressive du temps de travail des agents publics territoriaux

L'une des évolutions notables depuis l'adoption de la loi NOTRe en matière d'exercice du travail des agents publics concerne l'harmonisation du temps de travail dans la fonction publique territoriale, un processus qui s'est accéléré avec la loi du 6 août 2019 de transformation de la fonction publique[17].

L'harmonisation du temps de travail était devenue un enjeu de première importance pour les pouvoirs publics, soucieux de corriger les disparités importantes observées entre collectivités territoriales. Avant les réformes récentes, la durée effective du travail pouvait varier de moins de 1 500 à 1 607 heures annuelles selon les collectivités[18], créant des iniquités entre les agents et des difficultés de gestion lors des transferts d'agents au sein d'autres administrations d'emploi. Cette hétérogénéité était particulièrement problématique dans le contexte des recompositions territoriales organisées par la loi NOTRe.

De nombreuses collectivités ont anticipé les évolutions légales en renégociant l'organisation du temps de travail de leurs agents pour se rapprocher de la durée effective de 1 607 heures de travail annuelles.

La loi de transformation de la fonction publique du 6 août 2019 a achevé ce processus d'harmonisation en supprimant définitivement les régimes dérogatoires qui permettaient encore à certaines collectivités de maintenir des durées de travail inférieures à la durée légale[19]. L'article 47 de cette loi dispose que la durée du travail effectif est fixée à 35 heures par semaine et 1 607 heures par an pour l'ensemble des agents de la fonction publique territoriale, mettant fin à plusieurs décennies de

---

16. CE Sect. 25 sept. 2015, req. n° 372624, *Rec. Lebon*.

17. Loi n° 2019-828 du 6 août 2019 de transformation de la fonction publique, *JORF*, n° 182, 7 août 2019.

18. C. comptes, *Les finances publiques locales*, oct. 2016, p. 174-176. Ce rapport mentionne les durées annuelles de travail constatées dans un échantillon de 103 collectivités locales contrôlées par les chambres régionales des comptes en 2015.

19. Si la loi n° 2001-2 du 3 janv. 2001 relative à la résorption de l'emploi précaire et à la modernisation du recrutement dans la fonction publique ainsi qu'au temps de travail dans la fonction publique territoriale avait fixé la durée annuelle de temps de travail dans les collectivités territoriales

disparités entre employeurs territoriaux. Pourtant, le premier bilan de l'application de la loi réalisé par la Cour des comptes constate une régularisation inachevée de la durée annuelle de travail. En effet, à temps complet, les agents de la fonction publique territoriale ont déclaré une durée annuelle moyenne effective de travail de 1 579 heures[20].

Cette harmonisation a eu des conséquences importantes sur l'organisation des ressources humaines des collectivités territoriales. Elle a nécessité une adaptation des effectifs dans certaines collectivités, une réorganisation des services et parfois une renégociation des accords locaux sur l'aménagement du temps de travail[21].

Sur le plan financier, cette harmonisation a été conséquente pour les collectivités territoriales qui bénéficiaient de durées de travail inférieures à la durée légale. Ces dernières ont dû nécessairement assumer des coûts supplémentaires liés à l'augmentation du temps de travail effectif, soit par le recrutement d'agents supplémentaires, soit par l'externalisation de certaines missions.

L'évolution récente de la fonction publique territoriale pousse à considérer que l'équilibre trouvé par la loi NOTRe entre impératifs de réorganisation et protection des agents reste pertinent et pourrait même servir de modèle pour d'éventuelles futures réformes. Cet équilibre démontre qu'il est possible de concilier modernisation de l'action publique et préservation des droits des agents publics, pourvu que les dispositifs de protection soient adaptés aux enjeux spécifiques de chaque réforme et accompagnés d'un dialogue social de qualité.

***

*

L'analyse des conséquences de la loi NOTRe sur la situation des agents publics territoriaux révèle un équilibre subtil et original entre les impératifs de modernisation territoriale et la protection des droits acquis des personnels concernés. Les dispositifs créés par le législateur ont permis d'accompagner les changements autoritaires d'employeur tout en préservant l'essentiel des avantages collectivement acquis par les agents, démontrant la capacité du droit français à concilier réforme institutionnelle et protection sociale.

à 1 607 heures pour un équivalent temps plein, elle permettait aussi aux collectivités de déroger à cette disposition en les autorisant à maintenir les régimes de temps de travail mis en place antérieurement à son entrée en vigueur.

20. C. comptes, *La loi de transformation de la fonction publique : bilan d'étape*, nov. 2023, p. 73-74.

21. *Ibid.*, p. 77-78.

Cette loi illustre la façon dont les réformes institutionnelles, même lorsqu'elles n'ont pas pour objet premier la gestion des ressources humaines, peuvent avoir des répercussions considérables sur la situation des agents publics et nécessiter des dispositifs d'accompagnement spécifiques et originaux afin de constituer un filet de sécurité pour les agents.

LES ÉLUS RÉGIONAUX FACE AU DÉFI DE LA LÉGITIMITÉ DÉMOCRATIQUE, DIX ANS APRÈS LA LOI NOTRe

Aurore Granero

Maître de conférences HDR en droit public
Centre de Recherche et d'étude en droit et science politique – CREDESPO (EA 4179)
Université de Bourgogne-Europe

Lors de son audition par la délégation aux collectivités territoriales de l'Assemblée nationale le 3 juillet 2019, Hervé Morin, président de Régions de France, déclarait : « Le découpage originel n'est pas le bon mais l'effort qui a été effectué est trop important pour aujourd'hui le remettre en cause ». Le 7 août 2015, la promulgation de la loi portant nouvelle organisation territoriale de la République (NOTRe) marquait une étape décisive dans la reconfiguration du paysage institutionnel français. Son titre Ier, significativement intitulé « Des régions renforcées », traduisait l'ambition du législateur : en réduisant le nombre de régions métropolitaines de 22 à 13 et en élargissant considérablement leurs compétences, cette réforme visait à « moderniser en profondeur notre organisation territoriale »[1]. Dix ans après son adoption, l'heure du bilan s'impose : cette transformation institutionnelle majeure a-t-elle permis de résoudre l'une des faiblesses de l'échelon régional, à savoir le déficit de légitimité démocratique de ses élus ?

Cette question de la légitimité revêt une dimension particulière dans le contexte français où l'échelon régional demeure historiquement le plus fragile de l'architecture territoriale. Ainsi que l'écrivait J.-M. Pontier :

> « Il était douteux que, trente ans après leur création, les régions aient conquis véritablement une identité. À plus forte raison, encore moins, après le regroupement en treize régions (en y incluant la Corse). Il est symptomatique que les Français, dans leur majorité, ne sachent pas quels départements font partie de leur région, et ne connaissent pas leurs élus régionaux. Cela ne signifie

1. Exposé des motifs du projet de loi n° 636 (2013-2014).

pas que la recherche d'une identité ne soit pas souhaitable, mais c'est là probablement une œuvre de longue haleine »[2].

Contrairement aux maires, hussards de la République[3] enracinés dans une tradition de proximité avec leurs administrés, ou aux conseillers départementaux héritiers des anciens conseillers généraux, les élus régionaux souffrent d'une double distance : géographique d'abord, dans des territoires aux périmètres souvent artificiels qui peinent à faire sens pour les citoyens ; politique ensuite, dans des assemblées perçues comme technocratiques et déconnectées des préoccupations quotidiennes.

Ce déficit de légitimité se traduit directement dans les taux d'abstention record qui caractérisent les élections régionales : déjà élevés en 2015 avec 50,09 % au premier tour et 41,54 % au second tour, ils atteignent des niveaux inédits en 2021 avec 66,1 % au premier tour et 65,70 % au second tour. Si le contexte sanitaire de la crise Covid-19 a indéniablement amplifié cette désaffection en 2021, la tendance à la hausse de l'abstention était déjà perceptible avant la pandémie, témoignant d'un désintérêt des citoyens pour l'échelon régional. Le paradoxe de la réforme de 2015 réside précisément dans cette tension entre l'élargissement des compétences régionales – transport, développement économique, transition écologique – qui confère aux régions un rôle stratégique dans l'aménagement du territoire et la vie quotidienne des citoyens, et la persistance d'une crise de légitimité qui ne semble pas s'affaiblir. Dès lors, comment expliquer que des institutions dotées de prérogatives étendues demeurent aussi méconnues du grand public ? Cette interrogation soulève des enjeux démocratiques fondamentaux : peut-on concevoir durablement des politiques publiques d'envergure sans l'adhésion et la compréhension des citoyens qu'elles concernent ?

L'analyse de cette problématique impose d'interroger en profondeur le profil sociologique des élus régionaux. Qui sont aujourd'hui ces 1 757 conseillers régionaux qui siègent dans les assemblées issues des élections de 2015 et 2021 ? Observe-t-on un renouvellement générationnel, social et politique susceptible de rapprocher ces institutions des citoyens ? Ou au contraire, la fusion des régions a-t-elle accentué la sélection d'élites politiques traditionnelles, creusant davantage la crise de représentativité ? Ces questions sont d'autant plus importantes que les régions se trouvent désormais en première ligne face aux défis de la transition écologique et aux contraintes budgétaires.

2. J.-M. Pontier, *Encyclopédie des collectivités locales* – Chap. 5 (folio n° 01750), Région : compétences, n° 575, juill. 2024.

3. Formule que l'on doit à Péguy alors qu'il écrivait en réalité « les hussards noirs de la République ».

Par ailleurs, la réforme de 2015 s'est accompagnée d'innovations institutionnelles destinées précisément à renforcer la légitimité démocratique des assemblées régionales. La consécration législative du statut de l'opposition, la reconnaissance de droits spécifiques aux groupes minoritaires, ou encore l'émergence spontanée de chartes déontologiques dans la plupart des régions témoignent d'une volonté de modernisation des pratiques politiques locales. Ces évolutions, inspirées du fonctionnement parlementaire, visent à transformer les conseils régionaux en véritables espaces de débat démocratique, dépassant l'image de « chambres d'enregistrement » qui leur est souvent reprochée. Mais ces dispositifs formels suffisent-ils à combler le déficit de proximité et de visibilité qui caractérise structurellement l'échelon régional ?

Cette étude se propose donc d'évaluer, dix ans après la loi NOTRe, dans quelle mesure la recomposition territoriale et institutionnelle a transformé le profil et la légitimité des élus régionaux français. À travers une analyse sociologique des assemblées régionales (I) et un examen des dispositifs mis en œuvre pour renforcer leur ancrage démocratique (II), l'analyse tentera de déterminer si l'échelon régional français est parvenu à surmonter ses faiblesses ou si, au contraire, les mutations récentes ont accentué sa crise de légitimité dans un contexte d'abstention électorale croissante et de défiance généralisée envers les institutions politiques.

I. Les élus régionaux depuis 2015 : nouveaux territoires, mêmes profils ?

Alors que les élus régionaux souffrent d'un manque de légitimité démocratique, l'analyse de leur profil sociologique entre 2015 et aujourd'hui révèle une transformation en trompe-l'œil : derrière les signes apparents de renouvellement se cache une distorsion croissante de représentation territoriale (A) tandis que s'est parallèlement opérée une recomposition politique majeure (B).

A. La composition sociologique des assemblées régionales : vers une professionnalisation continue

Pour mesurer l'ampleur du renouvellement des élus régionaux depuis 2015, il convient d'organiser classiquement l'analyse autour de trois indicateurs : l'évolution de l'âge des élus et les enjeux du renouvellement générationnel ; la place des femmes dans les assemblées régionales et les effets de la parité ; enfin, la composition socioprofessionnelle des conseils régionaux et sa représentativité sociale.

En se fondant sur le RNE dans les 12 régions étudiées, il apparaît que l'âge moyen des élus régionaux est de 50,2 ans. Il est toutefois possible de noter des disparités significatives. Ainsi, les deux régions les plus vieillissantes sont la région Sud (PACA) avec 57,8 % d'élus qui ont plus de 60 ans et la région

Bourgogne-Franche-Comté avec une moyenne d'âge qui dépasse 57 ans. À l'opposé, on ne peut que constater la quasi-absence de jeunes générations d'élus puisque seulement près de 5 % des élus régionaux ont moins de 30 ans dans la plupart des régions. Selon la DGCL, entre 1995 et 2015, la proportion de jeunes élus avait augmenté pour les conseillers régionaux alors que l'augmentation était plus récente pour les conseillers départementaux. Au contraire, les dernières élections départementales et régionales (2021) ont vu la part des jeunes élus régresser[4]. Là encore des spécificités peuvent être signalées comme l'élection d'élus très jeunes à l'image d'É. Bouzid pour la région Île-de-France âgée de 23 ans aujourd'hui ou de B. Flohic, conseiller régional breton âgé quant à lui de 25 ans. Par ailleurs, la cartographie de la jeunesse régionale démontre la concentration record d'élus entre 26 et 28 ans dans la région des Hauts-de-France ou encore la rareté de la représentation étudiante (moins de 0,5 % des élus régionaux). Bien que l'émergence d'élus de 22 à 30 ans témoigne d'un certain dynamisme, elle souligne le paradoxe d'institutions régionales de plus en plus technicisées. Or, cette professionnalisation, si elle garantit une certaine expertise, creuse simultanément le fossé avec les citoyens représentés et questionne la capacité des assemblées régionales à incarner la diversité générationnelle et sociale des territoires.

Une seconde observation concerne la parité. Grâce au mode de scrutin, la parité est quasi atteinte puisqu'au 1er janvier 2024, 48,4 % des mandats sont occupés par des femmes. Selon les chiffres publiés par la DGCL, la région où le pourcentage de femmes est le plus faible est l'Occitanie avec 46,2 % de femmes et celle qui présente le pourcentage le plus élevé est la région Centre-Val de Loire avec 52,6 % de femmes. Par ailleurs, il faut ici rappeler que depuis l'entrée en vigueur de la loi de 2007[5] qui impose la parité dans la commission permanente et pour les vice-présidences, la présence des femmes au sein de l'exécutif régional a également fortement progressé. Malgré tout, la présidence des régions n'est occupée que par 3 femmes en Île-de-France, Occitanie et Pays de la Loire (M.-G. Dufay a récemment annoncé qu'elle quittait la présidence de la région Bourgogne-Franche-Comté)[6].

---

4. DGCL, X. Niel, *Bulletin d'information statistique*, n° 157, août 2021, Département des études et des statistiques locales.

5. Loi n° 2007-128 du 31 janv. 2007 tendant à promouvoir l'égal accès des femmes et des hommes aux mandats électoraux et fonctions électives.

6. Communiqué Régions de France du 23 juin 2025 : « Marie-Guite Dufay quittera la présidence de la région en septembre prochain ».

Enfin, le troisième indicateur est relatif à la catégorie socioprofessionnelle des élus régionaux. Si la nouvelle délimitation des régions n'a eu qu'une faible incidence sur le nombre d'élus par région, la transformation des périmètres pose la question d'un nouveau profil de l'élu régional. À ce propos, la loi NOTRe a apporté des modifications à la représentation des sièges entre les départements des différentes circonscriptions régionales pour tenir compte de l'élargissement de leurs bases démographiques. Le système de répartition des élus selon la taille des départements a été introduit par la loi du 11 avril 2003 dans le but de rapprocher les élus et les électeurs tout en améliorant la gouvernance de l'assemblée régionale en allouant une prime de 25 % des sièges à la liste arrivée en tête[7]. Lors des élections de 2015, ce mode de scrutin n'a pas été modifié, seul le nombre de sièges attribué à chaque département a connu une évolution. Dès lors, le ratio entre le nombre de sièges à pourvoir et le nombre de départements concernés permet de calculer, de manière théorique, le nombre de sièges revenant à chaque département. Selon A. Troupel et M. Catlla[8], la région Occitanie est celle qui présente la plus faible magnitude parmi l'ensemble des régions françaises (n = 12) alors qu'elle est de 34 pour la région Hauts-de-France (170 sièges pour seulement 5 départements), ou de 21 pour la région Provence-Alpes-Côte d'Azur (123 sièges pour 6 départements). Surtout, cette faible magnitude suppose une compétition pour figurer sur les listes en position éligible c'est-à-dire dans le premier quart de la liste. A. Troupel et M. Catlla en concluent que siègent dans les régions fusionnées à faible magnitude des élus bien dotés, expérimentés et redevables de leur parti politique[9]. Sans prétendre dresser un profil sociographique des élus, ce constat ne peut être que confirmé par l'étude de la catégorie socioprofessionnelle à laquelle appartiennent les élus régionaux en 2015 et en 2021.

Ainsi, la distribution des conseillers en grandes catégories sociales n'a guère évolué entre 2010 et 2015 : ils appartiennent aux catégories populaires à hauteur de 14,3 %, aux catégories moyennes pour 26 % et aux catégories supérieures pour 59,8 %, alors qu'en 2010, 14 % des conseillers appartenaient aux catégories populaires, 29 % aux catégories moyennes et 57 % aux catégories supérieures[10].

---

7. Cons. const. 3 avr. 2003, n° 2003-468 DC, *Loi relative à l'élection des conseillers régionaux et des représentants au Parlement européen ainsi qu'à l'aide publique aux partis politiques*.

8. A. TROUPEL et M. CATLLA, « Une grande région, des petits élus », *in* E. NÉGRIER et V. SIMOULIN (dir.), *La fusion des régions – Le laboratoire d'Occitanie*, Presses universitaires de Grenoble, coll. « Libres cours Politique », 2021.

9. *Infra*.

10. M. FOUCAULT, « Nouvelles régions, nouveaux élus régionaux ? », *La Revue politique et parlementaire*, n° 178, janv. 2016.

En 2021, le profil sociologique des élus régionaux n'a pas été profondément modifié puisque la surreprésentation des catégories supérieures est confirmée avec un taux variable de 50 à 60 % selon les régions. À l'inverse, il est possible de souligner la très faible représentation des ouvriers, moins de 2 % dans l'ensemble des régions (à l'exception de la région des Hauts-de-France). À ce constat, s'ajoutent des spécificités régionales. À titre d'illustration, l'Occitanie présente le taux le plus élevé d'élus universitaires (chercheurs, professeurs) et la région AURA, avec ses pôles industriels et technologiques est celle qui concentre le plus d'ingénieurs (8 %) avec 43 % d'élus du secteur privé soit le taux le plus élevé de l'ensemble de la carte régionale. Dans son étude sur le profil des élus régionaux de 2015, L. Rouban concluait à une distorsion de la représentation sociale et au développement du phénomène de « gouvernements locaux »[11]. En 2021, ces deux éléments se confirment avec un personnel politique régional élitiste et une sélection sociale excessive qui résultent de la professionnalisation du mandat régional et du rapprochement des candidats vers les partis politiques.

B. La recomposition du paysage politique régional

Les élections de 2015 marquent une double rupture dans le paysage politique régional par rapport à celles de 2010. Tout d'abord, après la victoire « écrasante » de la gauche qui avait remporté 20 régions sur 21, elle n'arrive en tête en 2015 que dans 5 régions sur 13 (ce chiffre n'a d'ailleurs pas évolué à la suite des élections régionales de 2021). Outre les régions Bretagne et Centre-Val de Loire, seules 3 régions fusionnées demeurent majoritairement à gauche : Bourgogne-Franche-Comté, Occitanie et Nouvelle-Aquitaine.

Ensuite, le soir du premier tour des élections régionales de 2015, le Front national domine largement l'élection avec 29,5 % des suffrages exprimés contre 27,4 % aux listes LR-UDI-MODEM et 23,5 % pour le parti socialiste et ses formations politiques alliées. Le Premier ministre, Manuel Valls, annonce alors rapidement demander aux candidats socialistes des trois régions où le FN pouvait emporter l'élection (Hauts-de-France, PACA et Grand Est) le retrait des listes au second tour. Alors que ce désistement implique l'absence d'élus de gauche au sein des conseils régionaux pendant six ans, il sera acté en PACA et dans la région Nord-Pas-de-Calais. Dans le Grand Est, le président sortant de la région Lorraine, J.-P. Masseret décide de se maintenir au second tour. Le cas de cette région est particulier pour plusieurs raisons. Tout d'abord, avant la réforme de 2015, l'Alsace était la seule

11. L. Rouban, *La sélection sociale des candidats aux élections régionales de 2015*, Rapport de recherche, Centre de recherches politiques de Sciences Po., 2015, p. 6.

région métropolitaine qui n'avait pas été remportée par la gauche en 2010. Ensuite, la création de la région Grand Est a suscité de nombreuses protestations, spécialement en Alsace, où la nouvelle délimitation régionale a été très mal accueillie. La naissance de la Collectivité européenne d'Alsace en 2021 en est d'ailleurs une des conséquences. Ce contexte spécifique auquel s'ajoutent le contexte national relatif aux attentats et le « ni-ni » de N. Sarkozy aura finalement conduit à la victoire importante de P. Richert, le président sortant de la région Alsace face à la tête de liste du Front national, F. Philippot, et ce, malgré le maintien du candidat de gauche[12]. Selon R. Kleinschmager, « l'augmentation de la participation d'un tour à l'autre a sans conteste joué un rôle décisif dans ces résultats »[13]. L'abstention dans la région Grand Est culminait à 52 % au premier tour contre 41 % au second.

Si le cas du Grand Est illustre les spécificités locales de la recomposition politique, il ne doit pas masquer une tendance nationale plus large : l'augmentation considérable du poids des élus Front national dans l'ensemble des assemblées régionales françaises. Cette progression trouve une illustration particulièrement frappante en région Occitanie, où la montée du parti d'extrême droite contraste fortement avec l'héritage politique de la région. Alors qu'aucun élu FN ne siégeait en Midi-Pyrénées avant 2015 et que le Languedoc-Roussillon n'en comptait que 10, le groupe Rassemblement national rassemble désormais 36 conseillers régionaux, représentant près d'un quart des élus après avoir obtenu 31,9 % des suffrages au second tour en 2015. Cette percée apparaît d'autant plus significative qu'elle intervient dans une région marquée par deux « vagues roses » successives en 2004 et 2010. Malgré ce nombre plus important d'élus, le second tour des élections régionales de 2015 a été marqué par l'échec du Front national à conquérir les régions au profit de la droite (LR-UDI-MODEM) et la défaite de la gauche. Ces résultats suscitent plusieurs réflexions. Tout d'abord, les élections régionales de 2015 confirment les résultats des départementales de la même année et la tripartisation de la vie politique régionale qui n'est pas sans rappeler la composition politique de l'Assemblée nationale aujourd'hui[14]. Ensuite, se pose également la question du mode de scrutin et précisément celle du maintien de la prime majoritaire de 25 %. On l'a constaté avec la composition politique de l'Assemblée nationale en juin 2024 : le système majoritaire ne permet pas nécessairement de faire émerger

12. D'ailleurs, ce dernier maintient son nombre de voix au second tour passant de 16,1 % à 15,5 %.
13. R. KLEINSCHMAGER, « Les élections régionales et départementales en Alsace en 2015 », *Revue d'Alsace*, n° 142, 2016, p. 382.
14. P. MARTIN, « Les élections régionales de décembre 2015. Vers le tripartisme ? », *Commentaire* 2016/1, n° 153.

des majorités stables. Dès lors, pourquoi ne pas utiliser pour les élections régionales le scrutin proportionnel intégral pour garantir une meilleure représentation de l'opposition mais également une plus importante légitimité démocratique ?

II. Le renforcement de la légitimité des élus régionaux ?

Les élus régionaux ont mis en œuvre diverses stratégies pour renforcer leur ancrage démocratique. Ces initiatives s'articulent autour de deux axes complémentaires : d'une part, les innovations institutionnelles introduites par la loi NOTRe pour moderniser le fonctionnement des assemblées régionales (A) ; d'autre part, les démarches volontaires entreprises par les élus eux-mêmes pour améliorer leur image et leur proximité avec les citoyens (B).

A. Les innovations limitées de la loi NOTRe

Pour renforcer la légitimité des élus régionaux, le législateur a modifié le CGCT pour reconnaître davantage de droits aux élus et spécialement à ceux de l'opposition. Depuis la loi NOTRe, l'article L. 4132-6 du CGCT dispose que : « Le règlement intérieur détermine les droits des groupes d'élus régulièrement constitués et les droits spécifiques des groupes minoritaires ou s'étant déclarés d'opposition ». Cette consécration du statut juridique de l'opposition répond au souhait de renforcer la démocratie locale, « qui ne serait pas véritablement garantie en l'absence de protection des minorités politiques et de la reconnaissance de droits à leur égard »[15]. Par ailleurs, ce nouvel article doit permettre de démontrer que les assemblées régionales, aux compétences élargies, fonctionnent comme de véritables espaces de débat et non comme une chambre d'enregistrement. Néanmoins, l'application concrète de cette disposition révèle des limites importantes, tant au niveau des règlements intérieurs que dans sa mise en pratique effective. Ainsi, il est très rare que les règlements intérieurs contiennent des dispositions mentionnant spécifiquement la garantie de droits pour l'opposition[16]. La plupart se contentent de renforcer le pouvoir de contrôle plutôt que d'initiative. À ce propos, aucun règlement ne prévoit la représentation de l'opposition dans les instances décisionnelles (bureau, commission permanente). Pourtant, chaque règlement devrait permettre aux groupes d'opposition de « déterminer une partie de l'ordre du jour, d'avoir un temps de parole réservé, ou encore de détenir la présidence d'une commission »

15. N. DROIN, « Les droits de l'opposition dans les assemblées régionales : insuffisants et perfectibles… », *in* A. GRANERO (dir.), *La France des 13 régions : une réforme aboutie ?*, L'Harmattan, coll. « GRALE », 2020, p. 153 et s.
16. *Infra.*

pour leur donner un « rôle actif et non plus seulement d'observateur critique »[17]. Si cet article s'inspire de l'article 51-1 de la Constitution issu de la révision constitutionnelle de 2008, il n'a pas eu les mêmes conséquences sur le fonctionnement des assemblées délibérantes. S'agissant de l'Assemblée nationale, son règlement a considérablement renforcé les droits de l'opposition en leur permettant de bénéficier d'une meilleure représentation dans les instances décisionnelles (le bureau de l'Assemblée s'efforce de reproduire la configuration politique de l'Assemblée, l'opposition est représentée dans la conférence des présidents, la présidence de la commission des finances lui appartient) mais également en leur donnant le droit de prendre l'initiative de certaines missions d'information et de contrôle ou enfin, de bénéficier de droits spécifiques en séance publique, notamment la réservation de la moitié du temps consacré aux questions orales et la possibilité de fixer l'ordre du jour un jour par mois. Cette tentative de transposition du droit parlementaire est donc plus que perfectible et pose la question de la concentration du pouvoir exécutif au niveau régional.

En outre, la loi NOTRe a institué deux nouveaux alinéas à l'article L. 4221-1 du CGCT relatifs aux compétences propres de l'assemblée régionale. Selon l'article 1er de la loi NOTRe :

> « Un conseil régional ou, par délibérations concordantes, plusieurs conseils régionaux peuvent présenter des propositions tendant à modifier ou à adapter des dispositions législatives ou réglementaires, en vigueur ou en cours d'élaboration, concernant les compétences, l'organisation et le fonctionnement d'une, de plusieurs ou de l'ensemble des régions ».

Cet article a été complété par l'article 2 de la loi 3Ds du 21 février 2022 disposant que ces

> « propositions peuvent porter sur la différenciation, mentionnée à l'article L. 1111-3-1, des règles relatives à l'attribution et à l'exercice des compétences applicables à ces régions, afin de tenir compte des différences de situations ».

Toutefois, près de dix ans après l'entrée en vigueur de la loi NOTRe, force est de constater que ce dispositif demeure largement sous-utilisé. Il est ainsi possible de citer la région Île-de-France qui a adopté en septembre 2023 une « saisine de l'État pour un choc de décentralisation » comprenant 45 propositions de modifications législatives et réglementaires[18]. Si cette initiative relève autant d'une stratégie

17. *Infra.*
18. *Https://www.iledefrance.fr/toutes-les-actualites/decentralisation-la-region-saisit-letat-pour-obtenir-45-competences-nouvelles.*

politique que d'une volonté institutionnelle, le contenu de ces propositions s'inscrit néanmoins dans une logique de renforcement de la légitimité régionale. La création d'un « SMIC francilien », par exemple, bien que relevant d'un positionnement politique marqué, répond à une réalité économique objective : l'inadéquation entre le coût de la vie en Île-de-France et le salaire minimum national. Néanmoins, cette saisine francilienne est demeurée « lettre morte », le gouvernement n'ayant pas respecté son obligation légale de réponse, questionnant ainsi l'effectivité réelle de ce mécanisme comme outil de renforcement du pouvoir des assemblées délibérantes. On pourra là encore ajouter que cet instrument demeure entre les mains de l'exécutif et de sa majorité puisque l'article L. 4221-1 alinéa 5 précise que ces propositions doivent être adoptées par le conseil régional avant d'être transmises par le président du conseil régional au Premier ministre ou au représentant de l'État dans la région. Dès lors, l'opposition n'est pas en mesure de faire usage de cet article ce qui conduit à confirmer l'analyse de Nathalie Droin selon laquelle :

> « Du point de vue de la séparation et de la répartition des pouvoirs, le silence de la loi NOTRe est regrettable dans la mesure où le législateur n'a pas saisi l'enjeu qu'il y avait pour l'opposition de garantir cette séparation et renforcer les pouvoirs de l'assemblée délibérante, sur le modèle de ce qui a été réalisé au niveau national en 2008 »[19].

Si ces dispositifs institutionnels témoignent d'une volonté de démocratisation, leur portée limitée a conduit les élus régionaux à développer des dispositifs complémentaires de légitimation et de rapprochement territorial.

B. Des réponses insuffisantes aux attentes démocratiques

Concomitamment, les conseillers régionaux ont entrepris une démarche de légitimation qui repose essentiellement sur deux éléments : l'adoption de chartes déontologiques et le renforcement de leur ancrage territorial.

Si la loi du 31 mars 2015 a créé la charte de l'élu local imposant un certain nombre de règles de bonne conduite, le législateur n'a pas précisé leurs modalités d'application[20]. Dans le silence de la loi, certaines collectivités se sont rapidement dotées d'un organe déontologique, la première étant la ville de Strasbourg qui a adopté une charte de déontologie dès 2014 et confié à P. Wachsmann la fonction

---

19. N. Droin, « Les droits de l'opposition dans les assemblées régionales : insuffisants et perfectibles… » préc.

20. Selon l'article L. 1111-1-1 du CGCT : « Les élus locaux sont les membres des conseils élus au suffrage universel pour administrer librement les collectivités territoriales dans les conditions prévues par la loi. Ils exercent leur mandat dans le respect des principes déontologiques consacrés par la présente charte de l'élu local ».

de référent indépendant. Mais ce sont les régions qui ont été pionnières en la matière en multipliant les codes, chartes et instances déontologiques. Ainsi, la région PACA a créé la commission de déontologie en janvier 2016 suivie de la région Île-de-France qui s'est dotée d'une charte pour une nouvelle éthique politique en mai de la même année et la région Bourgogne-Franche-Comté a institué en juin 2017 son comité d'éthique régional. Il est également possible de citer la région Hauts-de-France qui a adopté un système particulier en créant deux instances collégiales. D'une part, la région a mis en place en février 2018 un code déontologique destiné à ses représentants élus, complété en mai 2018 par la création d'une commission déontologique[21]. Cette commission rassemble des experts indépendants choisis pour leurs compétences variées et leur approche pluridisciplinaire dans les domaines juridiques et déontologiques, sans qu'ils n'exercent de mandat électif régional ni n'entretiennent de liens avec l'institution régionale ou ses élus. Parmi ses membres figuraient notamment d'anciens magistrats administratifs, des universitaires ou encore des professionnels du droit et du notariat. Actuellement, cette instance est composée de deux membres : un ancien sous-préfet et un professeur des universités. Par ailleurs, il existe un dispositif déontologique dédié aux agents, constitué d'une douzaine de référents répartis selon les différentes directions et territoires. Ces référents assurent un accompagnement de proximité pour les quelque 9 000 agents travaillant notamment dans les antennes territoriales et les établissements scolaires du second degré. L'ensemble des chartes déontologiques régionales convergent sur des dispositifs permettant de prévenir les conflits d'intérêts, de renforcer la transparence (notamment en publiant les indemnités des élus) ou encore d'améliorer la formation des élus. Il est toutefois possible de souligner certaines spécificités. À titre d'illustration, si la réception de présents ou d'invitations par les parlementaires est strictement encadrée par les règlements des assemblées, aucune disposition similaire n'existe pour les élus locaux. En l'absence de dispositions législatives, plusieurs chartes ont établi des règles pour encadrer les cadeaux et invitations destinés aux élus régionaux, avec des seuils variables selon les collectivités : 150 euros en Île-de-France[22] et de 100 euros en Occitanie[23]. Par ailleurs, ces chartes introduisent de nouveaux droits pour les élus d'opposition en garantissant expressément leur droit d'accès à l'information ou de

---

21. Sur l'ensemble de ces chartes, E. UNTERMAIER-KERLÉO, « Guide pratique de la déontologie des élus locaux », *AJCT* 2020.416.
22. Charte pour une nouvelle éthique politique en Île-de-France, Engagement nº 9.3.
23. Charte de déontologie et de prévention des risques d'atteinte à la probité à l'attention des élus de la région Occitanie, Engagement nº 3.

participation aux débats. La charte d'éthique de la région Île-de-France souligne notamment que « lorsque cela est possible, la présence de l'opposition est proposée dans toutes les commissions régionales »[24]. Ainsi, la commission des finances est présidée par un élu de l'opposition.

L'adoption rapide de ces différents codes par les régions suscite trois éléments de réflexion. D'abord, elle constitue une réponse aux attentes citoyennes en matière de transparence et d'exemplarité, particulièrement vives depuis les différents scandales politico-financiers nationaux. Ensuite, ces chartes permettent aux collectivités régionales de démontrer leur capacité d'autorégulation et leur engagement volontaire en faveur de l'éthique publique, au-delà des seules obligations légales issues des lois de 2013 et 2016 sur la transparence. Enfin, dans un contexte où l'échelon régional demeure souvent perçu comme distant par les citoyens, ces dispositifs déontologiques semblent viser à renforcer la légitimité des élus régionaux en affichant leur probité et en encadrant strictement l'exercice de leur mandat. Néanmoins, si ces chartes constituent un progrès indéniable vers plus d'éthique politique, elles demeurent largement déclaratives et le risque subsiste qu'elles ne constituent qu'un instrument de communication institutionnelle, dépourvu d'effectivité juridique et de contrainte réelle sur les comportements des élus.

S'agissant du renforcement de leur présence territoriale, les conseillers régionaux ont mis en place différentes mesures pour atténuer leur image d'institutions éloignées des citoyens en organisant régulièrement des conseils régionaux délocalisés notamment dans les régions fusionnées. À titre d'illustration, la région Bourgogne-Franche-Comté a choisi de délocaliser une fois par an son assemblée plénière dans un autre département que celui de la Côte-d'Or et donc de Dijon, siège de la région. Plus critiquées, les régions ont également développé des stratégies de communication pour rendre plus « visible » la collectivité régionale. Celles-ci se sont traduites par différentes campagnes de communication sur des supports variés, des affichages sur les bâtiments appartenant aux régions ou encore des demandes de contreparties publicitaires dès lors que la région accepte de financer une autre collectivité ou un événement. Toutefois, certaines pratiques ont été vivement critiquées par les chambres régionales des comptes et tranchent avec l'adoption exemplaire de chartes déontologiques à l'image de celles utilisées dans la région Auvergne-Rhône-Alpes. En juillet 2020, la région a souhaité promouvoir le financement du maintien d'un hélicoptère estival de secours à l'hôpital de Clermont-Ferrand pour 300 000 euros. L'exécutif régional a alors conclu un

24. Charte préc., engagement n° 6.

contrat avec La Poste pour distribuer en urgence (sous trois jours ouvrés), une lettre d'information à destination des Auvergnats pour un coût de 317 000 euros (soit plus que le financement de l'hélicoptère). Pour la chambre régionale des comptes :

> « L'urgence en question n'est que difficilement explicable alors que la situation de l'hélicoptère de secours était réglée, au fond, depuis fin juin (l'État ayant consenti à son maintien sur place). La seule urgence objective semble être le souhait de distribuer cette lettre avant les départs en vacances d'août et avant le début de la période de réserve électorale au 1er septembre 2020 (sénatoriales) »[25].

On se souvient également que d'autres événements ont été largement dénoncés dans les médias comme ce que le président de la région, L. Wauquiez, a appelé les « dîners des sommets » organisés « dans des conditions peu transparentes et dans le but principal de promouvoir l'image personnelle du président du conseil régional pour un coût total de 178 428 euros ». À ce propos, le Conseil d'État a rendu récemment une décision par laquelle le juge administratif a rejeté le pourvoi formé par L. Wauquiez, confirmant ainsi la décision du tribunal administratif de Lyon lui enjoignant de transmettre la liste des participants au « dîner des sommets du 23 juin 2023, organisé sous l'égide de la région Auvergne-Rhône-Alpes et dont le coût s'élevait à 100 000 euros »[26].

***

*

En définitive, dix ans après la promulgation de la loi NOTRe, le bilan en matière de légitimité démocratique des élus régionaux demeure mitigé. Plus fondamentalement, c'est la capacité des régions à incarner une véritable proximité démocratique qui reste à construire, questionnement d'autant plus pressant que l'élargissement de leurs compétences en fait des acteurs incontournables de l'action publique locale.

---

25. CRC Auvergne-Rhône-Alpes, *Région Auvergne-Rhône-Alpes, la communication externe –* Rapport d'observations définitives et sa réponse, 17 juill. 2024.
26. CE 23 juill. 2025, 10e ch. no 495393.

L'ARTICLE 30 DE LA LOI NOTRe : LA COLLECTIVITÉ DE CORSE

Didier GUIGNARD

Professeur de droit public
École de droit – Institut du droit de l'espace, des territoires, de la culture et de la communication – IDETCOM
Université Toulouse Capitole – GIS-GRALE

Rares sont les collectivités territoriales génératrices de moult débats, probablement la Corse rejoint-elle sur ce point Paris en termes de sensibilité du sujet. Ainsi, « Parler de l'île de Corse emporte toujours la passion. Écrire sur la Corse suspend l'émotion, surtout si le propos est institutionnel et juridique »[1]. Ses contempteurs et thuriféraires content et « dé/content » et se lancent l'anathème réciproquement de jacobin ou de girondin, malheureusement trop rarement défini. Il ne s'agit pas de s'immiscer dans les débats sur et quant à l'île, notamment autour des échanges récents sur l'évolution institutionnelle, mais de revenir sur l'environnement du statut qui régit la collectivité de Corse, à la suite de la loi NOTRe, depuis le 1er janvier 2018. Celui-ci, dernier en date, intervient après un processus pour le moins ancien. « De 1790 jusqu'en 1975, la Corse a été organisée en un département de droit commun, brièvement divisé en deux départements distincts entre 1794 et 1811 »[2]. À la suite du détachement par décret de la région Provence-Côte d'Azur (en 1970)[3], la Corse devint un établissement public régional en 1972. Concernant la décision n° 82-138 DC du 25 février 1982,

> « en déclarant la conformité à la Constitution du statut de la collectivité de Corse faisant d'elle une région à statut particulier, le Conseil constitutionnel autorise le législateur à introduire au sein d'une catégorie existante

1. A. TAILLEFAIT, D. VOLUT, « La Corse », *JurisClasseur Administratif – Fasc. 124*, 4 nov. 2024.
2. D. VOLUT, « Corse, l'expérience de la mise en place d'une collectivité unique », Fondation Jean-Jaurès, 29 mars 2022.
3. P. S., « La Corse sera détachée de la région Provence-Côte d'Azur en 1970 », 11 oct. 1969, archives, *lemonde.fr*.

> de collectivités territoriales – en l'occurrence, la région –, les différences d'organisation et de compétences qu'il juge nécessaires pour rendre compte de la situation particulière de telle ou telle composante nationale »[4].

La loi n° 82-214 portant statut particulier de la région de Corse introduisit de la différenciation à l'intérieur d'une même catégorie de collectivité territoriale[5] comme la région d'Île-de-France, le statut de Paris, Lyon, Marseille, et les régions d'outre-mer. La subtilité de cet ensemble de collectivités porteuses d'éléments de différenciation par rapport aux catégories de droit commun consistait à leur reconnaître certaines particularités tout en demeurant à l'intérieur des catégories de rattachement[6]. La loi n° 91-428 du 13 mai 1991 transforma la Corse en collectivité *sui generis*[7].

À la suite de la décision n° 2001-454 DC du 17 janvier 2002[8], la loi du 22 janvier 2002 transféra

> « de nouvelles compétences tout en reconnaissant explicitement l'identité culturelle de la Corse s'agissant de l'enseignement de la langue corse, à titre facultatif néanmoins, et du statut fiscal. Cette loi [dota] l'Assemblée de Corse d'un pouvoir d'adaptation des règles nationales aux spécificités de l'île, mais ce pouvoir est subordonné à l'octroi d'une habilitation par le législateur,

---

4. F. WEBERT, *Unité de l'État et diversité régionale en droit constitutionnel français*, thèse Nancy 1997, p. 149.

5. « Les particularités de ce statut ne faisaient pas pour autant de la Corse une collectivité territoriale à statut particulier… », J. BOURDON, J.-M. PONTIER, J.-Cl. RICCI, *Droit des collectivités territoriales*, 2e éd., PUF, Paris, 1998, p. 665.

6. « Les lois n° 82-214 du 2 mars 1982 […] et n° 82-659 du 30 juillet 1982 […] ont d'abord fait bénéficier l'île d'un "statut particulier" qui s'est traduit par une organisation administrative spécifique mais contenue, des compétences élargies mais partielles et des ressources diversifiées mais limitées (du moins en volume) au regard des autres régions métropolitaines, sans pour autant la retirer de la catégorie des régions de droit commun », dans *Mission de réflexion stratégique pour fonder le droit à l'avenir de la Corse*, mai 2011, p. 15. *https://www.univ-corse.fr.*

7. « Les institutions de la collectivité se différencient des autres institutions régionales par l'instauration d'une dichotomie entre l'Assemblée de Corse, composée de 51 membres, et un conseil exécutif, composé de 8 membres réunis autour d'un président. Outre la dichotomie entre les présidences de l'Assemblée de Corse et du conseil exécutif confiées à deux membres distincts, les conseillers exécutifs sont responsables devant celle-ci et ne peuvent pas être membres de l'Assemblée. En plus des compétences de l'ancienne région, la loi a également transféré des compétences départementales et de l'État vers la collectivité territoriale de Corse en matière notamment d'éducation, de langue, de culture, d'environnement et de tourisme », D. VOLUT, *op. cit.*, voir également, A. ROUX, *Droit constitutionnel local*, éd. Économica, coll. « Droit public fondamental », Paris, 1995, p. 88.

8. M. VERPEAUX, « La décision 2001-454 DC du 17 janvier 2002, loi relative à la Corse : une décision inattendue ? », *RFDA* 2002, p. 459 et s; Voir également B. FAURE, « La décentralisation normative à l'épreuve du Conseil constitutionnel », *RFDA* 2002, p. 469.

laquelle doit obligatoirement être refusée lorsqu'est en cause l'exercice d'une liberté individuelle ou d'un droit fondamental »[9].

L'importance de ce texte législatif apparaît toute relative[10]. Pourtant, d'une part son processus d'élaboration[11] préfigura pour partie celui débouchant sur la loi NOTRe, d'autre part, cette loi a introduit de nouvelles dispositions à l'article L. 4422-16 du CGCT[12] utilisées pour enclencher la réforme conduisant à l'article 30 de la loi NOTRe[13]. Ce dernier article opéra une évolution importante puisque « pour la première fois depuis 1982, une modification substantielle du statut législatif de la CTC n'a pas donné lieu à une loi spécifique, mais à une intégration dans un texte législatif relatif à toutes les collectivités territoriales »[14].

À l'occasion de la loi NOTRe, faut-il considérer cet amendement gouvernemental comme un acte manqué, le profond désir, « jacobin » diront certains, de préserver et de marquer l'attachement de la Corse à l'organisation territoriale de la République, ou alors un de ces concours de circonstances – politiques – qui font aussi la grande et la petite histoire. Si, selon Mme Douence, « les modalités de son élaboration se révèlent plutôt insolites » *(sic)*, ce dispositif s'avère révélateur

9. Le Professeur Virginie Donier poursuit : « Mais le Conseil constitutionnel a censuré la disposition permettant à l'Assemblée de Corse de demander au législateur de procéder à des expérimentations comportant d'éventuelles dérogations aux dispositions législatives en vigueur », dans V. DONIER, « La Corse dans la Constitution : de la différence des droits au droit à la différence ? » *in Mélanges en l'honneur de Michel Verpeaux*, éd. Dalloz, Paris, 2020, p. 571 et s.

10. Le Professeur Michel Verpeaux liste « plusieurs étapes législatives en 1982, 1991 et 2015 », dans M. VERPEAUX, « Autonomie de la Corse : un problème de méthode », *Le club des juristes* 16 avr. 2024, *www.leclubdesjuristes.com.* « Enfin, la loi nº 2002-92 du 22 janvier 2002 relative à la Corse a renforcé les compétences et les responsabilités de la CTC sans modifier l'architecture administrative et politique arrêtée par la loi de 1991 dont elle n'est que le complément », dans *Mission de réflexion stratégique pour fonder le droit à l'avenir de la Corse*, mai 2011, *op. cit.*, p. 15.

11. « [...] par le processus d'élaboration de la norme nationale, la loi de 2002 est emblématique [...] La loi de 2002 est ainsi le premier exemple contemporain d'une forme de co-construction de la norme nationale entre gouvernement et élus locaux », M. DOUENCE, « La Corse », *RFDA* 2016, p. 645 et s.

12. « I. - De sa propre initiative ou à la demande du conseil exécutif, ou à celle du Premier ministre, l'Assemblée de Corse peut présenter des propositions tendant à modifier ou à adapter des dispositions réglementaires en vigueur ou en cours d'élaboration concernant les compétences, l'organisation et le fonctionnement de l'ensemble des collectivités territoriales de Corse, ainsi que toutes dispositions réglementaires concernant le développement économique, social et culturel de la Corse.
Les propositions adoptées par l'Assemblée de Corse en application de l'alinéa précédent sont adressées au président du conseil exécutif qui les transmet au Premier ministre et au représentant de l'État dans la collectivité de Corse ».

13. H. PAULIAT, « Quel avenir institutionnel pour la Corse ? », *JCP A*, nº 7, févr. 2015, act. 169.

14. D. VOLUT, « La collectivité de Corse modèle pour une généralisation des fusions de départements et de régions », Extrait de *la Gazette* nº 28, sept. 2017, *https://association-idpa.com.*

de certaines ambiguïtés de la décentralisation, tout d'abord la relation à et avec la démocratie (I), ensuite la réelle visée de cette réforme, la décentralisation ou les territoires (II).

I. Le statut de la collectivité corse ou la question de la démocratie locale

L'étude de Mme Douence débute par le rappel du résultat de la consultation organisée le 6 juillet 2003 par laquelle les électeurs corses rejetèrent « à une majorité de près de 51 % le projet de modification de l'organisation institutionnelle de l'île qui prévoyait la création d'une collectivité unique »[15]. Ce résultat s'inscrit dans le cadre de la mise en œuvre d'une technique de démocratie semi-directe dans une démocratie représentative. L'article 3 alinéa 1er de la Constitution illustre ce qu'il est convenu de dénommer le compromis démo-libéral, « La souveraineté nationale appartient au peuple qui l'exerce par ses représentants et par la voie du référendum ». L'alinéa 4 énonce « Sont électeurs, dans les conditions déterminées par la loi, tous les nationaux français majeurs des deux sexes [...] » Sur le plan local, la consécration et l'usage des techniques de démocratie semi-directe furent plus tardifs et compliqués (A). L'article 30 est le fruit d'une démocratie qui demeure celle d'un régime représentatif aux fortes attributions des élus locaux (B).

A. Des outils de démocratie semi-directe remisés

Il fallut attendre les lois des 3 et 6 février 1992 pour que le wagon « démocratie locale » annoncé par la loi du 2 mars 1982 soit raccroché à cette locomotive avec des incertitudes quant à l'usage du terme référendum appliqué à des consultations locales[16]. Deux décennies plus tard, la révision constitutionnelle de 2003 instaura à l'article 72-1 de la Constitution le droit de pétition et le référendum décisionnel. Cet article comporte à l'alinéa 3 l'hypothèse de la consultation pour la création ou modification d'une collectivité à statut particulier ou celle de la modification des limites des collectivités territoriales, qui fut notamment mise en œuvre par la loi n° 2000-486 du 10 juin 2003 organisant une consultation des électeurs de Corse avec le résultat précité.

---

15. *Op. cit.*, p. 645. « La très forte participation au scrutin montre, en effet, en premier lieu, l'importance de l'enracinement du sentiment démocratique dans l'île, dont le bulletin de vote constitue, depuis 1848, le seul moyen légitime d'expression », J.-P. PELLEGRINETTI, « Au nom de la modernité : le référendum du 6 juillet 2003 en Corse », *Cahiers de la Méditerranée*, n° 68, 2004 (en ligne).

16. J. VIGUIER, « De la mauvaise utilisation du terne "référendum" au plan local », *LPA* 1998, n° 21, p. 12 et s.

La révision constitutionnelle avait introduit des mécanismes de consultation plus spécifiques (art. 72-4 et 73) pour l'outre-mer afin de s'assurer du consentement des électeurs dans le cadre de certaines décisions[17] ; la procédure du consentement préalable de l'article 72-4 tend ainsi à conférer un droit de veto[18] qui, à tout le moins, interroge dans le cadre d'un État unitaire.

Le résultat de la consultation corse est loin de constituer une exception[19] ; globalement les procédés de démocratie directe ne donnèrent pas les résultats attendus par leurs instigateurs, ce qui peut expliquer leur mise en œuvre on ne peut plus limitée. Une des dernières illustrations résida dans le projet de création d'une collectivité territoriale d'Alsace en 2013. Comme l'écrivait l'éditorialiste anonyme du journal *Le Monde* en première page, le 9 avril 2013 :

> « Sur le papier, c'était le bon sens même. Pour ses promoteurs, c'était l'évidence. Dans les sondages, c'était acquis. C'est pourtant l'inverse qui s'est produit dans les urnes : le référendum organisé le 7 avril auprès des Alsaciens pour fusionner en une seule collectivité les deux conseils généraux et le Conseil d'Alsace s'est soldé par un échec cuisant »[20].

Le contexte de loi NOTRe et la création d'une nouvelle collectivité territoriale donnèrent l'opportunité de retrouver la relation légalité-légitimité.

> « Le projet de création d'une collectivité à statut particulier venant remplacer les départements et la collectivité territoriale de Corse est évidemment constitutionnellement possible en application de l'article 72 de la Constitution [...] »[21].

---

17. M. VERPEAUX, « Référendum local, consultations locales et Constitution », *AJDA* 2003, p. 540.
18. « L'exigence du consentement est présentée comme un verrou constitutionnel contre des évolutions qui ne seraient pas voulues par les électeurs [...] ce verrou ne fonctionne que dans un sens puisque le législateur n'est pas obligé de suivre un vote favorable à une évolution. Le consentement est donc essentiellement négatif : les électeurs ont la possibilité de dire non », *ibid.*, p. 547.
19. « Après l'échec d'une première consultation menée en déc. 2003 en Guadeloupe et Martinique sur le fondement de ces dispositions, puis le rejet de la proposition de passer d'un statut de DOM/ROM à un statut de COM (consultation du 10 janv. 2010), le législateur a organisé le 24 janv. 2010 une nouvelle consultation en Martinique et en Guyane, cette fois sur "la création d'une collectivité unique exerçant les compétences dévolues au département et à la région tout en demeurant régie par l'article 73 de la Constitution [...] pour le projet de création d'une collectivité territoriale d'Alsace [...] les assemblées locales ayant voté largement en faveur du projet, il a été soumis à la consultation des électeurs le 7 avr. 2013. Mais les électeurs ont voté de telle manière que le gouvernement ne peut pas donner suite à ce projet [...]" », M. DOUENCE, *op. cit.*, p. 648.
20. R. KLEINSCHMAGER, « Le référendum sur la collectivité territoriale d'Alsace du 7 avril 2013 », *Revue d'Alsace*, n° 139, 2013, *journals.openedition.org*.
21. M. DOUENCE, *op. cit.*, p. 648.

Il demeurait à s'interroger sur la voie procédurale. L'alinéa 1 de l'article 72 énonce que « toute autre collectivité territoriale est créée par la loi, le cas échéant en lieu et place d'une ou de plusieurs collectivités mentionnées au présent alinéa ». En toute légalité, au sens large du terme, la représentation nationale peut décider sans consultation de la création d'une collectivité à statut particulier, *sui generis*. Un parallélisme des procédures (légitimité oblige, et volonté de certains élus de l'île) aurait été souhaitable, compte tenu du résultat de la consultation de 2003. Toutefois, fallait-il faire pour la Corse ce qui n'avait pas été utilisé par la loi n° 2015-29 du 16 janvier 2015 relative à la délimitation des régions, aux élections régionales et départementales et modifiant le calendrier électoral ?

En soi, rien ne s'y opposait et surtout pas l'article 1er de cette loi qui énonce à l'alinéa 2 de l'article L. 4111-1 du Code général des collectivités territoriales :

> « II. - Sans préjudice des dispositions applicables aux régions d'outre-mer et à la collectivité territoriale de Corse, les régions sont constituées des régions suivantes, dans leurs limites territoriales en vigueur au 31 décembre 2015 [...] »

Le *« procédé autoritaire »*[22] qui prévalut pour modifier la carte des régions fut prolongé alors qu'il ne s'imposait pas pour le statut de la Corse[23]. Toutefois, l'énoncé de l'article 1er de la loi n° 2015-29, en disposant que la Corse n'est pas une région, pouvait priver l'île de beauté comme l'expose Mme Douence de la « procédure de l'article L. 4124-1 du CGCT testée en Alsace »[24]. L'auteure de conclure,

> « [...] il apparaissait donc bien plus simple et moins périlleux d'avoir recours directement à la procédure législative ordinaire sur le seul fondement de l'article 72, sans réaliser de nouvelle consultation des électeurs et sans s'embarrasser de réflexions délicates sur l'applicabilité à la Corse de la procédure de fusion région-département [...] »[25].

À l'occasion du dixième anniversaire des lois de décentralisation, parmi « les problèmes ou enjeux spécifiques en suspens » *(sic)* était mentionnée la démocratisation.

---

22. *Ibid.* Voir également, M. Verpeaux, « La méthode adoptée par le projet de loi déposé le 18 juin 2014 est donc plus volontariste et plus autoritaire que celle choisie en 2010 », M. VERPEAUX, « La réforme territoriale ou la bataille des régions », *JCP A*, n° 38-39, 22 sept. 2014, 2265.
23. « [...] la disposition de la loi NOTRe relative à la Corse [...] apparaît donc comme un procédé autoritaire, une forme de "passer outre", dans le prolongement de la création des grandes régions [...] sans concertation ni consultation des électeurs », M. DOUENCE, *op. cit.*, p. 648.
24. Voir les analyses de l'auteur sur ce point, *ibid.*, p. 649.
25. *Ibid.*

> « La participation des habitants, le droit à l'information, l'abolition des structures de deuxième zone, la procédure du référendum [...] sont à intervalles réguliers évoqués [...] On comprend que les élus locaux, qui forment, rappelons-le, le vivier et l'assise de la classe politique nationale, y soient réticents dans leur majorité ; mais les habitants y sont-ils sensibles de façon significative ? »[26]

Vingt ans plus tard, et par-delà les territoires, les citoyens-habitants furent sûrement sensibles non seulement à l'importance conférée à leur point de vue à l'issue d'une consultation, mais également au renforcement des phénomènes notabiliaires par les lois de décentralisation. Le statut de la Corse version 2015 vérifia que « la démocratie n'implique donc pas la décentralisation, pas plus que la décentralisation ne repose essentiellement sur la démocratie »[27]. Était-ce ou est-ce réellement surprenant dans une « République des fiefs »[28] à laquelle la Corse ne dérogeait et ne déroge pas ? Selon certains auteurs, « la désignation des gouvernants par le peuple souverain ne préfigure pas l'organisation territoriale de l'État, mais à l'inverse la décentralisation ne repose pas obligatoirement sur la démocratie »[29] ou du moins le recours aux procédés de démocratie semi-directe. À tout le moins, la participation *via* la consultation permet de renforcer la démocratie locale[30] sans s'interroger sur la forme de l'État.

B. L'article 30, exception ou modèle à suivre ?

Le Professeur Michel Verpeaux invite à appréhender « la loi NOTRe dans son contexte »[31]. L'année 2015 fut riche en textes relatifs à l'organisation territoriale. À côté de cette loi, peuvent être mentionnées celle du 16 janvier 2015 relative à la délimitation des régions ou celle du 31 mars 2015 visant à faciliter l'exercice par les élus locaux de leur mandat.

---

26. J.-Cl. THOENIG, « La décentralisation, dix ans après », *Pouvoirs* n° 60 – *La décentralisation*, PUF, 1992, p. 5 et s.
27. C. CHABROT, « Démocratie locale et décentralisation : un couple platonique ? », *Civitas Europa*, n° 11, 2003, p. 7-29.
28. Y. MENY, *in La décentralisation*, *op. cit.*, p. 17 et s.
29. C. CHABROT, *op. cit.*, p. 12-14.
30. Voir les développements de C. CHABROT, « L'implication des citoyens », *op. cit.*, p. 16 et s.
31. *RFDA* 2016, p. 671 et s.

Mme Douence explique l'insolite des modalités d'élaboration de la réforme de la collectivité territoriale de Corse[32] ; toutefois résultent-elles d'un simple concours de circonstances ou traduisent-elles une conception de la décentralisation et notamment de la place qu'il convient de faire à la collectivité corse ?

L'auteur expose que la réforme a été voulue et préparée localement *(sic)*[33]. La première mouture du projet de loi NOTRe soumise à l'examen du Sénat prévoyait des dispositions en son article 13 modifiant le statut de la collectivité territoriale de Corse qui s'inspiraient « partiellement des propositions formulées par la commission des compétences législatives et réglementaires de l'Assemblée de Corse et approuvées par cette dernière le 27 septembre 2013 »[34] ; mais l'institution d'une collectivité unique n'était pas évoquée[35]. À cette période, les trois délibérations de l'Assemblée de Corse prises sur le fondement de l'article L. 4422-16 du CGCT et notamment la délibération n° 14/207AC du 12 décembre 2014[36] n'avaient pas été publiées au *Journal officiel de la République française*, jusqu'alors « le gouvernement omet habituellement d'y procéder. Peut-être est-ce un signe supplémentaire que ces propositions suscitaient plus que l'intérêt du gouvernement et recueillaient réellement son assentiment [...] »[37]. Cette délibération servait les intérêts des deux parties. L'exécutif national trouvait là un renfort à certaines de ces propositions[38]. Les élus corses[39] bénéficiaient de la dynamique et de la temporalité du projet de loi NOTRe à venir en demandant, d'une part au « Premier ministre de bien vouloir reprendre les propositions qu'elle lui adresse dans un amendement du gouvernement à la loi portant nouvelle organisation territoriale de la République » (art. 2) et d'autre part, « qu'il soit procédé à une consultation des électeurs, dans le cadre des dispositions prévues par l'article 72-1, 3e alinéa, de la Constitution » (art. 3). Ce dernier article 3 constituera un point de désaccord[40]. *In fine*, faute

32. *Op. cit.*, p. 649.
33. Voir les analyses sur la période qui précéda les délibérations de déc. 2014, *ibid.*, p. 649-650.
34. O. DUSSOPT, Rapport AN n° 2553, 5 févr. 2015, p. 283.
35. Voir également M. DOUENCE, *op. cit.*, p. 650.
36. H. PAULIAT, « Quel avenir institutionnel pour la Corse ? », *JCP A*, n° 7, 2015, act. 169.
37. M. DOUENCE, *op. cit.*, p. 650.
38. M. VERPEAUX, *op. cit.*, p. 675 et notamment : « Tout juste nommé à Matignon, M. Valls est allé plus loin sur la réforme territoriale. Le Premier ministre voulait, en plus de "réduire de moitié le nombre de régions dans l'hexagone", un "débat sur l'avenir des conseils départementaux" avec l'objectif de les supprimer à l'horizon de 2021 », *ibid.*
39. Sur les modalités d'association et de participation des conseils généraux à cette délibération de l'Assemblée de Corse, M. DOUENCE, *op. cit.*, p. 650-651.
40. Voir not., *JORF*, session ordinaire 2014-2015, compte rendu intégral 3e séance, 20 févr. 2015, p. 2161 et s.

de texte spécifique, et tout ne pouvant pas être visé dans cet article 13 devenu article 30 de la version adoptée de la loi NOTRe, le gouvernement procéda par voie d'ordonnances[41]. Mme Douence écrit « L'originalité de la démarche n'est pas simplement le recours aux ordonnances [...] l'innovation est d'associer à nouveau les élus corses à l'élaboration de la norme nationale sous forme d'ordonnances à leur demande »[42]. Ce *modus operandi* enclenché *via* l'article L. 4422-16 du CGCT s'inscrit dans une démarche ascendante, provenant de certains élus locaux pour être transmise aux entités nationales; cet intérêt bien compris des deux parties prend un sens tout particulier en matière de décentralisation et *a fortiori* concernant la Corse. En optant pour la voie de l'amendement et non d'une loi spécifique, le législateur, d'une part, renforçait le caractère décentralisateur (et donc unitaire de l'État) en montrant que pour la République, la Corse (loi NOTRe oblige) appartenait et concernait l'ensemble national, mais aussi que la République avait fait sienne cette proposition (Nous faisons Nôtre) et d'autre part, indiquait à certains élus de l'île, que si particularismes il y avait, en Corse, la loi NOTRe c'était aussi la leur (ou la vôtre)[43].

II. La Corse, un « laboratoire de la décentralisation territoriale de la France métropolitaine »[44]

Le laboratoire est un « local pourvu des installations et des appareils nécessaires à des manipulations et des expériences effectuées dans le cadre de recherches scientifiques, d'analyses médicales ou de matériaux, de tests techniques ou de l'enseignement scientifique et technique »[45], mais le terme s'emploie également pour évoquer un « lieu où se prépare, s'élabore quelque chose »[46]. Il ne signifie et ne se réduit pas à l'innovation ou encore à des recherches effectuées à titre expérimental; ces derniers sens renvoient à la locution « en laboratoire »[47].

41. M. DOUENCE, *op. cit.*, p. 650. Voir le compte rendu intégral de la séance au Sénat du 26 janv. 2017 concernant la ratification d'ordonnances relatives à la Corse, *JORF* 27 janv. 2017, p. 989 et s.
42. *Op. cit.*, p. 652-653.
43. La formule « La loi NOTRe, c'est la vôtre ! » sera employée par M. Daubresse lors des questions au gouvernement le 4 mars 2015, Question posée en séance à l'AN, et publiée le 4 mars 2015.
44. A. TAILLEFAIT et D. VOLUT, § 16, *op. cit.*
45. *Https://www.cnrtl.fr/definition/laboratoire.*
46. *Ibid.*
47. Laboratoire, *https://www.dictionnaire-academie.fr.*

Le terme s'entend comme un endroit, un terrain propices au « faire », mais au « faire » quoi ? La Corse réunit tous les stigmates de la décentralisation, ou plus exactement de la réforme territoriale ; elle peut s'avérer le singulier[48] d'une réalité plurielle. En ce sens, le singulier et le pluriel peuvent différer quantitativement. La rhétorique qui déboucha sur l'article 30 s'inscrivait dans un mouvement fonctionnel et une approche managériale des territoires auxquels la Corse ne faisait pas exception (A). Par ailleurs, la Corse traduisait certaines hésitations quant à la visée réelle : s'agissait-il de décentralisation ou de réforme territoriale ? (B).

A. Le pavillon fonctionnel et managérial

La délibération n° 14/207AC du 12 décembre 2014 proposait la « création d'une collectivité de Corse déconcentrée par fusion de l'actuelle collectivité territoriale de Corse et des conseils généraux de la Haute-Corse et de la Corse-du-Sud »[49]. Elle énonçait au cœur du considérant :

> « Que l'organisation territoriale de la Corse est trop complexe, insuffisamment efficiente et par certains côtés incohérente ;
>
> – que doit être mise en œuvre une réforme de cette organisation générant simplification, clarification, efficacité, économies d'échelle, et garantissant un équilibre territorial dans le cadre d'institutions déconcentrées ».

Autant de qualificatifs bien éloignés de toute spécificité culturelle, historique, linguistique ou de population. *A contrario*, ces énoncés trouvaient toute leur place dans la rhétorique à l'œuvre depuis 2010 concernant la réforme territoriale. Un lent et continu processus de substitution du vocabulaire managérial, mais également des logiques gestionnaires et fonctionnelles, s'effectuait au détriment des principes juridiques et de la rationalisation par le droit qui paraissaient gouverner les collectivités territoriales[50]. Selon l'exposé des motifs du projet de loi NOTRe :

> « C'est une simplification des relations entre l'État et les collectivités qui s'impose pour restaurer la confiance réciproque, donner sa pleine cohérence à l'action publique et faire en sorte que chaque euro dépensé soit pleinement

48. « Catégorie grammaticale traduisant la singularité dans les noms comptables », *https://www.cnrtl.fr/definition/singulier*.

49. H. PAULIAT, « Quel avenir institutionnel pour la Corse ? », *op. cit.*

50. « […] il s'agit d'améliorer l'efficacité des services et administrations publics tout en baissant les dépenses publiques […] c'est en référence à ces objectifs que d'aucuns parlent de rationalisation du fonctionnement des collectivités territoriales […] cette idée qu'il n'existe pas de différence fondamentale entre le secteur public et le secteur privé et que, de ce fait, les méthodes de management utilisées dans les entreprises privées, jugées plus efficaces, peuvent être mises en œuvre dans les administrations publiques », S. MAIRE « Une nouvelle gouvernance de l'État ? », *in* N. KADA (dir.), *De la réforme territoriale à la réforme de l'État*, PUG, Grenoble, 2011, p. 28 et s.

> efficace au service de nos concitoyens [...] un redressement appuyé sur une réforme structurelle renforçant l'efficacité de l'action des collectivités territoriales [...] Notre pays a besoin d'une action publique efficace pour améliorer sa compétitivité et renforcer les solidarités entre ses territoires et ses générations. C'est l'objet de ce projet de loi de lui en donner tous les moyens »[51].

« Fusion », « absorption » « concentration », des vocables au cœur des opérations économiques étaient transposés aux problématiques d'organisation territoriale[52]. Ils se retrouvaient notamment dans les discours relatifs à la refonte de la carte des régions animée par le souhait de

> « repenser la carte des territoires. [La loi NOTRe] ne le proclame pas ouvertement, mais à l'instar de nombreux textes précédents, elle recherche implicitement la notion de "territoire pertinent" comme un nouveau Saint Graal »[53].

La suppression des relais constitués par les conseils départementaux et le transfert à la collectivité de Corse des compétences et des moyens[54] exacerbaient sur l'île-montagne (espace où les distances se décomptent non en kilomètres, mais en durée) les enjeux de proximité, de solidarité et de coordination des territoires. Alors que la loi NOTRe conférait au département le chef de filât de la solidarité des territoires (art. L. 1111-9-III du CGCT), singularité corse, il disparaissait en tant que collectivité territoriale. Modeste contrepartie, l'ordonnance n° 2016-1562 du 21 novembre 2016 portant diverses mesures institutionnelles relatives à la collectivité de Corse créa une chambre des territoires qui succéda à la conférence de coordination des collectivités de Corse[55]. Selon Mme Douence, il convenait de « régler une question qui était restée en suspens quant à une forme de déconcentration au sein de la nouvelle collectivité, assurant une représentativité maintenue des anciens conseillers départementaux [...] il s'agit [...] d'une structure assurant l'échange entre les organes de la collectivité de Corse et les représentants des

---

51. *Https://www.senat.fr.*

52. Présentant le texte de loi, M. VERPEAUX écrit : « La fusion plutôt que le redécoupage », *JCP A* 2014, *op. cit.*

53. M. VERPEAUX, *RFDA* 2016, *op. cit.*, p. 675.

54. La collectivité de Corse « se substitue aux trois collectivités territoriales, qu'elle fusionne dans tous leurs biens, droits et obligations, ainsi que dans toutes les délibérations et tous les actes pris par ces dernières », D. VOLUT, *op. cit.*

55. D. VOLUT, « La collectivité de Corse, modèle pour une généralisation des fusions de départements et régions », *op. cit.*

communes »[56]. Initialement visée par quelques aménagements, la collectivité de Corse ne constituait pas un axe de la réforme, mais un simple point dans un processus plus global de réforme de l'État.

B. La Corse, un singulier illustrant le pluriel

L'article 30 de la loi NOTRe s'attachait à un territoire qui pouvait faire figure de précurseur; certains des traits évoqués par MM. Taillefait et Volut étaient transposables en d'autres territoires de la République :

> « Le rapport de la commission d'enquête de 1998 a mis en exergue la suradministration de la Corse. La superposition sur un espace réduit d'un grand nombre de communes, de deux départements faiblement peuplés et d'une collectivité territoriale aux attributions renforcées a créé un "maquis institutionnel" »[57].

Convenait-il de rappeler le nombre de communes françaises de moins de 700 habitants ou de dresser la liste des départements les moins peuplés ? Certaines caractéristiques de l'île se retrouvaient en milieu rural dans l'hexagone et ultérieurement dans les revendications des élus locaux lors des épisodes du grand débat national revenant sur des aspects de la loi NOTRe[58] et du nouveau découpage des régions. Le rapport d'information sur l'évaluation de l'impact de la loi n° 2015-991 du 7 août 2015 relative à la nouvelle organisation territoriale de la République (loi NOTRe)[59] évoque « une organisation territoriale plus complexe et une perte de proximité pour les citoyens », dont des développements consacrés à la collectivité de Corse[60]. Cette dernière ne fait pas exception à certains travers ou approches de la réforme territoriale. En 2018, le Professeur Dumont mentionnait « une situation

56. « Une structure assurant l'échange entre les organes de la collectivité de Corse et les représentants des communes et de l'intercommunalité », *op. cit.*, p. 651.

57. *Op. cit.* § 17.

58. L. GALTIER, « La loi NOTRe "a bien souvent produit des résultats contraires aux buts poursuivis" selon un rapport », 8 janv. 2020, *https://www.amf.asso.fr*.

59. B. QUESTEL et R. SCHELLENBERGER, AN, n° 2539.

60. « L'une des difficultés posées par la suppression des départements est la perte de proximité ressentie par les élus communaux, qui n'ont désormais comme interlocuteurs que les conseillers de l'Assemblée de Corse, élus dans le cadre d'une circonscription électorale unique. À cet égard, l'ensemble des interlocuteurs entendus par les rapporteurs ont souligné que la composition actuelle de la chambre des territoires, qui a vocation à représenter le niveau communal et intercommunal, n'était pas satisfaisante », *ibid.*, p. 15 et s.

politique qui pose la question plus générale de la décentralisation en France »[61]. Au sens chimique, la Corse est un révélateur des incertitudes du rapport entre le centre et la périphérie. Trop souvent sans précision, l'État énumère 13 régions sans distinguer les collectivités territoriales des circonscriptions administratives[62] intégrant ainsi la Corse ; par ailleurs, face au phénomène de recentralisation[63], il n'y a pas d'exception corse. Côté corse, la collectivité *sui generis* est revendiquée, voire plus, mais

> « la Corse fait partie de l'association de représentation des régions françaises auprès des pouvoirs publics français et des institutions européennes, appelée Régions de France. Le plus généralement, le président du conseil exécutif de Corse et le président de l'Assemblée de Corse s'associent aux motions de cette institution »[64].

D'aucuns diront que la fin peut justifier ce mélange des genres, mais elle peut participer également à sa confusion. Ainsi l'article 30 est l'antépénultième article d'un chapitre unique intitulé « Le renforcement des responsabilités régionales » du titre Ier « Des régions renforcées », pour une entité qui n'est pas une région en tant que collectivité territoriale, mais sûrement « Chut, silence, ça tourne ! ».

À la rubrique « Organisation territoriale de l'État », le site de la préfecture de région Corse indique :

> « La loi du 16 janvier 2015 relative à la délimitation des régions dote les régions françaises d'une taille adaptée aux enjeux économiques et de mobilité, qui leur permettra d'exercer à la bonne échelle leurs compétences stratégiques, de rivaliser avec les collectivités comparables en Europe et de réaliser des gains d'efficience ».

Le sommaire propose des informations sur la direction de la mer et du littoral de Corse, la direction régionale des affaires culturelles, direction régionale de l'environnement, de l'aménagement et du logement [...] comprenne qui pourra ou qui voudra (région circonscription déconcentrée, région entité locale). Il est vrai que la loi NOTRe traite de l'organisation territoriale de la République, pas de la décentralisation.

61. « En effet, en dépit des éléments spécifiques liés aux évolutions législatives modifiant son statut, la Corse n'est nullement à l'écart des multiples décisions de recentralisation intervenues en France depuis la fin des années 1990 », G.-F. DUMONT, « La Corse et l'indivisibilité de la République française », *Les analyses de Population & Avenir*, n° 2, déc. 2018.

62. Voir par ex. : *https://www.prefectures-regions.gouv.fr*.

63. G.-F. DUMONT, *op. cit.*, p. 19.

64. *Ibid.*

Selon le texte du communiqué de presse du Conseil des ministres du 18 juin 2014 :

> « [des ministres...] ont présenté un projet de loi relatif à la délimitation des régions, aux élections régionales et départementales et modifiant le calendrier électoral, ainsi qu'un projet de loi portant nouvelle organisation territoriale de la République [...] L'organisation décentralisée de la République [...] est devenue trop complexe et trop peu lisible pour les citoyens et les entreprises. Face à ce constat, la réforme territoriale poursuit trois objectifs principaux : simplifier et clarifier le rôle des collectivités locales ; faire des territoires les moteurs du redressement économique du pays ; renforcer les solidarités territoriales et humaines ».

La Corse était-elle le seul territoire où il fallait clarifier le rôle des collectivités locales ? En supprimant les conseils départementaux les solidarités étaient-elles renforcées ? La Corse n'était et n'est pas le seul territoire à présenter des particularités, elle en synthétisait certaines telles celles des zones rurales ; d'autres existaient, tels les espaces métropolitains, qui ne furent pas tous consacrés législativement comme collectivité à statut particulier.

Le statut de la collectivité de Corse et son processus d'élaboration et d'adoption sont, dans tous les sens du terme, à méditer, sans préjugés...

LA PLACE DES RÉGIONS AU SEIN DES FINANCES LOCALES

Matthieu HOUSER

Maître de conférences HDR en droit public
Centre de recherches juridiques de Franche-Comté – CRJFC (UR 3225)
Université Marie et Louis Pasteur
Directeur de l'Institut de préparation à l'administration générale (IPAG)

La création des grandes régions au cours des années 2014-2015 a été initiée par plusieurs éléments, dont notamment la volonté de créer des structures plus larges que celles existantes capables de renforcer l'attractivité économique, avec, en arrière-plan, l'image de la puissance des *Länder* allemands.

Une autre motivation résidait dans la possibilité de générer potentiellement des économies d'échelle à moyen terme, sans que cette logique ne soit toutefois clairement argumentée dans les multiples rapports préparatoires.

Une note du Trésor de 2015 éclaire parfaitement ces objectifs[1]. Selon ce document, « les régions, à condition d'être suffisamment grandes et économiquement cohérentes, semblent l'échelon pertinent pour organiser une stratégie économique et assurer la répartition de l'activité sur leur territoire ». Cette analyse s'appuie également sur un rapport de France stratégie de 2015[2].

Toutefois, la direction du Trésor se montra prudente en relevant également que « l'impact économique d'un accroissement de la taille des régions et du renforcement de leur rôle dans le développement économique demeure incertain et n'a fait l'objet d'aucune évaluation macroéconomique à ce jour »[3]. Enfin, notons que plusieurs travaux universitaires étaient également cités à l'appui du raisonnement[4].

1. « Une approche économique de la réforme territoriale », *Trésor-Eco*, n° 154, oct. 2015.
2. Note du Trésor : A. AMABILE, C. BERNARD, A. ÉPAULARD, « Réforme territoriale et cohérence économique régionale », *Note France Stratégie* 2015.
3. Ph. ASKENAZY, Ph. MARTIN, « Promouvoir l'égalité des chances à travers le territoire », *Notes du Conseil d'analyse économique* 2015.
4. E. GIUILY, O. RÉGIS, *Pour en finir (vraiment) avec le millefeuille territorial*, l'Archipel, 2015 : « Les Länder représentent 40 % des dépenses publiques contre 13 % seulement, si l'on additionne régions et départements, en France ».

Les liens économiques à l'intérieur des grandes régions ont, dans le même temps, servi de fondements à la réforme, notamment en termes de transport et d'actionnariat dans les entreprises.

À cet égard, il apparaissait que l'actionnariat d'un certain nombre d'entreprises se matérialisait au niveau des grandes régions[5], justifiant là encore une réforme institutionnelle.

Le Conseil d'analyse économique (CAE), pour sa part, examine la réforme sous l'angle budgétaire avec, en arrière-plan, la logique de la nouvelle économie géographique.

Cette finalité, selon le CAE, invite

> « plutôt de concentrer les moyens de production en un petit nombre de lieux, puis de distribuer les fruits de la croissance à travers le territoire. Nous nous inscrivons ici dans cette logique, tout en insistant sur le rôle des autorités publiques pour assurer (ou rétablir) l'égalité des chances territoriale en matière d'éducation, d'accès à l'emploi et de santé »[6].

Si cette conception peut être débattue, le CAE se livre à une autre analyse plus intéressante concernant le rôle de la dépense publique et notamment la dépense locale. Ainsi, dans de nombreuses régions comme le Limousin, l'Auvergne ou la Bourgogne, les dépenses publiques et sociales jouent un rôle majeur.

> « La stratégie actuelle de réduction du poids des dépenses publiques et des transferts, quels qu'en soient le rythme et l'intensité dans les années à venir, affectera particulièrement les régions moins développées et les plus dépendantes de ces flux de revenus, et nettement moins les régions alimentées avant tout par des revenus marchands. Par ailleurs, les régions peu développées ou en crise sont aussi celles qui concentrent la plus grande proportion de retraités modestes, voire vulnérables, non mobiles, dont les carrières souvent incomplètes risquent de peser dans les années à venir dans les revenus de ces régions. La dynamique de développement territorial à l'œuvre dans la décennie d'avant crise risque donc de connaître une forte inflexion ».

Cette archéologie des fondements intellectuels de cette réforme permet de poser le débat sur la motivation et sur l'examen de la réforme opérée il y a dix ans avec l'absence de réflexion poussée sur le rôle de la dépense publique.

Pourtant, certains travaux antérieurs abordaient le poids budgétaire des régions.

5. A. Amabile, Cl. Bernard, A. Épaulard, « Réforme territoriale et cohérence économique régionale », *Note France Stratégie* 2015.

6. Ph. Askenazy, Ph. Martin, « Promouvoir l'égalité des chances à travers le territoire », *Notes du Conseil d'analyse économique*, p. 1 à 12.

Ainsi, le rapport Balladur de 2009 soulignait cette question en indiquant :

> « Au demeurant, le poids financier de la région reste relativement limité dans notre ensemble institutionnel territorial. Les régions n'engagent que 11,2 % des dépenses des collectivités locales (contre 28,3 % pour les départements et 60,5 % pour les communes et leurs groupements) et ne perçoivent que 9 % de la fiscalité locale. Les quelque 342 euros par habitant et par an qu'elles dépensent sont, pour 42 %, des dépenses d'investissement. Leurs compétences s'exercent essentiellement dans les domaines de la formation professionnelle et de l'apprentissage (20 % des dépenses), du développement économique (8 %), de l'enseignement (20 % avec la gestion immobilière des lycées notamment), de l'organisation du transport ferroviaire des voyageurs (25 %), de la culture, de l'action sociale et, depuis 2004, de la gestion, sur la base du volontariat, des grands équipements, tels que les ports non autonomes, les aéroports, les voies navigables et les ports intérieurs (37) »[7].

Ce rapport proposait d'ailleurs de favoriser les regroupements volontaires de régions et la modification de leurs limites territoriales pour en réduire le nombre à une quinzaine.

Cette période de création des grandes régions avec également la loi du 7 août 2015 portant nouvelle organisation territoriale de la République (NOTRe) ne juge pourtant pas nécessaire de réfléchir à la question budgétaire des régions. C'est même l'inverse, car cette loi souhaitait avant tout rationaliser l'exercice des compétences[8].

Elle supprime la *clause générale de compétence* pour les régions et les départements et désormais, ces deux catégories de collectivité ne peuvent agir que dans le cadre des compétences que la loi leur attribue.

On peut considérer qu'en l'absence de clause générale de compétence, la question budgétaire s'avère forcément reléguée au second plan.

Dix ans après, on ne peut que valider le constat que la Cour des comptes en 2023 pour qui

> « la création des nouvelles régions a en large part été inspirée par le modèle de certaines de leurs homologues d'autres grands pays européens, notamment les Länder allemands, les communautés autonomes espagnoles et les régions italiennes. Cependant la réforme a mis l'accent sur l'extension géographique des régions plutôt que sur le renforcement de leurs compétences. Or la force des régions allemandes, espagnoles et italiennes ne découle pas tant de

7. Rapport Balladur, Comité pour la réforme des collectivités locales, *Il est temps de décider* – Rapport au Président de la République, 2009.

8. M. SAOUDI, « Régions : la capacité financière et fiscale en questions », *GFP*, n° 3, 2017, p. 32-37.

leurs dimensions géographiques et de leur poids démographique que de la combinaison de compétences étendues, de ressources fortes et d'un ancrage historique et politique qui constitue un élément essentiel de leur légitimité »[9].

Depuis dix ans, de nombreuses réformes ont été opérées en matière de compétences et de finances locales. Aussi, la compréhension des effets de la création des grandes régions implique de revenir sur le constat de la Cour des comptes à savoir un effet budgétaire incertain depuis 2015 (I), puis sur la modification du panier de ressources et de dépenses (II) des régions et enfin sur la consécration d'un rôle budgétaire et financier coordinateur (III).

I. L'effet budgétaire incertain de la création des grandes régions

Loin des objectifs d'une réduction des dépenses de fonctionnement, la fusion des régions a pu engendrer une hausse des dépenses. Dans un contexte de limitation de la dépense publique, cet axe d'analyse peut sembler à contre-courant de la situation budgétaire nationale cherchant à limiter le niveau budgétaire de chaque sous-secteur d'administration.

Cependant, la volonté de créer un environnement capable de générer davantage d'attractivité économique passe par une hausse des dépenses d'investissement, ce qui semble avoir été le cas avec la réforme des grandes régions (A). Les modifications postérieures à la création des grandes régions en 2014-2015 n'ont toutefois pas abouti à renforcer le volume budgétaire des régions (B).

A. Une situation financière facilitant les dépenses d'investissement

La création des grandes régions a cherché à renforcer leur capacité d'investissement. Pour comprendre la réussite de cet objectif, il convient de revenir sur l'analyse générale financière (1) et sur l'impact de cette réforme sur la compétence développement économique (2).

1. L'analyse financière générale

La compréhension de la situation budgétaire globale et agglomérée des régions peut être étudiée à l'aune de leur volume budgétaire au sein des finances locales avec une comparaison des années 2013-2023.

9. C. comptes, Rapport public annuel 2023, mars 2023, p. 86.

Tableau 1

Comparaison des dépenses régionales entre 2013 et 2023 (Md€)

Dépenses	**Année**	
	2013	**2023**
Dépenses totales	233,6	264,25
Dépenses des régions	28,7	38,09
Part des dépenses régionales	**12,29 %**	**14,41 %**
Dépenses de fonctionnement	162,6	198,45
Dépenses de fonctionnement des régions (y compris intérêt dette)	17,6	24,38
Part des dépenses régionales	**10,82 %**	**12,29 %**
Dépenses d'investissement (hors remboursement de la dette)	58,3	65,8
Dépenses d'investissement des régions (hors remboursement de la dette)	9	13,71
Part des dépenses régionales	**15,44 %**	**20,84 %**

Source : Tableau de l'auteur. Chiffres de l'OFGL.

Le premier constat que l'on peut dresser est celui de la part légèrement plus importante des dépenses régionales au sein des dépenses publiques locales, celles-ci passant de 12,29 % vers 14,41 %. Cette hausse s'avère toutefois plus marquée en matière d'investissement, la part des dépenses évoluant de 15,44 % à 20,84 %.

L'impact à ce stade de la hausse des dépenses d'investissement sur la croissance économique demeure toutefois incertain à étudier. Se pose néanmoins la question du mode de financement de cette accélération de l'investissement. Est-ce que la structuration des dépenses et des recettes régionales a permis d'absorber cette augmentation ou au contraire le recours à l'emprunt a-t-il été accru ?

Tableau 2

Comparaison de données financières entre 2023 et 2013

	Année	
	2013	**2023**
Encours de dette (Md€)	**20,1**	**35,42**
Capacité de désendettement (nombre d'années)	**3,79**	**6**
Épargne brute (Md€)	5,3	5,86
Taux d'épargne brute (%)	23,1	19,4

Source : Tableau de l'auteur.

De toute évidence, le choix opéré par les régions a été d'emprunter massivement alors que dans le même temps leur situation financière s'est dégradée structurellement, car malgré une hausse de l'épargne brute, le taux de celui-ci s'est détérioré.

La situation des régions relativement robuste leur a également permis d'améliorer leur volume de dépenses de développement économique.

2. La place des dépenses de développement économique

L'analyse menée par la Cour des comptes en 2023 illustre bien l'existence d'un effet création grande région sur la compétence développement économique ainsi que le reflètent les graphiques ci-dessous.

Graphique 1

Évolution des dépenses de l'action économique des collectivités territoriales de 2013 à 2021 (M€)

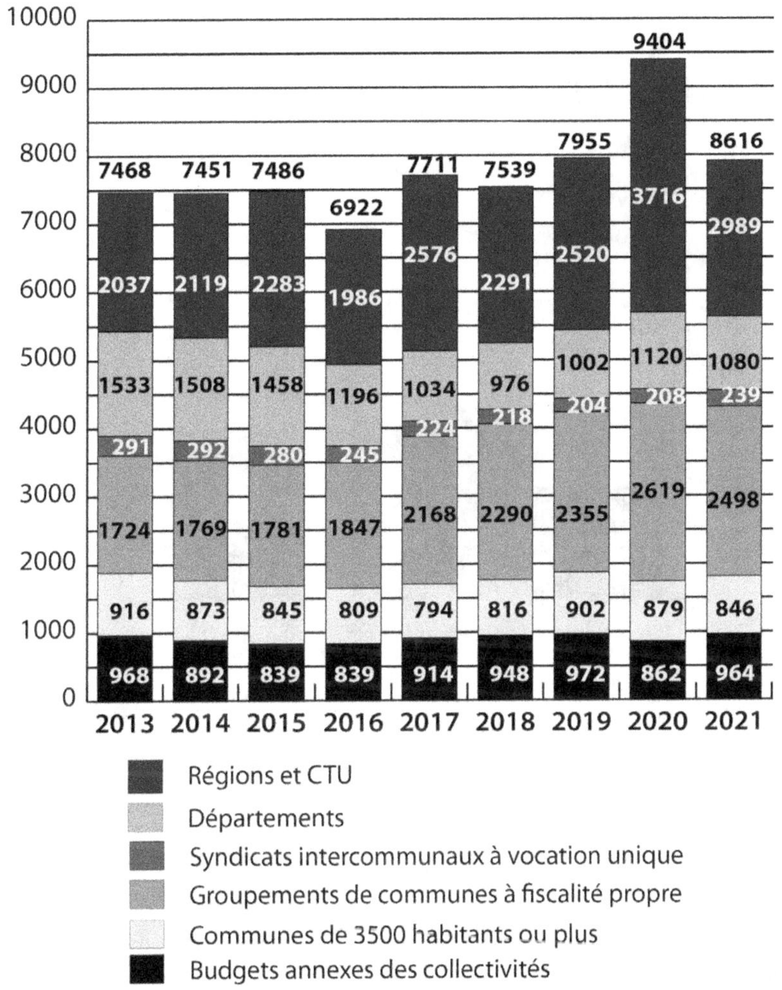

Source : C. comptes, d'après les données de la DGCL disponibles sur 2013-2021.

Malgré tout, demeure un enchevêtrement des compétences avec un partage de la dépense en matière de développement économique entre les différentes strates démographiques.

Graphique 2

Dépenses d'action économique par strate de collectivités et par destination (moyenne 2014-2020, M€)

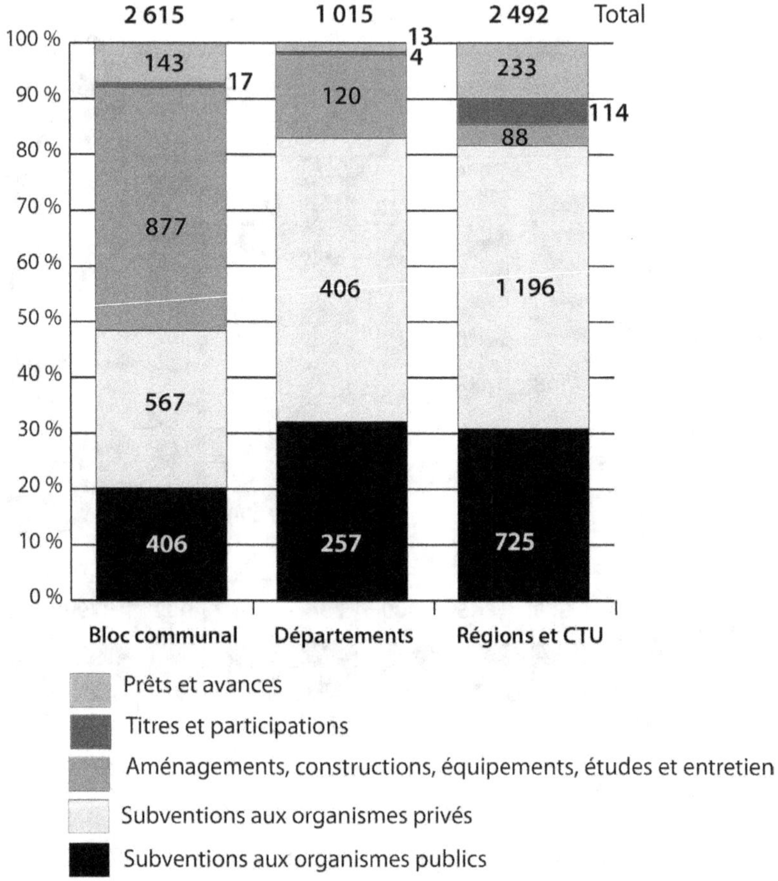

Source : C. comptes, Les compétences de développement économique des collectivités territoriales : une rationalisation inachevée, un pilotage à renforcer, *2023.*

Cependant, au-delà de la compétence économique, la création des grandes régions n'a pas abouti à une modification substantielle du volume budgétaire des régions.

B. L'effet budgétaire limité des nouvelles compétences régionales

L'effet budgétaire potentiel des compétences régionales pourrait être la conséquence de la fusion de 2014-2015 (1) ou des transferts de compétences postérieurs (2).

1. Les compétences issues de la fusion

La création des grandes régions ne s'inscrit pas forcément dans une logique décentralisatrice historique.

À ce titre, on peut indiquer que la loi du 16 décembre 2010 n'avait pas souhaité créer une telle structure et que la loi de finances pour 2010 avait supprimé tout pouvoir fiscal aux régions. Aussi, la création des grandes régions s'inscrit presque à contre-courant des lois des années 2000-2010. Mais il s'agit sans doute d'un trompe-l'œil, car la création des grandes régions ne se concrétise pas par des transferts massifs de compétences de l'État ou des autres niveaux de collectivités territoriales.

Aussi, il est intéressant de s'interroger sur les choix du législateur dans les années post-fusion. En d'autres termes, la région est-elle devenue le réceptacle de nouvelles compétences et son budget a-t-il fortement augmenté ?

2. La faiblesse des transferts de compétences postérieurs à la réforme des grandes régions

La mise en place des grandes régions aurait pu sonner comme le point de départ de transferts de compétences postérieurs de la part du législateur. La loi NOTRe a organisé en 2015 le transfert des départements vers les régions de la compétence transport interurbain et la compétence transport scolaire.

Or, force est de constater qu'aucune loi n'a renforcé le volume budgétaire des régions. Ainsi, la loi 3Ds n'a ouvert qu'une expérimentation pour les régions volontaires.

Elles peuvent, à titre expérimental et pour une durée de huit ans, demander une mise à disposition des routes du domaine public routier national (routes identifiées par le décret).

On peut même constater un mouvement de perte de compétences à partir du 1er janvier 2020, avec la réforme de l'apprentissage issue de la loi « Pour la liberté de choisir son avenir professionnel » du 5 septembre 2018, qui entraîne un changement complet du modèle de l'apprentissage, faisant perdre à la région une compétence pour laquelle elle a mené une politique très dynamique.

Ce mouvement de recentralisation de la compétence apprentissage entraîne des conséquences importantes, car, les régions ont transféré à l'État l'ensemble des ressources dédiées à l'exercice de cette compétence, y compris l'effort propre qu'elles avaient décidé dans le cadre du plan de relance régional.

La démonstration de l'effet budgétaire incertain des compétences nécessite de compléter cette analyse par l'étude du panier de ressources et de dépenses des régions et son évolution depuis 2015.

II. La modification du panier de ressources et dépenses

Depuis 2016 et la mise en place des grandes régions, la structure de leurs ressources en raison de la crise Covid a profondément évolué (A), sans toutefois que cela ne se matérialise par une hausse majeure de leurs dépenses (B).

A. Le nouveau panier de ressources

Lors de l'adoption de la loi NOTRe, le constat qui pouvait être dressé était celui d'une disparition du pouvoir de taux en matière fiscale (1). La loi de 2015 a permis de changer de focale et de réfléchir à un nouveau dynamisme en matière de ressources (2).

1. Le faible pouvoir de taux en matière de fiscalité lors de l'adoption de la loi NOTRe

La région est la collectivité territoriale qui voit sa capacité fiscale diminuer fortement, notamment depuis 2000 avec la suppression de la part régionale de l'imposition sur les ménages et la suppression de la taxe professionnelle en 2010.

La région a subi un allègement, voire une suppression de certains impôts (part de taxe d'habitation, part de taxes foncières, suppression de droits de mutation, etc.), mesures compensées souvent par des dotations de l'État. On sait que ces dernières connaissent un gel depuis 2010 et une forte baisse depuis 2015 réduisant d'autant leur marge de manœuvre et les contraint à actionner le levier fiscal pour assurer l'équilibre budgétaire exigé par les textes en vigueur.

Les régions perdent également en 2021 la part des frais de gestion de la taxe d'habitation qui leur était allouée, en contrepartie d'une dotation de l'État.

Le contexte général actuel est marqué par des finances publiques nationales sous contrainte européenne. Cela paraît défavorable aux régions qui, au contraire des autres collectivités françaises, ne disposent pas de fiscalité autonome, d'où des réformes menées pour tenter de pallier cette difficulté.

2. La recherche d'un nouveau dynamisme à partir de 2015

Depuis 2018, les régions ont bénéficié d'un transfert de TVA en substitution de leur dotation globale de fonctionnement (5,2 Md€ en PLF 2025 contre 4,3 Md€ en 2019).

Les régions bénéficient de ce fait du dynamisme de la ressource de TVA transférée par l'État, en substitution de la DGF. Conformément à l'article 149 de la loi de finances pour 2017, une fraction du produit net de la taxe sur la valeur ajoutée (TVA) est affectée, depuis le 1er janvier 2018, aux régions, au département de Mayotte et aux collectivités territoriales de Corse, de Martinique et de Guyane.

Cependant, en matière de TVA, les régions n'ont récupéré aucun pouvoir de taux et sont désormais soumises aux décisions nationales.

S'agissant de la taxe intérieure de consommation sur les produits énergétiques (TICPE), la baisse de la consommation entraîne également des variations importantes sur le produit perçu par les collectivités territoriales.

Or, la place de la TVA est devenue encore plus importante avec la suppression en 2021 de la part régionale de la CVAE et son remplacement par de la TVA.

Graphique 3

Ressources fiscales des régions en 2023

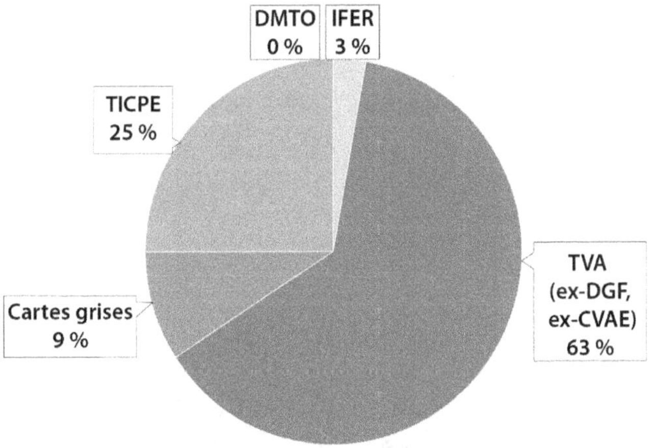

Source : Direction du budget.

Si le nouveau panier de ressources a permis un certain dynamisme avant la crise Covid, la situation actuelle apparaît plus incertaine avec la part prépondérante de la TVA dans le panier de ressources, qui est totalement déconnectée de l'activité économique du territoire.

B. L'impact des grandes régions sur les dépenses d'investissement

La modification du panier de ressources questionne par ailleurs le positionnement des régions au sein de l'environnement financier local : quels ont été les effets des réformes passées sur la taille de leur budget et rapport aux autres collectivités ?

Il apparaît que la place des collectivités régionales demeure limitée (1) mais que leurs dépenses d'investissement en matière de transition écologique sont plus importantes (2).

1. Un volume des dépenses limité

Le volume budgétaire des régions représente une part réduite des dépenses locales. L'effet des grandes régions n'a pas modifié substantiellement la place des régions au sein du volume budgétaire des collectivités territoriales, elles représentent toujours environ 15 % de la dépense publique locale.

Graphique 4

Part de chaque collectivité dans le total de la dépense publique locale en 2023

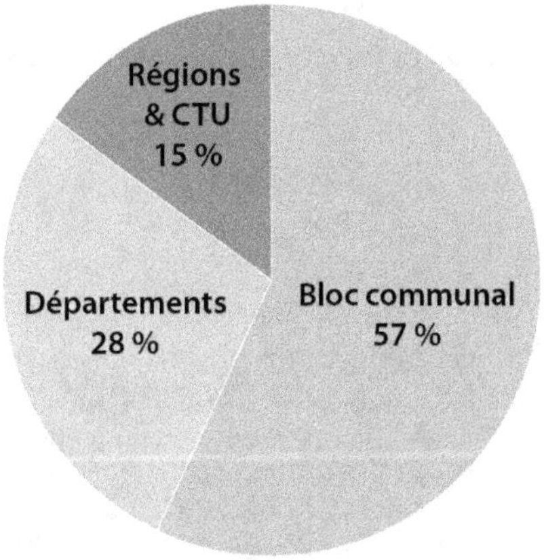

Source : DGCL – Données DGFiP, comptes de gestion – budgets principaux.

Dans le cadre du plan de relance de l'après-Covid, les régions se sont certes engagées à augmenter leurs dépenses d'investissement dans le cadre des contrats de plan État-région 2021-2027 à hauteur de 20 milliards d'euros, mais cette accélération des dépenses d'investissement ne modifie pas réellement la place budgétaire des régions.

Au-delà de l'aspect quantitatif, l'analyse qualitative des dépenses d'investissement des régions revêt un véritable intérêt au regard de la transition écologique.

2. Des dépenses majeures pour la transition écologique

Les engagements contractualisés dans les contrats de plan État-région (CPER) 2015-2020 atteignent près de 30 milliards d'euros pour les régions métropolitaines et d'outre-mer.

90 % de ces engagements concernent des secteurs à forts enjeux et leviers climat : mobilité – notamment le transport ferroviaire, efficacité énergétique des bâtiments, énergies renouvelables, renouvellement urbain et aménagement, bâtiments de l'enseignement supérieur.

Selon I4CE, les besoins d'investissement des régions sont estimés à 1,7 Md€ supplémentaires par an d'ici à 2030, soit un quasi-doublement par rapport à leur niveau de 2022 (+80 %)[10]. Cette hausse des dépenses concerne surtout la décarbonation de leur patrimoine et le transport ferroviaire.

Or la modification des ressources de la région ne constitue pas une rupture dans la mise en place des grandes régions et la problématique du financement énergétique demeure entier. Reste la question du rôle coordinateur de la région en matière financière, notamment en raison de la réforme des fonds européens et du Fonds régional de la péréquation.

III. Un rôle financier coordinateur ?

Le rôle limité du budget régional pour renforcer l'attractivité économique ne doit pas pour autant amoindrir son rôle financier.

Cette collectivité s'affirme progressivement au « centre du jeu local » pour coordonner certaines politiques publiques. Cette nouvelle conception explique qu'elle devient autorité de gestion des fonds européens.

Selon la loi de modernisation de l'action publique territoriale et d'affirmation des métropoles MAPTAM de 2014, l'État confie aux régions ou, le cas échéant, pour des programmes opérationnels interrégionaux, à des groupements d'intérêt public mis en place par plusieurs régions, à leur demande, tout ou partie de la gestion des programmes européens soit en qualité d'autorité de gestion. En outre, l'État confie aux régions, pour la période de programmation 2021-2027, en leur qualité d'autorité de gestion des fonds européens, les missions relevant de la fonction comptable[11].

Pour autant, l'efficacité d'un rôle coordinateur nécessite une certaine égalité entre les régions, d'où la recherche d'une nouvelle forme de péréquation entre elles.

---

10. I4CE, A. COLIN, A. ERBA, F. THOMAZEAU, J. MARCOFF, A. MONTICELLI, L. A. VERVISCH, *Panorama des financements climat des collectivités locales – Étude Climat*, 13 sept. 2024.
11. Art. 78 de la loi n° 2014-58 du 27 janv. 2014 de modernisation de l'action publique territoriale et d'affirmation des métropoles, *JORF*, n° 0023, 28 janv. 2014.

Cet objectif à valeur constitutionnelle constitue en France, un vieux serpent de mer. Déjà la loi sur l'administration territoriale de la république, dite loi « ATR », du 6 février 1992 avait créé le Fonds de correction des déséquilibres régionaux. Ce dernier souhaitait lutter contre les difficultés liées à l'essor rapide des inégalités au cours des années 1980.

Mais plus récemment, à la suite de la réforme de la taxe professionnelle, le législateur a créé en 2013 le Fonds de péréquation des ressources des régions pour lutter contre de nouvelles inégalités. Mais ce fonds n'a pas atteint les objectifs recherchés en matière d'égalité.

L'article 196 de la loi de finances pour 2021 a instauré un Fonds de péréquation des ressources régionales égal à 1 % (la première année) des recettes réelles de fonctionnement perçues par les régions. La loi de finances pour 2022 fixe les modalités de répartition du prélèvement du FSR, et détermine les critères sur lesquels la répartition de son reversement doit être fondée.

Le prélèvement des ressources du Fonds de solidarité régional prévue au III de l'article L. 4332-9 du CGCT repose sur un indice synthétique de charges, qui ne peut excéder 3,5, et qui est composé de la façon suivante :

- à hauteur de 55 %, du rapport entre le revenu moyen par habitant de l'ensemble des collectivités mentionnées au I du même article et le revenu par habitant de la collectivité ;
- à hauteur de 40 %, du rapport entre la proportion de personnes âgées de 15 à 18 ans domiciliées dans les communes de la collectivité dans la population totale de la collectivité et cette même proportion constatée dans l'ensemble des collectivités mentionnées au I du même article ;
- à hauteur de 5 %, du rapport, qui ne peut excéder 3, entre la densité de population constatée pour l'ensemble des collectivités mentionnées au I du même article et la densité de population de la collectivité.

Le montant attribué à chaque collectivité éligible est désormais calculé en fonction du produit de sa population par son indice synthétique de charges. Il apparaît très nettement que la région Île-de-France contribue moins avec le nouveau système de péréquation qu'avec l'ancien.

Au regard des régions bénéficiaires, la création des grandes régions entraîne un effet de « lissage » empêchant une analyse plus fine des inégalités. Désormais seules les inégalités les plus criantes sont corrigées et donc logiquement seuls les îles et DOM-TOM en sont bénéficiaires. Rien n'indique que telle était la volonté du législateur. La péréquation interrégionale demeure donc une question en pleine évolution avec des problématiques ouvertes.

Graphique 5

Graphique des régions prélevées en 2018 (euros)

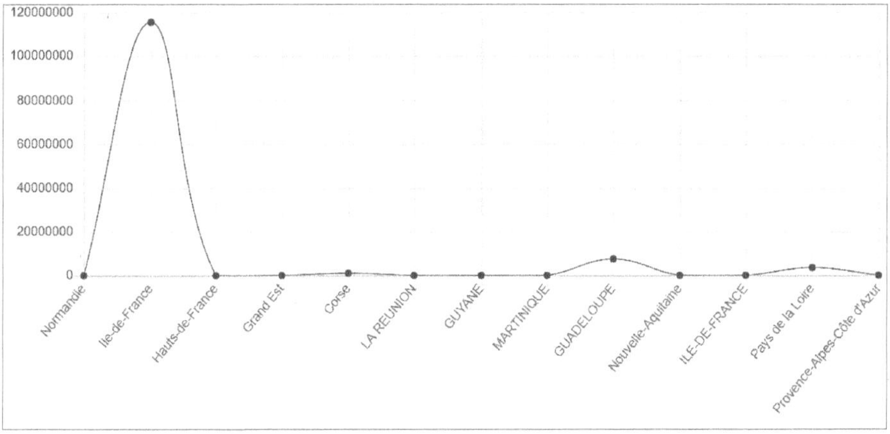

Source : Graphique de l'auteur. Chiffres de dotations DGCL.

Graphique 6

Graphique des régions prélevées en 2024 (euros)

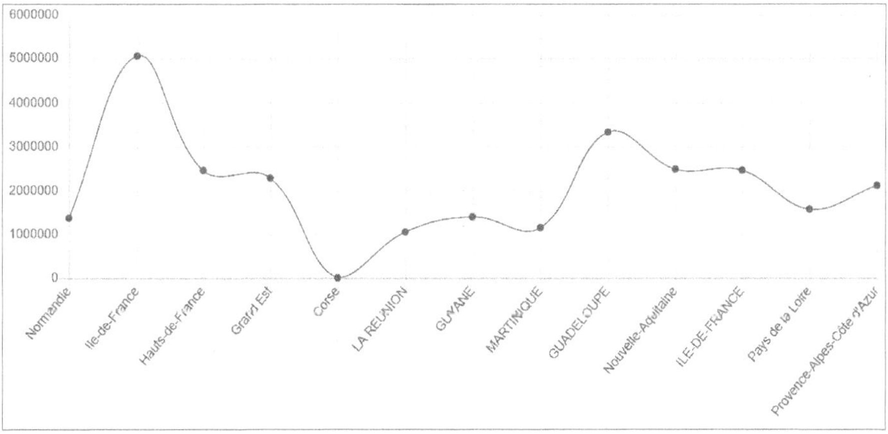

Source : Graphique de l'auteur. Chiffres de dotations DGCL.

Tableau 3

Fonds de solidarité régional : versement au profit de la région - 2024 (en euros)

Région	Montant
84 – Auvergne-Rhône-Alpes	0
27 – Bourgogne-Franche-Comté	0
53 – Bretagne	0
24 – Centre-Val de Loire	0
94 – Corse	2542979
44 – Grand Est	0
01 – Guadeloupe	3287029
03 – Guyane	3993668
32 – Hauts-de-France	0
11 – Île-de-France	0
04 – La Réunion	7857144
02 – Martinique	2734495
06 – Mayotte	6286933
28 – Normandie	0
75 – Nouvelle-Aquitaine	0
76 – Occitanie	0
52 – Pays de la Loire	0
93 – Provence-Alpes-Côte d'Azur	0

Source : Tableau de l'auteur. Chiffres de dotations DGCL.

LES DÉPARTEMENTS DE LA LOI NOTRe À AUJOURD'HUI : ENTRE CONVALESCENCE ET RENAISSANCE

Patrick MOZOL

Maître de conférences HDR en droit public
Institut de recherche juridique interdisciplinaire François-Rabelais
IRJI (EA 7496), Université de Tours

En dépit d'un ancrage historique très fort et d'un enracinement constitutionnel ancien[1], les départements ont vu leur pertinence et leur existence régulièrement questionnées, voire menacées au cours de ces dernières décennies, et ont à ce titre subi bon nombre d'offensives[2]. Par suite de l'essor du couple régions/EPCI à fiscalité propre au sein du paysage local, ils se sont trouvés progressivement fragilisés et sont apparus, plus qu'ils ne l'étaient déjà aux yeux de certains, comme constituant l'échelon de trop au sein du millefeuille territorial français[3]. C'est d'ailleurs au nom de l'allègement et de la simplification de ce dernier, d'une cohérence renforcée et d'une efficacité décuplée des politiques publiques locales, de la lutte contre les situations de doublon et de concurrence dans l'exercice des compétences locales et de la réalisation d'économies d'échelles[4] qu'il a pu être préconisé, à l'instar du rapport Attali[5] et contrairement à bien d'autres[6], la suppression de départements régulièrement taxés d'archaïsme et même d'inutilité par leurs détracteurs. La menace pesant sur les collectivités départementales est devenue plus sérieuse encore au lendemain de la loi RCT n° 2010-153 du 16 décembre 2010 avec l'institution des conseillers territoriaux appelés à siéger à la fois au sein des

1. M. VERPEAUX, « La loi NOTRe dans son contexte », *RFDA* 2016, p. 671.
2. S. DENAJA, « Le département, de la résistance à la résilience », *Pouvoirs locaux* IV/2019, n° 116, p. 65.
3. A. VIOLA, « Quel avenir pour le département français ? », *Pouvoirs locaux*, IV/2019, n° 116, p. 24.
4. L. JANICOT, « Les départements : quel(s) avenir(s) ? », *AJDA* 2019, p. 2417.
5. Rapport de la commission pour la libération de la croissance française, sous la présidence de Jacques Attali, LDf, 23 janv. 2008 (décision fondamentale 19).
6. Voir ici Y. LUCHAIRE, « Quel avenir pour le département? », *JCP A* 25 juill. 2011, n° 30-34, p. 18.

conseils généraux et régionaux[7], et la création des métropoles sous le statut d'EPCI à fiscalité propre[8] exerçant entre autres de plein droit, à l'intérieur de leur périmètre, plusieurs compétences des départements en lieu et place de ces derniers[9]. Si les lois organique et ordinaire n° 2013-402 et n° 2013-403 du 17 mai 2013 et celle n° 2014-58 du 27 janvier 2014 dite MAPTAM sonnèrent respectivement le glas du conseiller territorial et de l'exercice, non négocié par les départements, de certaines de leurs compétences par les métropoles, le danger pour ceux-ci n'en était pas pour autant écarté. En témoignait ici l'élargissement par ce dernier texte de la liste des compétences départementales susceptibles d'être exercées par les métropoles sur la base du conventionnement[10] et la création de la Métropole de Lyon ayant conduit à priver le département du Rhône d'une partie de son territoire[11]. Par ailleurs, loin d'être plus rassurant, le discours politique ambiant était de nature à entretenir les positions les plus pessimistes et alarmistes sur l'avenir institutionnel des départements, qu'il s'agisse de l'allocution du Président François Hollande du 14 janvier 2014, de la déclaration du Premier ministre Jean-Marc Ayrault quelques jours plus tard ou, plus significativement encore, des propos tenus par son successeur Manuel Valls à l'occasion de son discours de politique générale prononcé le 8 avril suivant[12]. Sur ce point, le projet de loi NOTRe du 18 juin 2014[13], dont l'exposé des motifs annonçait l'engagement serein d'un débat « sur les modalités de suppression des conseils départementaux à l'horizon 2020, pour aboutir à une révision constitutionnelle avant cette date », traduisait une véritable volonté éradicatrice des départements de la part du gouvernement. C'était cependant sans compter sur la réaction immédiate et virulente du Sénat et de l'ADF qui, par

7. B. FLEURY, « Le conseiller territorial : le nouvel artisan du couple département-région », *JCP A* 10 janv. 2011, n° 2, p. 43 ; C. TOURET, « L'institution des conseillers territoriaux, un gage de renouveau pour la démocratie représentative locale ? », *RLCT* mars 2012, n° 77, p. 75.
8. J.-Cl. DOUENCE, « Les métropoles », *RFDA* 2011, p. 258 ; M. DEGOFFE, « Les nouvelles formes de regroupement intercommunal », *BJCL* 2011, n° 1, p. 31 ; E. DESCHAMPS, « Métropole et pôle métropolitain dans la loi du 16 décembre 2010 de réforme des collectivités territoriales », *AJDA* 2011, p. 1128 ; I. MULLER-QUOY, « La métropole : contours juridiques », *in* J.-Cl. NÉMERY (dir.), *Quelles nouvelles réformes pour les collectivités territoriales ?*, L'Harmattan, coll. « GRALE », 2010, p. 165 ; J. FIALAIRE, « Quelles perspectives pour les métropoles ? », *in ibid.*, p. 175.
9. Voir notre contribution, « Les compétences métropolitaines, une remise en question du rôle joué par les collectivités territoriales dans la conduite de l'action publique locale ? », *JCP A* 10 janv. 2011, n° 2, p. 36.
10. Voir *infra* I, B.
11. Voir *infra* II, B.
12. Sur la question, voir S. DENAJA, « Le département, de la résistance à la résilience », *op. cit.*, p. 24.
13. *JOS, Doc. Parl.* 18 juin 2014, n° 636.

un *lobbying* pour le moins efficace, réussit à rallier l'AMF ou encore certains préfets de département à sa cause et à faire entendre celle-ci auprès des radicaux de gauche du gouvernement de l'époque. De la même manière, la réduction à 13 du nombre des régions métropolitaines françaises par la loi n° 2015-29 du 16 janvier 2015 a été opérée dans l'objectif de renforcer l'attractivité et la compétitivité de ces dernières vis-à-vis de leurs homologues européennes, ainsi que dans la (vaine) perspective de réaliser des gains d'efficience en termes de dépense publique locale. Elle plaidait d'une certaine façon en faveur du nécessaire maintien des départements au titre d'échelon territorial intermédiaire entre des régions « XXL » et des communes toujours aussi nombreuses[14]. En outre, la tenue en mars 2015 des premières élections des conseillers départementaux, sur la base du système électif dernièrement réformé par la loi précitée du 17 mai 2013 en vue de promouvoir une véritable parité hommes/femmes au sein des assemblées départementales, a également contribué à une forme de re-légitimation des départements. Elle aurait dès lors rendu d'autant plus incertaine l'issue d'un éventuel et lourd processus de révision constitutionnelle, compte tenu de l'article 72 alinéa 1er de la Constitution, qu'il aurait fallu inévitablement engager en vue de leur suppression parmi les différentes catégories de collectivités territoriales[15]. De surcroît, le franchissement de l'obstacle constitutionnel aurait ensuite cédé le pas à une autre difficulté de taille tenant à la redistribution ultérieure des compétences départementales, notamment celles sociales, que ni les autres catégories de collectivités territoriales, ni les EPCI à fiscalité propre, métropoles comprises, ne souhaitaient véritablement récupérer pour des considérations principalement financières[16].

Ainsi adoptée sous un climat de forte controverse autour de la disparition catégorielle des départements au sein des collectivités territoriales de la République, la loi NOTRe n° 2015-991 du 7 août 2015 ne mit aucunement fin aux nombreuses discussions en la matière, laissant ainsi entière la question de l'avenir institutionnel de ces derniers malgré leurs qualificatifs de « grand(s) miraculé(s) »[17] ou « de rescapés »[18] des réformes opérées par ce texte. Si, à leur lecture, ses dispositions « ne permett[aient] pas véritablement d'envisager une disparition du département

14. M.-Ch. Steckel-Assouère, « Loi 3Ds : le retour de l'État départemental ? », *AJCT* 2022, p. 248.
15. Y. Goutal et M. Idrissi, « Le département : un avenir à réinventer ? », *AJCT* 2014, p. 423.
16. N. Ferreira, « Départements et métropoles : les départements ne veulent pas disparaître… », *AJCT* 2019, p. 318.
17. M. Long, « Le département après la loi NOTRe, un acte de décès non transformé », *AJDA* 2015, p. 1912.
18. M. Guillou, « Publication de la loi NOTRe : clap de fin pour la réforme territoriale ? », *AJCT* 2015, p. 416.

à moyen terme »[19], elles n'invitaient pas davantage à écarter complètement une telle hypothèse. Victimes d'une forme de dépeçage ou de dévitalisation en règle qui aurait pu faire office de prélude à leur disparition ultérieure par voie constitutionnelle[20], les départements ont en effet été notablement affaiblis par la loi précitée sur un plan opérationnel *via* le siphonnage de leurs compétences (I). Se présentant ainsi comme des collectivités (plus ou moins) sursitaires au lendemain de ce dernier texte[21], ils sont néanmoins sortis depuis lors quelque peu revigorés et renouvelés sous plusieurs rapports (II).

I. Des collectivités notablement affaiblies sur le plan opérationnel par la loi NOTRe

La loi NOTRe s'est soldée à un double titre par un net recul des départements dans la sphère de l'action publique locale avec, d'un côté, la privation sous maigres concessions de leur clause de compétence générale (A) et, de l'autre, leur mise en retrait dans le champ des compétences d'attribution (B).

A. La privation des départements sous maigres concessions de leur clause de compétence générale

Avec la suppression de la clause de compétence générale des départements, commandée par l'objectif de « clarifier l'exercice des compétences et de répartir plus efficacement les interventions publiques dans un contexte marqué par l'effort nécessaire et inédit de redressement des comptes publics »[22], la loi NOTRe a mis fin à une « (mauvaise) pièce de théâtre » jouée en trois actes de 2010 à 2015[23]. En enfermant la vocation de leurs conseils à délibérer « dans les domaines de compétence que la loi [leur attribuait] » respectivement[24], la loi RCT du 16 décembre 2010 avait fortement accentué le mouvement de spécialisation des départements et des régions, désormais cantonnés par principe dans l'exercice exclusif de compétences

19. V. DONIER, « Les départements et les compétences sociales », *RFDA* 2016, p. 474.
20. M. VERPEAUX, « La loi NOTRe dans son contexte », *op. cit.*, p. 671 ; Y. GOUTAL, M. IDRISSI, « Le département : un avenir à réinventer ? », *op. cit.*, p. 423.
21. H. PAULIAT, « Le département peut-il encore rêver d'avenir ? », *RDP* 2015, p. 1229 ; O. GOHIN, « Rapport de synthèse », *in Quel avenir pour les départements ?*, LGDJ, 2017, p. 95 ; D. ESPAGNO-ABADIE, « Le département à l'heure des grandes régions », *Pouvoirs locaux* IV/2019, n° 116, p. 51.
22. Rapport des sénateurs J.-J. Hyest et R. Vandierendonck, *JOS, Doc. Parl.* 10 déc. 2014, n° 174, p. 162.
23. J.-M. PONTIER, « Pour le retour de la clause de compétence générale », *Pouvoirs locaux* I/2020, n° 117, p. 25.
24. Art. L. 3211-1, al. 1er et L. 4231-1, al. 1er du CGCT.

d'attribution. Un aménagement de taille avait néanmoins été introduit avec la possibilité offerte aux assemblées locales visées de se saisir, par délibération spécialement motivée, de tout objet d'intérêt départemental ou régional pour lequel la loi n'avait donné compétence à aucune autre personne publique[25]. Cette faculté laissée aux départements et aux régions de déborder sous conditions du strict cadre de leurs compétences d'attribution et de conserver ainsi une certaine capacité d'initiative au-delà de ces dernières laissa une doctrine pour le moins dubitative[26] et divisée sur la question de savoir si le législateur avait ici fait disparaître la clause de compétence générale[27] ou si, loin de lui l'intention de la supprimer[28], il avait plutôt cherché à limiter ou à adapter, voire à réécrire ou reformuler[29] une telle clause. C'est pourquoi le « rétablissement » de celle-ci pour reprendre le terme employé dans la loi MAPTAM sonnait en quelque sorte comme un « faux retour », plus symbolique qu'autre chose[30]. De nouveau validé par le Conseil constitutionnel[31], l'enterrement (définitif?) et cette fois-ci sans discussion possible de la clause de compétence générale des départements et des régions est donc venu, dans l'intention tout du moins, de la loi NOTRe. Pour éviter toute ambiguïté, le législateur a en effet reproduit à l'identique la formule originellement issue de la loi RCT tout en retranchant de celle-ci toute référence à l'intérêt départemental

---

25. C'est d'ailleurs pour ce motif notamment que, dans sa décision n° 2010-618 DC du 9 déc. 2010, le Conseil constitutionnel s'est refusé à censurer les dispositions de la loi RCT « supprimant » la clause de compétence générale des départements et des régions.

26. J.-Cl. DOUENCE, « La spécialisation des compétences », *in* J.-C. NÉMERY, *Quelles nouvelles réformes pour les collectivités territoriales françaises ?*, *op. cit.*, p. 243 ; J.-M. PONTIER, « *Requiem* pour une clause générale de compétence ? », *JCP A* janv. 2011, n° 2, p. 52 ; « La nouvelle répartition des compétences : entre rupture et continuité », *RLCT* 2012, n° 77, p. 87 et s.

27. L. JANICOT, « Les collectivités territoriales, une définition doctrinale menacée ? », *RFDA* 2011, p. 227 ; B. PERRIN, « Réforme des collectivités territoriales, une autre décentralisation », *RA* 2011, n° 379, p. 70.

28. M. VERPEAUX, « Quelle répartition des compétences entre les différentes collectivités ? », *Cahiers français « Trente ans de décentralisation »* mai-juin 2011, p. 39 ; V. DONIER, « Les clairs-obscurs de la répartition des compétences », *AJDA* 2011, p. 92 ; N. DANTONEL-COR, « La clause générale de compétence depuis la réforme du 16 décembre 2010 : le changement dans la continuité », *DA* déc. 2011, p. 17.

29. B. FAURE, « La nouvelle compétence générale des départements et des régions », *RFDA* 2011, p. 240 ; J.-F. BRISSON, « La loi portant réforme territoriale ou le droit des collectivités territoriales en miettes », *DA* mars 2011, p. 12.

30. Voir en ce sens J.-M. PONTIER, « Le vrai-faux retour de la clause générale de compétence », *JCP A* 24 févr. 2014, n° 8, p. 27.

31. Cons. const. 16 sept. 2016, n° 2016-565 QPC, *Clause de compétence générale des départements*, *JORF* 18 sept. 2016, texte n° 37.

et régional susceptible de légitimer aux yeux du juge administratif l'intervention des deux collectivités sur ce fondement[32]. Seule concession faite ici par le législateur aux départements au titre de la solidarité territoriale, ceux-ci ont conservé la possibilité de contribuer au financement des projets des communes ou de leurs groupements à la demande de ces derniers et non plus de leur propre initiative[33]. Par le maintien d'une telle faculté, dans laquelle certains ont vu un exemple de résilience de la clause de compétence générale des départements[34], il s'agissait de veiller à « ne pas mettre à mal les initiatives existantes » tout en renforçant les exigences tirées du principe d'interdiction de toute tutelle d'une collectivité sur une autre[35]. Dans le même ordre d'idée, certaines interrogations étaient permises eu égard à l'insertion, dans l'article L. 3211-1 du CGCT, de deux alinéas donnant respectivement compétence au département pour, d'une part, « mettre en œuvre toute aide ou action relative à la prévention ou à la prise en charge des situations de fragilité, au développement social, à l'accueil des jeunes enfants et à l'autonomie des personnes [ainsi que] pour faciliter l'accès aux droits et aux services des publics dont il a la charge »[36] et pour, d'autre part, « promouvoir les solidarités et la cohésion territoriale sur le territoire départemental, dans le respect de l'intégrité, de l'autonomie et des attributions des régions et des communes »[37]. Procédant tout à la fois d'un recentrage de ses missions et d'une confirmation de son rôle de chef de file octroyé par la loi MAPTAM s'agissant de la solidarité humaine[38] et territoriale[39], ces dispositions ont pu être interprétées comme la reconnaissance au

32. M. DOAT, « De la suppression de la clause générale de compétence… des caprices de la décentralisation », *Pouvoirs locaux* I/2017, n° 109, p. 115.

33. Art. 94; art. L. 1111-10, I du CGCT.

34. J. FIALAIRE, « La répartition des compétences entre État et collectivités territoriales dans l'éducation, la culture et les sports », *RFAP* 2015, n° 156, p. 1065.

35. V. DONIER, « Loi NOTRe : les solidarités territoriales et humaines », *AJCT* 2015, p. 571.

36. Art. L. 3211-1, al. 2 du CGCT. Illustration concrète d'une telle disposition, la loi NOTRe imposa en son article 98 l'établissement, sur le territoire de chaque département, d'un schéma départemental d'amélioration de l'accessibilité des services publics, ici élaboré conjointement par l'État et le département.

37. Art. L. 3211-1, al. 3 du CGCT.

38. Action sociale, développement social, contribution à la résorption de la précarité énergétique, autonomie des personnes.

39. Art. L. 1111-9, III du CGCT.

profit du département d'une « clause de compétence spéciale »[40] ou d'une compétence de droit commun[41] en matière d'action sociale, voire la préfiguration sous un nouveau visage d'une clause générale de compétence[42] pourtant portée disparue.

B. La mise en retrait des départements dans le champ de nombreuses compétences d'attribution

S'ils ont pu au final conserver certaines de leurs compétences d'attribution vouées à leur échapper dans le cadre du projet initial de loi NOTRe[43], les départements ont néanmoins été les grands perdants de la réforme opérée, que ce soit vis-à-vis des régions ou, dans une moindre mesure, des métropoles.

Leurs capacités d'intervention ont en effet été considérablement réduites dans plusieurs secteurs phares de l'action publique locale. Ainsi, le texte final a formalisé un (quasi-)effacement des collectivités départementales en matière de développement économique[44] en les écartant dans une très large mesure du processus d'élaboration et de mise en œuvre par la région du schéma régional de développement économique, d'innovation et d'internationalisation nouvellement institué[45]. À cela s'ajoutait désormais l'impossibilité pour les départements de participer au financement des aides aux entreprises par voie de convention passée avec la région si ce n'est, au moyen de subventions et à titre complémentaire des aides régionales, dans le cas d'organisations de producteurs et d'entreprises exerçant une activité de production, de commercialisation ou de transformation de produits agricoles, forestiers, halieutiques et aquacoles. Concernant enfin l'octroi d'aides à l'immobilier d'entreprises, il s'agissait d'une compétence appartenant désormais aux seuls communes, EPCI à fiscalité propre et Métropole de Lyon que les départements ne pouvaient exercer plus que par voie de délégation de la part de ces derniers[46]. De la même manière, *via* son transfert opéré en direction des

---

40. S. DEFIX, « La spécialisation des compétences du département », *JCP A* 21 sept. 2015, n° 38-39, p. 69.
41. V. DONIER, « Les départements et les compétences sociales », *op. cit.*, p. 474.
42. M. DOAT, « De la suppression de la clause générale de compétence… des caprices de la décentralisation », *op. cit.*, p. 115.
43. Notamment ici la gestion des collèges et de plusieurs milliers de kilomètres de routes départementales.
44. G. MARCOU, « Développement économique : la région, chef de file ? », *RFAP* 2015, n° 156, p. 1037.
45. G. LE CHATELIER, « Le développement économique : un peu d'ordre dans les compétences », *AJCT* 2015, p. 556.
46. M. IDRISSI, « Départements et développement économique : que peuvent-ils (encore) entreprendre ? », *AJCT* 2019, p. 322.

régions, les départements ont été largement délestés de leur compétence « mobilité » avec au premier plan l'organisation des services publics de transports routiers interurbains et de transports scolaires. Le législateur ne les a cependant pas privés complètement de cette dernière compétence en permettant aux régions de leur en déléguer l'exercice par voie conventionnelle comme à toute autre collectivité territoriale. De plus et surtout, en raison de leur vocation sociale première et de leurs compétences ici en matière de handicap, les départements ont conservé l'organisation et le fonctionnement des services de transport spécial des élèves handicapés vers les établissements scolaires[47]. Ils ont pour le reste également dû concéder la compétence portant sur la construction, l'aménagement et l'exploitation des gares routières au profit des régions qui ont en outre bénéficié, dans les dix-huit mois suivant la publication de la loi NOTRe, du transfert de la propriété, l'aménagement, l'entretien et la gestion des infrastructures de transports non urbains de personnes et de marchandises ferrés ou guidés d'intérêt local exploités par les départements à des fins de transport, et de l'ensemble de leurs biens afférents. En revanche, la voirie départementale ayant finalement été maintenue dans le giron des départements, ces derniers sont par ricochet demeurés compétents pour ce qui concerne la gestion des infrastructures nécessaires à l'exécution des services de transports routiers[48]. Dans le domaine environnemental enfin, la compétence stratégique en matière de gestion des déchets, qui était jusqu'alors répartie à l'échelle locale entre les régions (déchets dangereux et assimilés) et les départements (déchets ménagers), a été transférée aux premières ainsi chargées d'établir pour chacune un plan régional de prévention et de gestion des déchets dangereux[49].

Par ailleurs, les départements se sont vus enfermés à plusieurs titres par la loi NOTRe dans un champ d'action nettement plus concurrentiel qu'auparavant. Ainsi, nombre de compétences ont été qualifiées de « partagées » par exception à l'inapplicable principe législatif de répartition des compétences par blocs appartenant de manière entière et exclusive à l'État ou à une catégorie déterminée de collectivité territoriale. Sur ce point, tout en reprenant la trilogie « culture, sport et tourisme » originellement consacrée en son article 73 par la loi du 16 décembre 2010[50], le législateur a également intégré au sein des compétences partagées celles portant

---

47. E. ROUX, « La compétence "mobilité" : des transferts au goût inachevé », *AJCT* 2015, p. 568.
48. A. RAMEL et A. ADERNO, « Loi NOTRe et transports publics », *JCP A* 21 sept. 2015, n° 38-39, p. 33.
49. Art. L. 541-13 et L. 541-14 du C. env.
50. J.-M. PONTIER, « Solidarités et égalité des territoires », *JCP A* 21 sept. 2015, n° 38-39, p. 75 ; A. SEVINO, « Loi NOTRe et organisation territoriale du tourisme », *JCP A* 21 sept. 2015, n° 38-39, p. 75.

respectivement sur la promotion des langues régionales et sur l'éducation populaire[51]. En outre, bien que leur rôle et, corrélativement, leur légitimité ont été réaffirmés et même confortés dans le domaine social, les départements ont parallèlement vu leur hégémonie davantage disputée et concurrencée par les métropoles en ce domaine[52]. Dans la continuité du mouvement de consolidation des compétences métropolitaines engagé par la loi MAPTAM, la loi NOTRe a instauré un dispositif plus contraignant pour les départements en établissant une liste de neuf groupes de compétences, dont six de nature sociale et trois d'autres ordres[53], et en imposant qu'au moins trois groupes desdites compétences fassent l'objet d'une convention passée avant le 1er avril 2017 par le département avec la métropole en vue de leur exercice en tout ou partie par la seconde à l'intérieur de son périmètre et en lieu et place du premier[54]. À défaut de convention passée avant le 1er janvier 2017 sur au moins trois des huit premiers groupes de compétences mentionnés entre le département et la métropole, les sept premiers d'entre eux seraient alors transférés de plein droit et dans leur intégralité à cette dernière. Cependant, en laissant le choix aux deux partenaires d'opter pour le transfert ou la délégation, le législateur a introduit un élément de souplesse permettant au département de demeurer titulaire de certaines ou de la totalité de ses compétences *via* le recours à la seconde option. Pour autant, et bien que s'inscrivant dans une logique de différenciation, ce mécanisme de répartition à la carte des compétences entre les départements et les métropoles n'en annonçait pas moins une relégation (certes variable) de ces derniers sur la scène publique locale et, plus particulièrement, une métropolisation de l'action sociale[55] qui demeura finalement limitée[56].

---

51. Art. L. 1111-4, al. 2 du CGCT.
52. V. DONIER, « L'avenir de la décentralisation de l'action sociale », *RFAP* 2015, n° 156, p. 1056.
53. Tourisme, gestion des collèges, gestion de la voirie routière départementale.
54. Art. L. 5217-2, IV du CGCT.
55. R. LAFORE, « La métropolisation de l'action sociale », *RDSS* 2015, p. 525.
56. Avec principalement des délégations ou des transferts de compétences portant sur la gestion de dispositifs financiers sociaux (Fonds de solidarité logement, Fonds d'aide aux jeunes) plutôt que sur la prise en charge d'actions ou de politiques sociales : N. FERREIRA, « Départements et métropoles : les départements ne veulent pas disparaître », *op. cit.*, p. 318 ; A. GILLOUARD, F. PÉRINET, E. TERRIER, « Département et action sociale : de quoi le chef de filât est-il le nom ? », *Pouvoirs locaux* II/2019, n° 114, p. 82.

II. Des collectivités partiellement revigorées et renouvelées depuis la loi NOTRe

Fortement malmenés par la loi NOTRe, les départements ont depuis lors retrouvé une certaine vigueur *via* l'affermissement de leur rôle social et l'élargissement de leurs possibilités d'action dans de multiples secteurs (A). De la même manière, leur maintien différencié au sein de l'organisation territoriale française les a fait apparaître sous un jour (relativement) nouveau (B).

A. La consolidation de la vocation sociale des départements parallèlement à l'élargissement multisectoriel de leur action

Durant ces dix dernières années, la vocation sociale des départements n'a eu de cesse de se renforcer *via* la confirmation et/ou l'élargissement législatif de leurs compétences. Ce fut d'abord le cas avec les lois n° 2016-276 du 14 mars 2016 et n° 2022-140 du 7 février 2022 respectivement relatives à la protection « de l'enfance » et « des enfants », et de celle n° 2015-1776 du 28 décembre 2015 relative à l'adaptation de la société au vieillissement. Plus récemment, la loi n° 2024-317 du 8 avril 2024 portant mesures pour bâtir la société du bien vieillir et de l'autonomie a davantage encore donné corps au rôle central des collectivités départementales en matière sociale avec l'institution du service public départemental de l'autonomie ayant vu le jour dans le cadre d'une expérimentation précédente[57] et dont pilotage est assuré par ces dernières[58]. De son côté, dans le prolongement des compétences départementales relatives au soutien des personnes handicapées et des personnes âgées, la loi 3Ds n° 2022-217 du 21 février 2022 a confié au président du conseil départemental un rôle de coordonnateur du développement de l'habitat inclusif et d'adaptation des logements au vieillissement de la population[59]. Par-delà cette reconnaissance législative d'une sorte de chef de filât départemental[60], l'affermissement du rôle social du département a en outre été opéré par la loi précitée avec l'obligation de détachement au sein de la fonction publique territoriale des

57. P. VILLENEUVE, « La loi "Bien vieillir" ou la départementalisation inaboutie de la prévention de la perte d'autonomie », *AJCT* 2024, p. 532.

58. Art. L. 149-6 du CASF.

59. Art. L. 3211-1, al. 5 du CGCT.

60. P. VILLENEUVE, « Politique de santé et cohésion sociale, une décentralisation en trompe-l'œil », *JCP A* 11 avr. 2022, n° 14, p. 2112.

agents de la fonction publique hospitalière exerçant les fonctions de directeurs des établissements relevant des services départementaux de l'aide sociale à l'enfance et des maisons d'enfants à caractère social[61].

Parallèlement, le législateur a organisé un certain retour de l'État dans le champ de l'action sociale[62]. Au-delà des lois organique et ordinaire n° 2020-991 et n° 2020-992 du 7 août 2020 ayant créé avec l'autonomie une branche supplémentaire au sein du régime général de sécurité sociale, la loi précitée du 7 février 2022 a inscrit le pilotage de la protection de l'enfance dans un processus de « recentralisation rampante »[63] caractérisant sous certains aspects un recul du département en sa qualité de « garant de la convergence des interventions sociales »[64] : d'abord en chargeant l'État de coordonner ses missions avec celles exercées par les collectivités territoriales, « dont notamment les départements », ainsi que de promouvoir la coopération entre l'ensemble des administrations et des organismes participant à une telle protection[65] ; ensuite *via* la création d'un groupement d'intérêt public chargé de contribuer à l'animation, la coordination et la cohérence des pratiques sur l'ensemble du territoire national s'agissant de l'adoption[66]. Par ailleurs, étendant le périmètre de l'expérimentation précédemment lancée dans certaines collectivités ultramarines en vue d'une éventuelle recentralisation du RSA, le législateur a offert à l'ensemble des départements métropolitains la possibilité de solliciter la reprise provisoire par l'État de la gestion administrative et du financement d'une prestation toujours plus coûteuse[67]. S'il s'agissait pour les départements volontaires, peu nombreux au demeurant[68], de sortir quelque peu de l'asphyxie budgétaire afin de pouvoir dégager des marges financières susceptibles d'être réinvesties dans

61. Art. 143.
62. V. DONIER, « La santé et les compétences sociales », *RFDA* 2022, p. 432 ; M. LONG, « La loi 3Ds : la fin du département providence ? », *RDSS* 2022, p. 412.
63. M. LONG, « Le département et la protection de l'enfance », *RDSS* 2025, p. 29.
64. A. GILLOUARD, F. PÉRINET, E. TERRIER, « Département et action sociale : de quoi le chef de filât est-il le nom ? », *op. cit.*, p. 82.
65. Art. L. 121-10 du CASF.
66. Art. L. 147-14 du CASF.
67. Loi n° 2021-1900 du 30 déc. 2021 de finances pour 2022 (art. 43) ; Loi préc. n° 2022-217 (art. 132). Voir notamment notre contribution, « Le renforcement de l'action départementale et régionale à la lumière des réformes de la loi 3Ds », *JCP A* 3 avr. 2022, n° 13, p. 36.
68. Seine-Saint-Denis, Pyrénées-Orientales, Ariège.

d'autres secteurs de l'action sociale, les résultats probants de l'évaluation réalisée à mi-parcours de l'expérimentation lancée ne préjugent pour autant en rien de l'issue de cette dernière[69].

Pour le reste, en dehors de celles relevant du champ social, d'autres compétences départementales inscrites à l'article L. 3211-1 du CGCT ont été renforcées ou confirmées par la loi 3Ds, qu'il s'agisse de la promotion de la solidarité territoriale *via* l'obligation pour chaque département d'élaborer en ce domaine un schéma départemental sur son territoire[70] ou de l'accès aux soins de proximité[71] avec la faculté pour la même collectivité, en vue de soutenir un tel accès, de contribuer aux opérations d'investissement des établissements de santé ou encore de recruter des professionnels de santé dans un centre de santé dont elle assure la gestion. Leur liste a été élargie par la même loi qui a reconnu (ou tout du moins entériné) dans le texte la compétence des départements pour contribuer à la politique de sécurité sanitaire dans les conditions prévues à l'article L. 201-10-1 du Code rural et de la pêche maritime[72]. Pour autant, les avancées qu'ont connues les possibilités d'intervention départementale à l'occasion de ce texte sont bien plus nombreuses et diverses[73] dans la mesure où elles ont également touché les matières éducative[74], environnementale[75] et routière[76]. D'autres relèvent en revanche de conquêtes encore incertaines, à l'image de la médecine scolaire pour laquelle la loi 3Ds s'est réduite à l'annonce de la remise future au Parlement d'un rapport gouvernemental sur un

---

69. Sur la question, voir le rapport des sénateurs Arnaud Bazin et Éric Bocquet, *JOS*, *Doc. Parl.* 24 sept. 2024, nº 771.

70. Art. L. 3211-1-1 du CGCT.

71. Accès qui pouvait déjà faire l'objet de dispositions dans le cadre du schéma départemental d'amélioration de l'accessibilité des services publics prévu par la loi NOTRe.

72. Art. L. 3211-1, al. 4 du CGCT.

73. Pour un aperçu d'ensemble en la matière, voir notamment M.-Ch. STECKEL-ASSOUÈRE, « Loi 3Ds : le retour de l'État départemental ? », *op. cit.*, p. 248 ; A. VIOLA, « Les départements dans la loi 3Ds : des évolutions sans surprise », *Pouvoirs locaux* 11/2022, p. 119.

74. Octroi au président de département, pour l'exercice de ses missions extra-pédagogiques, d'une autorité fonctionnelle exercée sur les gestionnaires de collèges (art. 145).

75. Faculté pour le département de contribuer au processus de désignation d'un site Natura 2000 (art. L. 414-1, III du C. env.).

76. Transfert de l'État au département, sur la base du volontariat, d'une portion du domaine public routier national non concédé (art. 38) ; possibilité pour la collectivité départementale de procéder sous conditions à l'installation de radars automatiques de contrôle des règles de sécurité routière (art. L. 130-9, al. 5. du C. route).

éventuel transfert de compétence de la part de l'État, avec pour issue l'adoption par le Sénat le 20 mars 2024 d'une proposition de loi visant à transférer ce service par voie expérimentale aux départements volontaires[77].

B. Le maintien différencié du département au sein de l'organisation territoriale française

Si le spectre d'une éventuelle suppression de la catégorie des départements au sein des collectivités de la République semble aujourd'hui bien lointain, certains d'entre eux ont néanmoins été les victimes (souvent consentantes il est vrai) de réformes territoriales opérées au nom de la différenciation et dans le cadre de procédures de fusion[78] ou de mécanismes d'absorption prévus par la loi. Il est vrai que, d'une manière générale, les départements ont (pour l'instant) largement échappé au processus de métropolisation inauguré à leur encontre par la loi MAPTAM[79] *via* la création de la Métropole de Lyon sous le statut d'une collectivité à statut particulier substituée à la communauté urbaine de Lyon et, pour la partie de son territoire située sur le périmètre de celle-ci, au département du Rhône[80]. Pour le reste en effet, les velléités sacrificielles des départements sur l'autel des métropoles ont jusque-là été toutes repoussées grâce à la résistance farouche des élus locaux, à l'image de la disparition, soutenue par le préfet d'Île-de-France dans un rapport présenté en 2017, des départements franciliens de la petite couronne en vue de simplifier l'organisation de la Métropole du Grand Paris, ou du projet porté par le Président de la République en 2018 de créer sur le modèle lyonnais des « départements-métropoles » dans les cas d'Aix-Marseille-Provence, Bordeaux, Lille, Nantes, Nice et Toulouse. À l'inverse, nombre de départements ont disparu par suite de l'institution législative d'une collectivité à statut particulier, avec la création, au 1er janvier 2018, de la collectivité de Corse en lieu et place de la collectivité territoriale de Corse et des départements de Corse-du-Sud et de Haute-Corse[81], ainsi que de celle de la

77. *JOS, Doc. Parl.*, texte n° 94.
78. Art. L.3114-1 du CGCT (fusion de deux ou plusieurs départements) et L.4124-1 du CGCT (fusion d'une région métropolitaine et des départements qui la composent en vue de former une collectivité unique à statut particulier exerçant leurs compétences respectives).
79. Fl. CROUZATIER-DURAND, « La place du département dans la France intercommunale. Vers des collectivités départementales ? », *Pouvoirs locaux* IV/2019, n° 116, p. 32.
80. Art. L.3611-1 du CGCT ; G. LE CHATELIER, « La Métropole de Lyon », *AJCT* 2014, p. 241 ; L. HAVARD, « La métropole collectivité territoriale de Lyon : évolution ou révolution ? », *AJDA* 2017, p. 510.
81. Art. L.4421-1 du CGCT ; M. DOUENCE, « La Corse », *RFDA* 2016, p. 645 ; S. DYENS, « La collectivité de Corse, simple statut particulier ou préfiguration d'une nouvelle organisation territoriale ? », *AJCT* 2016, p. 258.

Ville de Paris ayant succédé, au 1er janvier 2019, à la commune et au département de Paris[82]. Pour d'autres, leur disparition en qualité de collectivités territoriales a été le fait d'une fusion opérée sur le fondement de l'article L. 3114-1 du CGCT. Il en a été ainsi pour les départements du Bas-Rhin et du Haut-Rhin, ayant cédé leur place au 1er janvier 2021 à la Collectivité européenne d'Alsace[83] dont la création, actée par la loi nº 2019-816 du 2 août 2019, a été guidée par la préoccupation des pouvoirs publics de préserver une véritable identité alsacienne suite à la naissance quatre ans plus tôt de la région du Grand Est par fusion des régions de l'Alsace, de la Champagne-Ardenne et de la Lorraine. Obéissant dans une large mesure au droit commun de l'administration départementale en dépit de sa dénomination et de plusieurs singularités notables concernant son organisation et ses compétences[84], la collectivité nouvellement créée demeure ainsi un département que l'on pourrait qualifier d'adapté, voire de *sui generis*. Sans connaître (jusqu'à présent) la même fin heureuse, d'autres projets analogues ont vu le jour, comme celui concernant le regroupement des départements des Hauts-de-Seine et des Yvelines dont les assemblées respectives avaient pourtant procédé au rapprochement par la création d'un EPCI puis le transfert à celui-ci d'un certain nombre de compétences[85]. Malgré une issue différente, ces deux derniers exemples de fusion départementale destinée à la création d'un « super-département » doté d'une identité très forte témoignaient de la volonté de certains départements d'affirmer leur spécificité[86] en réaction à la montée en puissance des régions et des métropoles, orchestrée par le législateur en 2014 et 2015. La dimension européenne et urbaine nettement marquée de ces deux mastodontes a certes contribué à brouiller quelque peu l'image des départements, dès lors moins perçus « comme un échelon stratégique de l'action publique locale qu'un territoire de gestion opérationnelle coincé dans

82. Art. L. 2512-1 du CGCT ; M. VERPEAUX, « Paris entre droit commun et collectivité à statut particulier », *RFDA* 2017, p. 619 ; L. JANICOT, « La ville de Paris, une nouvelle collectivité à statut particulier », *AJDA* 2017, p. 1038.

83. L. JANICOT, M. VERPEAUX, « La collectivité européenne d'Alsace ou les fruits d'un non-choix », *AJDA* 2019, p. 2236 ; O. GOHIN, « La collectivité européenne d'Alsace (loi du 2 août 2019) », *RFDA* 2020, p. 8 ; J.-L. DREYFUS, « La collectivité européenne d'Alsace : une collectivité singulière », *AJCT* 2022, p. 363.

84. Art. L. 3431-2 à L. 3431-8 du CGCT.

85. Voir ici A. VIOLA, « Quel avenir pour le département français ? », *op. cit.*, p. 24.

86. N. FERREIRA, « Départements et métropoles : les départements ne veulent pas disparaître… », *op. cit.*, p. 318.

des exigences diverses allant de l'État aux structures intercommunales »[87]. Elle a néanmoins conforté dans un sens la légitimité et la place de ces derniers au sein de l'organisation territoriale française en les faisant davantage apparaître comme des collectivités de proximité[88] demeurant, « dans un univers rural, une échelle d'action adaptée [… et] mieux admise par les citoyens »[89], tout particulièrement au titre de la solidarité humaine et territoriale.

Au demeurant, les diverses péripéties vécues par les départements au cours de ces dernières années tendent à montrer, s'il en était encore besoin, que la vie n'a pas été un long fleuve tranquille pour des collectivités souvent contraintes à se mobiliser et à s'adapter, voire à se réinventer pour continuer à exister tant sur le plan institutionnel qu'opérationnel. Elles interrogent de surcroît sur la pertinence et l'avenir du modèle classique et uniforme sur lequel demeure bâtie une majorité de départements métropolitains pourtant confrontés à des réalités très diverses. Sur ce point, les possibilités offertes par les textes en matière de différenciation mériteraient d'être mieux exploitées, que ce soit par la voie de l'expérimentation[90] ou du récent pouvoir départemental de proposition en matière de modification ou d'adaptation des dispositions nationales régissant l'organisation, le fonctionnement ou les compétences d'un ou de plusieurs départements[91].

87. M. LONG, « Le département après la loi NOTRe, un acte de décès non transformé », *op. cit.*, p. 1912.
88. D. ESPAGNO-ABADIE, « Le département à l'heure des grandes régions », *op. cit.*, p. 51.
89. Y. GOUTAL et M. IDRISSI, « Le département : un avenir à réinventer ? », *op. cit.*, p. 423.
90. Art. 37-1 et 72, al. 4 de la Const. ; Art. LO 1113-1 à LO 1113-7 du CGCT.
91. Art. L. 3211-3 du CGCT.

LE PARTAGE DES COMPÉTENCES ENTRE COLLECTIVITÉS TERRITORIALES DANS LE CADRE DE LA LOI NOTRe QUEL BILAN ?

Urbain NGAMPIO-OBÉLÉ-BÉLÉ

Maître de conférences HDR en droit public
Centre de recherches administratives – CRA (EA 893)
Aix-Marseille Université

Depuis l'acte I de la décentralisation (1982), les transferts de compétences entre l'État et les collectivités constituent inévitablement un processus long et interminable. Et ce processus n'est pas près de s'arrêter. Les transferts de compétences entre l'État et les collectivités territoriales sont nombreux et variés. En effet, les régions, les départements et les communes ont bénéficié de nombreux transferts de compétences venant de l'État. La nouvelle collectivité territoriale régionale créée tout juste après les premières lois relatives à la décentralisation n'a cessé d'être bénéficiaire de transferts de compétences dans de nombreux domaines[1].

En France, comme dans la plupart des États européens, « la décentralisation est une réalité »[2] que l'on ne peut ni contester ni nier. Elle est devenue effective. Et l'existence des collectivités territoriales aux côtés de l'État a dû être conciliée avec le principe de l'unité.

Aujourd'hui, l'État seul ne peut plus prendre en charge l'organisation et la gestion de toutes les activités administratives sur le plan local. Il a été amené à transférer certaines de ses compétences à des collectivités territoriales. La décentralisation est aussi une forme de reconnaissance de l'autonomie administrative et financière à des collectivités territoriales. Plus précisément, « la décentralisation a pour objet d'assurer les libertés locales ou territoriales [...] »[3].

1. J.-M. PONTIER, « Les nouvelles compétences de la région », *AJDA* 2004, p. 1968.
2. J.-M. PONTIER, « La décentralisation et le temps », *RDP*, n° 5, 1991, p. 1217.
3. F. LUCHAIRE, « Les fondements constitutionnels de la décentralisation », *RDP*, n° 6, 1982, 1545.

Juridiquement, « la décentralisation se caractérise d'abord par des transferts de compétences de l'État aux collectivités territoriales »[4]. Il est évident que l'on ne peut parler véritablement de décentralisation dans le cadre d'un État unitaire sans un transfert de compétences au profit des entités décentralisées, c'est-à-dire à des collectivités territoriales.

Désormais, les transferts de compétences concernent directement les relations entre les collectivités territoriales. On parle dès lors de compétences partagées ou encore de transferts de compétences entre les différentes collectivités territoriales.

Les compétences partagées concernent directement les relations entre les différentes collectivités territoriales. Or, les transferts de compétences concernent les relations entre l'État et les collectivités territoriales.

Rien n'interdit à des collectivités territoriales de déléguer certaines de leurs compétences à d'autres collectivités territoriales, bien entendu dans le strict respect de la loi, c'est-à-dire dans le respect de la légalité. En effet, toutes les compétences ne peuvent faire l'objet d'un transfert. Et toutes les compétences ne peuvent donner lieu à un partage entre les collectivités territoriales. Seules les activités expressément énumérées par la loi peuvent, soit faire l'objet d'un transfert, soit celui d'un partage de compétences entre les collectivités territoriales.

La loi n° 2015-991 du 7 août 2015 portant nouvelle organisation territoriale de la République, communément appelée « loi NOTRe » contient des dispositions relatives à des transferts de compétences entre les différentes collectivités territoriales. Elle contient aussi des dispositions relatives à des compétences partagées.

Il s'agit de compétences partagées dans le domaine du tourisme, des loisirs, du sport, de la promotion des langues régionales, de la culture et de l'éducation populaire[5]. En effet, le législateur qualifie expressément ces compétences de compétences partagées. Cela voudrait dire que ces compétences ne sont plus exercées par une collectivité territoriale seule mais par toutes les collectivités territoriales. Et ces transferts donnent lieu à des aides financières ou à des subventions.

La loi NOTRe a modifié l'article L. 1111-4 du Code général des collectivités territoriales afin de renforcer la mutualisation des moyens entre les différentes collectivités territoriales dans le domaine de la culture, du tourisme, des langues régionales, de l'éducation populaire et du sport. Désormais, cet article dispose que « les compétences en matière de promotion de l'égalité entre les femmes et les

---

4. J.-M. PONTIER, « Problèmes de compensation : entre les collectivités territoriales, aussi », *AJDA* 2022, p. 530.
5. V. DONIER, « Loi NOTRe – Les solidarités territoriale et humaine », *AJCT* 2015, p. 571.

hommes, de culture, de sport, de tourisme, de promotion des langues régionales et d'éducation populaire sont partagées entre les communes, les départements, les régions et les collectivités à statut particulier ».

L'objectif de la loi NOTRe était de « promouvoir une nouvelle organisation des compétences entre les différents échelons territoriaux »[6]. La question qui se pose aujourd'hui est surtout celle de savoir si cette nouvelle organisation des compétences entre les différentes collectivités territoriales a vraiment atteint les objectifs que le législateur s'était lui-même fixés.

D'autant plus que cette loi est une loi controversée. Une loi critiquée et contestée. Une loi qui, en réalité, n'était pas vraiment nécessaire. Une loi de trop et qui n'a fait qu'alourdir l'inflation législative française.

La question que l'on peut poser est celle de savoir si réellement la loi NOTRe a atteint les objectifs que s'étaient fixés les parlementaires. En d'autres termes, cette loi était-elle vraiment nécessaire ? Les lois adoptées auparavant relatives à la décentralisation ont-elles échoué en matière de transferts de compétences vers les collectivités territoriales ? Quelles sont donc les matières concernées par ces transferts de compétences entre les collectivités territoriales ?

Avant de répondre à toutes ces questions, il convient de souligner que certaines lois adoptées par le Parlement n'ont jamais été appliquées. D'autres n'ont jamais atteint les objectifs fixés. Un ancien président du Sénat avait soutenu l'idée selon laquelle « trop de lois tuent la loi ». À propos de l'inflation législative, la France n'est pas un bon exemple.

On parle même de lois bavardes. De lois inutiles. De lois opportunistes. De lois impopulaires. De lois inintelligibles. De lois politiques. Les critiques ne manquent pas à propos des lois adoptées par le Parlement. L'inflation législative ne cesse d'augmenter. D'où la question de savoir si la loi NOTRe était vraiment utile. Au-delà de ces observations, la loi NOTRe fête aujourd'hui ses dix ans. Dix ans pour quel bilan ou encore dix ans pour quels résultats ?

Au fond, à quoi a servi cette loi ? Cette question est susceptible de se poser, d'une manière générale, à d'autres lois. En effet, « à quoi servent les lois ? »[7] Cette question mérite d'être posée. Elle permet de « s'interroger sur les raisons de

6. V. DONIER, « Les départements et les compétences sociales », *RFDA* 2016, p. 474.
7. J.-M. PONTIER, « À quoi servent les lois ? », *Recueil Dalloz* 2000, p. 57.

l'adoption d'une loi par le législateur »[8]. La loi NOTRe a donné lieu à plusieurs interrogations. Par exemple, « la loi NOTRe : pour quoi faire ? »[9] Toutes ces questions sont légitimes car « la loi NOTRe n'est pas un acte isolé »[10].

Au-delà des ambitions affichées par le législateur, la loi NOTRe a donné lieu à des interprétations divergentes et même à des critiques acerbes. Pour certains auteurs, « non seulement la loi NOTRe n'est pas une bonne loi, mais c'est une loi inopportune, une loi inutile, qu'il faut corriger »[11].

La question de savoir si cette loi a atteint les objectifs fixés par le législateur demeure encore d'actualité. Pour certains parlementaires, le bilan de cette loi semble mitigé. Qu'est-ce que l'on reproche réellement à cette loi ? L'absence d'une véritable étude d'impact ou bien l'absence d'une concertation mûrement réfléchie avant son adoption ?

Après plus de dix ans d'application de la loi NOTRe, entre 2015 et 2025, quel est le bilan que l'on peut tirer de ces transferts de compétences ou de ces compétences partagées ?

Ces transferts de compétences entre collectivités territoriales ont-ils réellement permis d'atteindre les objectifs fixés par le législateur ? Est-ce possible de parler d'un bilan positif, ou négatif, s'agissant de partage de compétences entre les différentes collectivités territoriales ?

En d'autres termes, à quoi ces transferts de compétences entre les différentes collectivités territoriales ont-ils servi ?

Toutes ces questions méritent d'être posées. En effet, après la loi de 1982, plusieurs textes relatifs à des compétences des collectivités territoriales ont été adoptés par le Parlement.

On peut citer la loi n° 83-8 du 7 janvier 1983 relative à la répartition de compétences entre les communes, les départements, les régions et l'État. L'adoption de cette loi était nécessaire afin de répartir de manière claire et précise les compétences entre les différentes collectivités territoriales. Cette loi a été complétée par une autre loi. C'est la loi n° 83-663 du 22 juillet 1983 complétant la loi n° 83-8 du 7 janvier 1983 relative à la répartition de compétences entre les communes, les départements, les régions et l'État.

8. J.-M. PONTIER, *op. cit.*, p. 57.
9. H. PAULIAT, « La loi NOTRe : pour quoi faire ? », *JCP A*, n° 38-39, 2015, p. 1.
10. M. VERPEAUX, « La loi NOTRe dans son contexte », *RFDA* 2016, p. 671.
11. J.-M. PONTIER, « Loi NOTRe : les illusions perdues », Tribune, *AJDA* mars 2020, p. 481.

Ensuite, il y a eu l'adoption de la loi n° 2004-809 du 13 août 2004 relative aux libertés et responsabilités locales et la loi n° 2010-1563 du 16 décembre 2010 de réforme des collectivités territoriales. Tous ces textes législatifs ont été adoptés dans le cadre du processus de décentralisation développé depuis 1982. Ces textes ont aussi apporté des changements importants tant dans l'organisation que dans le fonctionnement des collectivités territoriales.

Enfin, la loi n° 2015-991 du 7 août 2015 portant nouvelle organisation territoriale de la République, dite loi NOTRe, est venue non seulement répartir une fois de plus les compétences entre les différentes collectivités et modifier le partage de compétences entre les différentes collectivités territoriales. Il faut ajouter aussi la loi n° 2022-217 du 21 février 2022 relative à la différenciation, la décentralisation, la déconcentration et portant diverses mesures de simplification de l'action publique locale qui cherche à préciser la loi NOTRe.

En résumé, depuis la loi de 1982, les réformes portant sur les collectivités territoriales n'ont cessé d'augmenter. Si certains textes législatifs ont été nécessaires, s'agissant de l'organisation et surtout du fonctionnement des collectivités territoriales, en revanche, pour d'autres, le bilan semble être mitigé.

Du transfert des compétences de l'État vers les collectivités territoriales, on est donc passé, cette fois-ci, au partage de compétences entre les différentes collectivités territoriales.

Quelles sont alors les raisons qui ont incité le législateur à autoriser de tels partages de compétences ? Et quels sont les périmètres concernés par ces compétences ?

Avant de répondre à toutes ces questions, il convient de mettre un accent tout particulier sur ce que l'on entend par décentralisation au sens juridique du terme. La décentralisation signifie le transfert de compétences de l'État vers les collectivités territoriales. Ce transfert s'est effectué en plusieurs étapes. De 1982 à aujourd'hui, plusieurs textes ont été adoptés pour transférer des compétences de l'État vers les collectivités territoriales.

Historiquement, le transfert de compétences se matérialise de l'État vers les collectivités territoriales et non l'inverse. Mais, depuis ces dernières années, les transferts de compétences ne concernent pas seulement les relations entre l'État et les collectivités territoriales, elles s'attachent désormais aux relations entre les collectivités territoriales elles-mêmes.

Depuis la loi Chevènement de 1999 relative à l'intercommunalité, le transfert de compétences entre les différentes collectivités territoriales, notamment les communes, est devenu un thème récurrent. Les communes sont de plus en plus incitées à adhérer à des établissements publics intercommunaux pour mutualiser, soit les moyens, soit les services.

L'intercommunalité est très bénéfique pour les collectivités territoriales de taille moyenne car ces dernières ont des moyens financiers très limités.

L'article 72 de la Constitution de 1958 dispose que :

> « Les collectivités territoriales de la République sont les communes, les départements, les régions, les collectivités à statut particulier et les collectivités d'outre-mer régies par l'article 74. Toute autre collectivité territoriale est créée par la loi, le cas échéant en lieu et place d'une ou de plusieurs collectivités mentionnées au présent alinéa. Dans les conditions prévues par la loi, ces collectivités s'administrent librement par des conseils élus et disposent d'un pouvoir réglementaire pour l'exercice de leurs compétences. Aucune collectivité territoriale ne peut exercer une tutelle sur une autre. Cependant, lorsque l'exercice d'une compétence nécessite le concours de plusieurs collectivités territoriales, la loi peut autoriser l'une d'entre elles ou un de leurs groupements à organiser les modalités de leur action commune ».

Il ressort de cette disposition constitutionnelle que les collectivités territoriales s'administrent librement et qu'il n'y a pas de hiérarchie établie entre elles.

Qu'en est-il des transferts de compétences entre ces collectivités territoriales ? La loi NOTRe, adoptée en 2015, a prévu quelques dispositions permettant des transferts de compétences entre les collectivités territoriales. Désormais, les transferts de compétences ne sont plus seulement verticaux, ils sont aussi horizontaux.

Le temps est peut-être venu de faire le bilan de ce qui a été fait et surtout de ce qui n'a pas été fait. Et pourquoi ça n'a pas été fait ? Quelles en sont les raisons ?

D'autant plus que la mission d'information sur l'évaluation de l'impact de cette loi a relevé que la méthode retenue lors de l'élaboration de cette dernière était inadaptée[12]. À cela, il faut aussi ajouter l'absence de véritable étude d'impact. En réalité, ce rapport est un aveu d'échec de la loi NOTRe.

Le transfert de compétences entre les différentes collectivités territoriales est aussi une forme de solidarité surtout en des temps de plus en plus difficiles pour ces dernières. Il n'y a rien de gênant à ce qu'une collectivité territoriale décide de

---

12. Rapport de la mission d'information sur l'évaluation de l'impact de la loi n° 2015-991 du 7 août 2015 relative à la nouvelle organisation territoriale de la République.

confier la gestion d'un service public local à une autre collectivité territoriale sauf si la loi l'interdit. La complémentarité au sein des collectivités territoriales ne peut être que souhaitable et même encouragée si c'est dans l'intérêt des administrés.

Le problème ce n'est pas, en soi, le transfert de compétences entre les collectivités territoriales, c'est celui des moyens financiers. Par exemple, un département qui délègue une partie de ses compétences dévolues par la loi à une commune qui n'a pas les moyens financiers nécessaires ou encore qui fait face à des difficultés financières ne pourra certainement pas gérer convenablement les activités qui lui ont été transférées par le département, même au nom de la loi NOTRe. Ainsi, le partage de compétences entre les collectivités territoriales ne suffit pas. Il faut nécessairement des moyens financiers.

D'autant plus que les collectivités territoriales font face aujourd'hui à de nombreuses difficultés financières les incitant parfois à renoncer expressément à certains projets d'intérêt public local. Autrement dit, faute de moyens financiers, elles sont parfois obligées d'abandonner certains projets.

Le transfert ou le partage de compétences entre les différents échelons territoriaux n'est rien d'autre qu'une mutualisation de moyens mais aussi et surtout de services. Ces transferts de compétences permettent une prise en charge rationnelle de ces activités. À condition qu'ils soient accompagnés des moyens financiers nécessaires.

Au lieu du transfert proprement dit entre ces différentes collectivités territoriales, le législateur a fait le choix de l'expression « compétences partagées ». En effet, selon le rapport du Sénat sur le projet de loi portant nouvelle organisation territoriale de la République, l'objectif visé est d'affirmer une compétence partagée entre les différents échelons territoriaux dans les domaines de la culture, du sport et du tourisme.

Pour les parlementaires, ces trois compétences font l'objet d'une multiplicité d'acteurs locaux et de financements importants de la part des différents échelons locaux, en tant qu'elles participent directement au dynamisme d'un territoire. Le partage de ces compétences entre les différents échelons prend souvent la forme de cofinancements pour la construction d'équipements sportifs, le développement de politiques culturelles ou la mise en place d'équipements touristiques. Toutefois, s'il n'y a pas de financements, il est difficile pour les collectivités territoriales de gérer de manière coordonnée les activités touristiques, sportives ou culturelles. Comme cela a été souligné par certains auteurs, « transférer une compétence induit fréquemment transférer un équipement pour lequel des emprunts ont pu être souscrits. Il en résulte alors la nécessité d'identifier l'encours de la dette transférable d'une collectivité à une autre »[13]. Cela veut dire que les transferts de compétences entre les collectivités territoriales et même entre ces collectivités et les établissements publics intercommunaux posent de nombreux problèmes juridiques que le législateur n'avait peut-être pas pu régler d'avance. Si ces transferts sont nécessaires pour permettre une gestion rationnelle et efficace de certaines activités, par exemple sportives et culturelles, en revanche, la question de leur pertinence se pose. Si le législateur a jugé bon de faciliter les transferts de compétences non plus seulement entre l'État et les collectivités territoriales, mais plutôt entre ces dernières, les problèmes liés au financement de ces transferts de compétences restent entiers.

À propos des transferts de compétences entre l'État et les collectivités territoriales, l'alinéa 3 de l'article 72-2 de la Constitution dispose que

> « tout transfert de compétences entre l'État et les collectivités territoriales s'accompagne de l'attribution de ressources équivalentes à celles qui étaient consacrées à leur exercice. Toute création ou extension de compétences ayant pour conséquence d'augmenter les dépenses des collectivités territoriales est accompagnée de ressources déterminées par la loi. La loi prévoit des dispositifs de péréquation destinés à favoriser l'égalité entre les collectivités territoriales ».

Or, tout transfert de compétences entre les différentes collectivités territoriales augmente inévitablement les charges financières de ces dernières. Dès lors, la question qui se pose vise à savoir si ces transferts de compétences ne constituent pas en réalité qu'un leurre dans la mesure où les collectivités territoriales sont déjà confrontées à de nombreuses difficultés financières. Il est évident que la concrétisation de tous ces transferts de compétences n'est possible que si les moyens financiers accordés par l'État aux collectivités territoriales le permettent. Ce qui n'est malheureusement pas toujours le cas. D'autant plus que les activités transférables nécessitent des moyens financiers. Et tous ces transferts de compétences ne sont possibles qu'avec l'accord de principe des collectivités territoriales concernées.

Une collectivité territoriale ne peut seule prendre la responsabilité de transférer une activité à une autre collectivité territoriale sans avoir obtenu préalablement l'accord de la collectivité territoriale qui va gérer l'activité transférée. Les transferts de compétences entre les différentes collectivités territoriales ne sont possibles que s'il y a un accord sur tous les points clés. Aucun détail ne doit être négligé par les deux collectivités territoriales, à savoir celle qui accepte de transférer et celle qui va gérer l'activité transférée.

13. J.-L. Albert, « Les relations financières entre les collectivités territoriales », *AJCT* 2021, p. 521.

On peut aussi se demander quelle est la collectivité territoriale qui doit financer la gestion de l'activité transférée. S'agit-il de la collectivité territoriale bénéficiaire du transfert ou bien de la collectivité territoriale qui transfère ?

Les réponses ne semblent pas évidentes. La loi NOTRe continue après plusieurs années d'application à susciter des interrogations sur les réelles motivations du législateur. Pour de nombreux observateurs, c'est une loi mal préparée, une loi qui n'était pas en réalité nécessaire, une loi dont les objectifs fixés étaient voués à l'échec, une loi politique, etc.

À propos des transferts de compétences entre les collectivités territoriales, la loi NOTRe liste les activités susceptibles de faire l'objet de ces transferts. Il s'agit principalement de la culture, des langues régionales, du sport, de l'éducation populaire et du tourisme.

Toutefois, nous avons fait le choix d'exclure des développements qui vont suivre l'éducation populaire pour diverses raisons. D'une part, l'expression « éducation populaire » n'est pas clairement définie du point de vue du droit et, d'autre part, elle donne lieu à plusieurs interprétations divergentes. En effet, sur le plan juridique, l'expression « éducation populaire » ne veut rien dire. Donc, il sera question d'examiner, dans un premier temps, le partage de compétences dans les domaines culturel et touristique (I) puis, dans un deuxième temps, dans celui des langues régionales et du sport (II).

I. Les compétences partagées dans les domaines culturel et touristique des résultats mitigés

S'agissant des activités culturelles, la commune a toujours été l'une des collectivités territoriales pionnières en la matière. Les compétences communales dans le domaine de la culture ne datent pas d'aujourd'hui.

S'agissant des activités touristiques, elles relèvent du champ des compétences des collectivités territoriales. Aucune collectivité territoriale ne peut prendre le risque de négliger les activités touristiques. Toutes ou presque adoptent des politiques publiques visant à développer des activités touristiques sur leur territoire.

En résumé, les activités culturelles et touristiques vont le plus souvent de pair. La loi NOTRe de 2015 autorise désormais le partage de compétences entre les différentes collectivités territoriales dans les domaines culturel et touristique. Quel est réellement le bilan que l'on peut tirer aujourd'hui de ce partage de compétences ?

La réponse ne semble pas évidente faute de statistiques. Il faudrait peut-être procéder à une évaluation de ces compétences partagées pour mesurer l'impact de la loi NOTRe.

Le partage des compétences entre les collectivités territoriales concerne le domaine culturel (A) et le domaine touristique (B).

A. Les compétences partagées dans le domaine culturel

Les activités culturelles occupent une place essentielle dans la vie de la Cité. La vie de la Cité sans activités culturelles perdrait de son sens[14]. La culture, c'est la vie. Et la vie sans la culture n'a pas vraiment de sens. Les activités culturelles touristiques font vivre les collectivités territoriales. Elles sont nécessaires pour le développement d'une collectivité territoriale. Elles participent aussi au rayonnement d'une collectivité territoriale. Comme l'a souligné la commission de la culture, de l'éducation et de la communication du Sénat,

> « les politiques menées par les collectivités territoriales dans le domaine de la culture constituent des leviers de l'attractivité et du rayonnement des territoires. Elles contribuent à leur développement économique et touristique, favorisent l'expression d'une identité locale et constituent des vecteurs de cohésion sociale »[15].

De plus en plus, les collectivités territoriales prennent directement en charge la gestion des activités culturelles. Toutefois, tout en reconnaissant l'intérêt d'une compétence partagée dans le domaine culturel car elle permet d'adapter l'organisation de l'action culturelle aux spécificités de chaque territoire, la commission de la culture, de l'éducation et de la communication du Sénat a également souligné

> qu'« en autorisant tous les échelons territoriaux en matière culturelle, la compétence culturelle partagée fait courir le risque d'un manque de cohérence entre les interventions des différentes collectivités publiques et d'un empilement des dispositifs contractuels, peu lisibles et coûteux en temps et en moyens par les acteurs culturels ».

Pour la commission, « les acteurs doivent impérativement dialoguer pour pouvoir coordonner leurs interventions en matière culturelle afin d'éviter d'éventuels doublons, incohérences ou carences ».

En France, comme dans d'autres États membres de l'Union européenne, les activités culturelles sont diverses et variées. Le mot « culture » est très vaste et à géométrie variable. Comme le souligne le professeur Jean-Marie Pontier, « [...] il n'existe aucune définition incontestable de la "culture", les définitions sont plus

14. U. NGAMPIO-OBÉLÉ-BÉLÉ, *Les Interdictions administratives*, IFJD, « coll. Colloques & Essais », 2023, p. 105.
15. A. KARAM et S. DE LA PROVÔTÉ, *Les nouveaux territoires de la culture*, Rapport de la mission d'information n° 210 (2019-2020).

ou moins élastiques et plus ou moins extensibles, ce qui donne une grande marge de manœuvre aux collectivités concernées dans l'interprétation de ce qu'elles entendent par "culture" »[16].

Tout ou presque relève du domaine culturel, par exemple la musique, le théâtre, la danse, le cinéma, les festivals, etc. D'autant plus que la loi NOTRe ne précise pas les activités culturelles qui peuvent être partagées entre les différentes collectivités territoriales. En réalité, il s'agit de l'ensemble des activités culturelles qui sont concernées par ces compétences partagées. Le législateur n'a pas voulu prendre le risque de disséquer la culture en plusieurs « morceaux », c'est-à-dire en plusieurs activités. Cela aurait sans doute entraîné une complexité supplémentaire.

Sur ce point, le législateur a peut-être eu raison en refusant de faire éclater la culture en plusieurs activités. Et cela aurait aussi rendu la gestion des activités culturelles plus difficiles.

Par exemple, la gestion du patrimoine, le spectacle vivant, les musées, la musique peuvent être gérés de façon partagée entre les différentes collectivités territoriales, c'est-à-dire la région, le département, la commune et les collectivités territoriales à statut particulier.

La question que l'on peut poser est celle de savoir si les collectivités territoriales peuvent, dans le cadre d'une convention, répartir les activités culturelles entre elles. Sur ce point, la loi NOTRe n'est pas très explicite. La question mérite tout de même d'être posée.

Pourquoi ? Parce que la région et le département avaient déjà quelques compétences dans le domaine culturel. Et la commune est compétente depuis des siècles. Si la loi NOTRe milite pour une mutualisation de moyens dans le domaine culturel, de nombreuses questions restent en suspens. En d'autres termes, qu'est-ce qui change dans le domaine culturel avec la loi NOTRe ?

Traditionnellement,

> « le champ d'intervention des collectivités territoriales dans le domaine de la culture est principalement, presque exclusivement, celui des communes : les départements orientent principalement leur action vers le domaine social, quant aux régions elles n'existent pas »[17].

---

16. J.-M. PONTIER, « La compétence culture des collectivités territoriales après la loi NOTRe », *Juris art* 2016, n° 40, p. 17.
17. J.-M. PONTIER, *La décentralisation culturelle*, LGDJ, 2018, p. 23.

Il est vrai que « les communes ont leurs compétences traditionnelles en matière culturelle tournées vers le patrimoine et les enseignements artistiques »[18].

Dès lors, la question que l'on peut poser vise à savoir en quoi la loi NOTRe a innové par rapport aux activités culturelles ? En d'autres termes, qu'est-ce que la loi NOTRe apporte de plus s'agissant de la gestion des activités culturelles sur le plan local ?

Si la décentralisation culturelle est une réalité et que les collectivités territoriales sont susceptibles de mettre en place de véritables politiques publiques culturelles, est-ce qu'il est nécessaire de faire de ces activités culturelles une compétence partagée entre les différentes collectivités territoriales ?

Posons la question autrement. Sur le plan pratique, qu'est-ce qui change en faisant désormais de la culture une activité partagée entre les différentes collectivités territoriales ? Les communes ont-elles failli dans leur mission de gestion des activités culturelles ? Toutes ces questions n'engendrent pas de réponses précises.

Or, depuis l'adoption de plusieurs textes relatifs à la décentralisation, la culture a fait partie du champ de compétences des communes. Et les communes exercent tant bien que mal les compétences dans le domaine de la culture. La culture est d'abord l'affaire des communes.

Comme le sport, les langues régionales, l'éducation populaire, la culture relève désormais de la compétence partagée entre les collectivités territoriales.

Il reste à savoir si cette compétence partagée dans le domaine de la culture permettra aux différentes collectivités territoriales d'agir de façon efficace. Il est aussi vrai que dès lors qu'une compétence est partagée, il risque d'y avoir des blocages dans la gestion de l'activité en cause. Rappelons également que « l'intervention d'une collectivité, quelle que soit l'étendue des compétences qui lui sont reconnues, dépend de ses capacités financières, humaines, matérielles »[19].

Certaines collectivités territoriales, pour des raisons tout à fait légitimes, peuvent renoncer à financer une activité dont la compétence est partagée pour donner la priorité à d'autres activités jugées plus prioritaires.

S'il est vrai qu'une gestion partagée des compétences entre les collectivités territoriales en matière culturelle ne peut qu'être bénéfique, il reste à savoir si les collectivités territoriales concernées peuvent jouer le jeu, c'est-à-dire prendre en

18. J.-M. PONTIER, *La décentralisation culturelle*, *op. cit.*, p. 23.
19. J.-M. PONTIER, *op. cit.*, p. 17.

charge de manière satisfaisante la gestion de telles activités. Tout dépend aussi de la volonté des collectivités territoriales concernées par le partage de compétences dans le domaine culturel.

Pour une gestion efficace, rationnelle et satisfaisante à l'échelon territorial, il faut des moyens financiers à la hauteur du projet culturel, objet de compétences partagées. En amont, il faut une concertation sur les éléments essentiels financiers, matériels et autres pour permettre à cette gestion partagée d'atteindre les objectifs fixés.

Prenons l'exemple de la promotion d'un festival ou encore d'une activité culturelle ayant un rayonnement national ou international, la réussite d'un tel projet dans le cadre d'une compétence partagée nécessite un effet conjoint de la part de toutes les collectivités territoriales intéressées. Il ne suffit pas de dire que telle activité peut faire l'objet d'une compétence partagée entre les collectivités territoriales, c'est oublier qu'entre ces collectivités territoriales, il y a le plus souvent des blocages sur des projets d'intérêt commun, soit pour des raisons financières, soit pour des raisons politiques. D'autant plus que le domaine culturel est l'un de ceux qui font intervenir plusieurs acteurs qu'il faut convaincre.

B. Les compétences partagées dans le domaine touristique

Comme nous l'avons souligné précédemment, les activités touristiques comme les activités culturelles participent au rayonnement des villes françaises. En faisant le choix de compétences partagées entre les différentes collectivités territoriales dans le domaine touristique, le législateur a voulu également que ces collectivités mutualisent leurs moyens afin de favoriser l'exercice de la compétence « tourisme »[20]. Il est vrai que dans ce domaine, la complémentarité n'est pas en soi une mauvaise chose. Si, désormais, les collectivités territoriales peuvent partager leurs compétences dans le domaine touristique, le problème du financement reste entier.

Traditionnellement, les communes ont été les premières collectivités à investir dans ce domaine. Elles ont été aussi les premières à avoir des compétences dans ce domaine. La mise en œuvre de la politique touristique dans les communes s'est traduite par la création des offices de tourisme qui sont chargés jusqu'à ce jour de la gestion, de la promotion, de la vulgarisation des activités touristiques.

Toutefois, l'article L. 111-1 du Code de tourisme dispose que « l'État, les régions, les départements et les communes sont compétents dans le domaine du tourisme et exercent ces compétences en coopération et de façon coordonnée ». Cette disposition fait des activités touristiques une compétence partagée à l'échelon local. L'État

20. A. SEVINO, « Loi NOTRe et organisation territoriale du tourisme », *JCP A*, n° 38-39, 2015, p. 1.

n'est pas pour autant exclu. Ce qui risque de poser le problème de l'enchevêtrement des compétences entre les collectivités publiques[21]. Si l'article L. 111-1 du Code du tourisme précise que ces compétences sont exercées dans le cadre d'une coopération et surtout de façon coordonnée, rien n'indique de manière claire et précise les conditions de cette coopération, ni la façon dont cette coordination doit se réaliser.

Cela voudrait également dire que « si l'État définit et met en œuvre la politique nationale de tourisme, les collectivités territoriales sont associées à sa mise en œuvre, en déclinant, dans le cadre de leurs compétences, des actions et politiques publiques »[22]. Finalement, le tourisme fait intervenir plusieurs acteurs à la fois. Tout d'abord l'État dans le cadre de la politique nationale et, ensuite, les collectivités territoriales sur le plan local. Si « le principe en la matière est celui d'une compétence partagée entre l'État et les collectivités territoriales »[23], en revanche, tous les problèmes juridiques ne semblent pas être réglés par le législateur à propos de cette compétence partagée.

Plus précisément, la question qui risque de se poser est celle de savoir dans quel cadre les collectivités territoriales peuvent exercer cette compétence partagée dans le domaine touristique. Est-ce dans le cadre d'une convention de partenariat ou bien de façon séparée ?

Là non plus les réponses ne semblent pas évidentes. Pourquoi ? Parce que les collectivités territoriales ont toujours, dans le cadre de leurs politiques publiques locales, voté des subventions pour favoriser le développement des activités touristiques qui sont pour elles des sources de revenus et surtout d'attractivité.

Est-ce qu'en faisant désormais du tourisme une activité exercée dans le cadre d'une compétence partagée entre les collectivités territoriales cela ne risque pas, à long terme, de retarder ou de bloquer certains projets élaborés par des collectivités territoriales qui, auparavant, décidaient seules ce qu'elles voulaient faire dans ce domaine ?

Par exemple, en cas de désaccord sur un projet portant sur les activités touristiques entre les différentes collectivités territoriales, cela ne risque-t-il pas de faire échouer ce projet ?

21. N. FERREIRA, « La loi NOTRe : l'enchevêtrement des compétences, suite et… fin ? », *AJCT* 2016, p. 79.
22. S. DYENS, « Les vicissitudes de la compétence "tourisme" dans la loi NOTRe », *Juris tourisme* 2015, n° 179, p. 20.
23. S. DYENS, *op. cit.*, p. 20.

La question mérite d'être posée au regard des intérêts en jeu. En effet, pour une véritable politique touristique entre les différentes collectivités territoriales, il faut qu'il y ait aussi un accord de principe entre elles. Ensuite, l'article L. 111-2 du Code de tourisme ajoute que « les collectivités territoriales sont associées à la mise en œuvre de la politique nationale du tourisme. Elles conduisent, dans le cadre de leurs compétences propres et de façon coordonnée, des politiques dans le domaine du tourisme ».

En définitive, depuis la loi NOTRe, les compétences en matière touristique sont légalement partagées entre les différentes collectivités territoriales. Toutefois, chaque collectivité territoriale doit désormais mettre en place une stratégie visant à la promotion des activités touristiques sur son territoire. Or, dans le cadre de cette compétence partagée, chaque collectivité territoriale joue un rôle bien défini dans le cadre d'une coordination des activités touristiques.

Comme le souligne le rapport d'information rédigé par la commission des affaires étrangères sur la promotion de la destination touristique France, « on a donc un dispositif complexe de compétences partagées, quant au tourisme et plus particulièrement à la promotion touristique, entre les trois niveaux de collectivités, avec l'affirmation d'un principe de coordination »[24]. C'est aussi ce qui conduit certains auteurs à des conclusions mitigées quant à la réussite de cette compétence partagée dans le domaine touristique. En effet, pour d'autres auteurs, la loi NOTRe « n'a pas révolutionné la répartition des compétences en matière de tourisme, qui sont partagées entre les communes, les intercommunalités, les départements, les régions et les collectivités à statut particulier »[25].

Avec le recul, et après dix années d'application de la loi NOTRe, il est possible de dire qu'en la matière, le législateur, en faisant du tourisme une compétence partagée entre les différents échelons territoriaux n'a pas atteint les objectifs fixés, ceux d'une coordination des activités touristiques à l'échelon local. Ce constat semble aussi se confirmer sur le terrain. Comme l'ont souligné certains auteurs, « compte tenu de l'existence d'une compétence partagée, l'articulation des compétences

24. M. LEROY, J.-F. PORTARRIEU, *Promotion de la destination touristique France*, AN, Rapport d'information n° 1271.

25. M. GUILLOU, « Loi NOTRe – Compétence tourisme : qui fait quoi ? », *AJCT* 2015, p. 586.

région/département/bloc communal en matière touristique n'est pas clarifiée »[26]. Il est certain que l'expression « compétence partagée » à l'échelon local n'est pas synonyme de simplicité[27].

II. Les compétences partagées dans le domaine des langues régionales et du sport aux objectifs non atteints

Après dix d'application de la loi NOTRe, il est difficile de conclure à un bilan positif des compétences partagées entre les différentes collectivités territoriales. Si le débat sur la place des langues régionales semble dépassé aujourd'hui, la question de savoir si le partage de compétences entre les différentes collectivités territoriales ainsi que voulu par le législateur a réellement atteint les objectifs fixés.

La même observation vaut également pour les activités sportives. Si la volonté clairement exprimée par le législateur lors de l'adoption de cette loi consistait à partager les compétences pour ces activités dans le but peut-être de faire des économies, sur le terrain, les résultats semblent mitigés.

Le partage de compétences entre les différentes collectivités territoriales concerne également le domaine des langues régionales (A) et le sport (B).

A. Le partage de compétences dans le domaine des langues régionales

La promotion des langues régionales est désormais une obligation qui pèse sur les collectivités territoriales. Et cette obligation ne date pas de la loi NOTRe. L'article 75-1 de la Constitution du 4 octobre 1958 dispose que « les langues régionales appartiennent au patrimoine de la France ». Comme le souligne le professeur Michel Verpeaux,

> « la place de cet article sous le titre des "collectivités territoriales" semblait impliquer en sens inverse que ces dernières devaient nécessairement jouer un rôle majeur dans la promotion des langues régionales, par une sorte d'incitation donnée à toutes les politiques particularistes en matière linguistique et culturelle. C'est aussi par le biais de l'enseignement que les langues régionales peuvent espérer conquérir une place »[28].

---

26. Cl. DEVÈS, « Loi NOTRe et tourisme : quel compromis ? », *Juris tourisme* 2016, n° 183, p. 3.
27. P. VILLENEUVE, « La place des départements en matière touristique », *Juris tourisme* 2015, n° 179, p. 29.
28. M. VERPEAUX, « Langues régionales et QPC : l'impossible dialogue », *AJDA* 2011, p. 1963.

Ce constat n'est pas sans intérêt. En effet, la place qu'occupe la disposition précitée dans le corps même de la Constitution inciterait les collectivités territoriales à faire la promotion des langues régionales sans attendre l'adoption d'une nouvelle loi. Cette disposition suffit à faire des collectivités territoriales les promoteurs des langues régionales.

Par conséquent, la disposition de la loi NOTRe faisant de la promotion des langues régionales une compétence partagée entre les différentes collectivités territoriales n'apporte pas grand-chose du point de vue juridique. Il convient aussi de souligner que « la situation des langues régionales est très variable sur le territoire français »[29]. Dès lors, faire des langues régionales une compétence partagée entre les collectivités territoriales relève d'un défi de taille.

Le problème de l'enseignement ou de la promotion des langues régionales dépasse les frontières françaises. Déjà l'adoption de la Charte européenne des langues régionales avait donné lieu à des débats nourris mais aussi à des interrogations pour ne pas parler d'inquiétudes par rapport à l'unité nationale[30]. À la différence de l'État, ce sont les collectivités territoriales qui sont les plus concernées par la promotion ou l'enseignement des langues régionales[31].

Si la constitutionnalisation des langues régionales conforte une fois de plus leur place dans le système éducatif obligeant les collectivités territoriales à faire leur promotion, c'est néanmoins sous le contrôle du Conseil constitutionnel. En effet, celui-ci a « refusé de voir dans cette disposition un droit ou une liberté que la Constitution garantit, au sens de l'article 61-1 »[32]. Toutefois, les langues régionales occupent désormais une place essentielle dans le système éducatif français.

Plusieurs collectivités territoriales ont été favorables à l'enseignement des langues régionales dans le système éducatif. Comme le souligne Didier Ribes, « le Conseil constitutionnel ne s'est pas montré hostile à cet enseignement des langues régionales »[33]. Si la langue française reste la langue de l'enseignement

29. J.-M. PONTIER, « Langues régionales : la porte ouverte ? », *AJDA* 2008, p. 2193.
30. B. BONNET, « La Charte européenne des langues régionales ou minoritaires. Une menace pour le pacte social français ? L'avis du Conseil d'État du 30 juillet 2015 », *AJDA* 2015, p. 2246 ; P. FRAISSEIX, « La France, les langues régionales et la Charte européenne des langues régionales et minoritaires », *RFDA* 2001, p. 59.
31. M. FRANGI, « Les collectivités locales face aux langues régionales », *AJDA* 2000, p. 300.
32. M. VERPEAUX, *op. cit.*, p. 1963.
33. D. RIBES, « Langue régionale et enseignement », *Recueil Dalloz* 2002, p. 1954.

dans les établissements scolaires, les collectivités territoriales peuvent toutefois apporter leur soutien à l'enseignement des langues régionales sans pour autant remettre en cause le principe d'égalité entre les élèves.

L'article L. 312-10 du Code de l'éducation dispose que « les langues et cultures régionales appartenant au patrimoine de la France, leur enseignement est favorisé prioritairement dans les régions où elles sont en usage. Cet enseignement peut être dispensé tout au long de la scolarité selon des modalités définies par voie de convention entre l'État et les collectivités territoriales où ces langues sont en usage ».

Il ressort de cette disposition que l'enseignement des langues régionales est une compétence régionale. Et elle ne fait référence ni à la collectivité départementale ni à la collectivité communale. Si l'enseignement des langues régionales était jusqu'à l'adoption de la loi NOTRe une compétence exclusive de la région, ce n'est plus le cas aujourd'hui.

En effet, l'article L. 1111-4 du Code général des collectivités territoriales dispose que « les compétences en matière de culture, de sport, de tourisme, de promotion des langues régionales et d'éducation populaire sont partagées entre les communes, les départements, les régions et les collectivités à statut particulier ». Par la loi NOTRe, le législateur a expressément voulu faire de la promotion des langues régionales une compétence partagée entre les différentes collectivités territoriales. Au-delà de cette volonté législative de faire de la promotion des langues régionales une compétence désormais partagée entre les différentes collectivités territoriales, il reste à savoir si depuis l'application de la loi NOTRe les objectifs sont réellement atteints.

Le partage de compétences en matière de promotion de langues régionales n'est possible que s'il est accompagné des moyens financiers nécessaires. Or, aujourd'hui, plusieurs collectivités territoriales rencontrent des difficultés financières nombreuses. La dotation financière des collectivités territoriales ne cesse de baisser depuis plusieurs années.

S'il est encore trop tôt pour parler d'un échec ou d'un bilan négatif s'agissant de la promotion des langues régionales par les collectivités territoriales, rien ne garantit à brève échéance de dire que la loi NOTRe aura atteint les objectifs fixés par le législateur en ce qui concerne la promotion des langues régionales.

Pour tout dire, certaines collectivités territoriales sont préoccupées par d'autres activités, par exemple touristiques ou culturelles, qui favorisent le rayonnement de la ville tant sur le plan national qu'international, plutôt que de faire la promotion des langues régionales. Ce constat nous amène à dire que le législateur aurait dû laisser cette compétence à la région tout en lui accordant les moyens financiers nécessaires à cette promotion.

B. Le partage de compétences dans le domaine du sport

Il convient de souligner que malgré l'absence de texte spécifique relatif à la décentralisation sportive, « les collectivités territoriales ont développé les politiques sportives en s'appuyant sur la clause générale de compétences. Depuis la loi nº 2015-991 du 7 août 2015 portant nouvelle organisation territoriale de la République, le sport est officiellement une compétence partagée »[34]. Les textes relatifs à la décentralisation étaient presque muets sur les activités sportives à l'échelon local. La loi NOTRe innove en faisant des activités sportives une compétence partagée à l'échelon local. En effet, les activités sportives ne sont pas épargnées par la loi NOTRe. Le législateur a fait du sport une compétence partagée entre les différentes collectivités territoriales.

Les activités sportives sont devenues, depuis plusieurs années, une préoccupation des collectivités territoriales, plus précisément des collectivités communales. Les activités sportives occupent aujourd'hui une place essentielle parmi les activités qui sont gérées par les collectivités territoriales. Elles font désormais partie des politiques publiques locales. Elles font aussi vivre les économies locales.

Longtemps considérées comme de simples activités de loisirs, les activités sportives sont devenues au fil du temps des activités lucratives et même économiques tant pour les organisations professionnelles que pour les collectivités territoriales. Dès lors, les collectivités territoriales ne peuvent plus se permettre de négliger les activités sportives.

Au-delà de leur caractère lucratif, à l'échelon local, les politiques publiques du sport s'orientent le plus souvent vers l'épanouissement et le développement des administrés, tout âge confondu. Les collectivités territoriales accordent de plus en plus de subventions pour soutenir les activités sportives. Elles font également partie de leur champ de compétences.

Plusieurs équipements sportifs sont gérés directement par les collectivités territoriales sur fonds propres. Or, traditionnellement, les activités sportives sont gérées directement par les collectivités territoriales de manière séparée, c'est-à-dire sans solliciter l'intervention d'une autre collectivité territoriale. Plus précisément, il s'agit des activités propres à chaque collectivité territoriale. Toutefois, dans le cadre de la loi NOTRe, le législateur en a décidé autrement en faisant désormais de cette activité une activité pouvant être gérée par plusieurs collectivités territoriales.

34. P. BAYEUX, *Sport et collectivités territoriales*, PUF, coll. « Que sais-je ? », 2022, p. 13-30.

Le sport est devenu par la volonté du législateur une compétence partagée entre les collectivités territoriales. Ce qui est en soi une très bonne chose car c'est une activité qui nécessite aujourd'hui plusieurs moyens financiers en raison du coût de l'entretien des installations sportives.

Les collectivités territoriales sont de plus en plus tenues de mutualiser leurs moyens et services dans un domaine comme celui du sport pour pouvoir faire face à des dépenses financières. Pour preuve, certains équipements sportifs sont aujourd'hui construits et financés par des opérateurs privés dans le cadre d'un partenariat public-privé. Or, comme pour toute activité gérée au niveau local, les collectivités territoriales ont tendance à vouloir gérer les activités sportives de façon autonome, c'est-à-dire sans associer d'autres collectivités territoriales.

Malgré la volonté du législateur de mutualiser les activités sportives à l'échelon local, il reste à savoir si depuis l'adoption définitive de la loi NOTRe les collectivités territoriales ont réellement créé, entretenu, financé de manière conjointe les activités sportives.

En réalité, est-ce que cette compétence partagée n'est pas qu'un « leurre » ? Faute de statistiques, le bilan de la loi NOTRe en matière de sport semble être également mitigé. En effet, en incitant des collectivités territoriales à gérer le sport dans le cadre d'une compétence partagée, est-ce que le législateur a accompagné cette volonté des moyens financiers nécessaires permettant aux collectivités territoriales qui le souhaitent d'atteindre les objectifs qu'il s'est fixés.

Rien n'est moins sûr. En effet, si depuis la loi NOTRe, le sport relève désormais de la compétence partagée entre les collectivités territoriales, leur intervention dépend toutefois non seulement de leur capacité financière mais, surtout, des priorités retenues par les exécutifs locaux. En effet, ils peuvent prioriser d'autres projets urgents au détriment du sport bien que relevant de la compétence partagée.

La compétence partagée n'est pas une garantie pour la réalisation des activités sportives à l'échelon local. D'autant plus que l'article L. 1111-4 du Code général des collectivités dispose sans autre précision que le sport est une compétence partagée.

Dans un rapport d'information établi au nom de la commission de la culture, de l'éducation et de la communication par la mission d'information sur les nouveaux territoires du sport, les rapporteurs Claude Kern et Christian Manable avaient déjà souligné la fragilité de cette disposition en mettant en avant les menaces susceptibles de faire échec à cette compétence partagée :

> « Une première tient au risque que les interventions se chevauchent au détriment de la lisibilité et que les investissements ne bénéficient pas d'une répartition harmonieuse. Cette menace est ancienne et avait été évoquée à

> l'occasion du débat sur la loi de 2015. La seconde menace est plus récente et constitue l'exact opposé de la première puisqu'elle revient à redouter que le sport pâtisse d'une baisse des moyens que lui consacrent les collectivités territoriales, celles-ci étant amenées à se désengager de leurs dépenses "non obligatoires" pour assumer l'augmentation de leurs dépenses obligatoires »[35].

D'une manière générale, les collectivités territoriales peuvent, dans le cadre des activités sportives pratiquées dans les établissements scolaires, investir dans la construction des infrastructures mais également de leur entretien.

Dans le cadre de cette compétence partagée, les collectivités territoriales concernées doivent en principe définir de manière coordonnée le contenu de ce partenariat dans un domaine qui traditionnellement relève de leur champ de compétence.

Certes, le législateur en laissant l'entière liberté à des collectivités territoriales de mettre en place, et d'un commun accord, une véritable politique en matière sportive a voulu également prendre en considération les disparités qui existent à l'échelon local. En effet, la qualité et surtout le nombre des infrastructures sportives sont variables d'une collectivité territoriale à une autre puisqu'elles n'ont pas toujours les mêmes moyens financiers.

Au regard des développements qui précédent, conclure à un bilan positif de la loi NOTRe s'agissant de la compétence partagée en matière de sport se révèle difficile.

Depuis l'adoption de cette loi, les collectivités territoriales peinent à élaborer de véritables politiques publiques locales sportives pour plusieurs raisons. D'une part, le manque de volonté de s'associer car chaque collectivité territoriale cherche à garder son autonomie dans un domaine aussi sensible qu'est désormais le sport, à plus forte raison le sport éducatif et, d'autre part, le manque de moyens financiers nécessaires pour un projet sportif collectif ambitieux.

En définitive, quel bilan tirer de la loi NOTRe s'agissant des compétences partagées dans les domaines culturel, touristique, des langues régionales et du sport ?

Pour de nombreux commentateurs de cette loi, et pour des élus locaux concernés par cette énième réforme territoriale, la loi NOTRe n'a pas atteint ses objectifs. Elle a même produit des résultats contraires par rapport aux objectifs poursuivis par le législateur. En effet, plusieurs rapports parlementaires concluent à un véritable échec de la loi NOTRe sur tous les plans. En réalité, une loi qui n'a servi à rien si ce n'est à alourdir une fois de plus le travail législatif.

---

35. Cl. KERN et Ch. MANABLE, Rapport d'information au nom de la commission de la culture, de l'éducation et de la communication par la mission d'information sur les nouveaux territoires du sport, n° 102, Sénat, session ordinaire 2019-2020.

QUELQUES RÉFLEXIONS SUR LE SRADDET, INSTRUMENT EMBLÉMATIQUE MAIS PROBLÉMATIQUE DE LA PLANIFICATION RÉGIONALE

Jean-Luc PISSALOUX
Vice-Président du GIS-GRALE

Promulguée le 7 août 2015, la loi portant sur la nouvelle organisation territoriale de la République (dite « loi NOTRe »)[1] a constitué le troisième volet de la réforme des territoires après la loi de modernisation de l'action publique territoriale et d'affirmation des métropoles (dite « loi MAPTAM »)[2] et la loi relative à la délimitation des régions de 2015[3].

La loi NOTRe, qui dès 2016 a été modifiée par une ordonnance du 27 juillet 2016[4] et complétée par un décret du 3 août 2016[5], est un monument législatif de 136 articles, lequel a confié de nouvelles compétences aux régions et redéfini les compétences attribuées à chaque échelon territorial. Simplifier et clarifier les

1. Loi n° 2015-991 du 7 août 2015 portant sur la nouvelle organisation territoriale de la République, *JORF* 8 août 2015.
2. Loi n° 2014-58 du 27 janv. 2014 de modernisation de l'action publique territoriale et d'affirmation des métropoles, *JORF* 28 janv. 2014.
3. Loi n° 2015-29 du 16 janv. 2015 relative à la délimitation des régions, aux élections régionales et départementales et modifiant le calendrier électoral, *JORF* 17 janv. 2015. Sur cette question, voir : J.-L. PISSALOUX, Intervention au colloque international « Quelles régions en France et en Europe ? », Reims, 26-27 mars 2015 : « Brèves observations sur la délimitation des grandes régions », *in* J.-Cl. NÉMERY, *« Quelle organisation pour les grandes régions en France et en Europe ? »*, p. 111-129, L'Harmattan, « coll. GRALE », oct. 2015, 420 p.
4. Ord. n° 2016-1028 du 27 juill. 2016, relative aux mesures de coordination rendues nécessaires par l'intégration dans le schéma régional d'aménagement, de développement durable et d'égalité des territoires, des schémas régionaux sectoriels mentionnés à l'article 13 de la loi n° 2015-991 du 7 août 2015 portant nouvelle organisation territoriale de la République, *JORF* 28 juill. 2016.
5. Décret n° 2016-1071 du 3 août 2016, relatif au schéma régional d'aménagement, de développement durable et d'égalité des territoires, *JORF* 5 août 2016.

compétences respectives des collectivités locales, faire des régions les moteurs du redressement économique, parachever la carte intercommunale et renforcer les solidarités territoriales et humaines : tels étaient les grands objectifs de cette loi.

En matière de compétences, la loi NOTRe a supprimé la clause générale de compétence pour les régions et les départements, et retenu le principe de spécialisation des compétences desdites collectivités : désormais, ces deux échelons de collectivité ne peuvent agir que dans le cadre des compétences que leur attribue la loi. Parallèlement, le principe de compétences partagées a été maintenu dans les domaines ayant un caractère transversal, ce qui vise – selon l'alinéa 2 de l'article L.1111-4 du Code général des collectivités territoriales (CGCT) – les compétences en matière de promotion de l'égalité entre les femmes et les hommes, de culture, de sport, de tourisme, de promotion des langues régionales et d'éducation populaire, lesquelles sont donc partagées entre les communes, les départements, les régions et les collectivités à statut particulier.

La nouvelle répartition des compétences instituée par la loi NOTRe s'est traduite par un accroissement notable du rôle des régions. Suite à la loi déjà évoquée du 16 janvier 2015 ayant redécoupé les régions françaises en réduisant à 13 au 31 décembre 2015 le nombre des régions métropolitaines, la loi NOTRe a cherché à renforcer encore les nouvelles grandes régions : c'est dans ce cadre général qu'elles ont été pourvues par la loi de deux instruments de planification[6] : le schéma régional de développement économique, d'innovation et d'internationalisation (SRDEII); et le schéma régional d'aménagement et de développement durable et d'égalité des territoires (SRADDET). La création du SRADDET, ce nouveau super-plan à l'échelon régional, paraissait à l'époque particulièrement bien adaptée à cet objectif général de création de grandes régions aux pouvoirs étendus[7]. L'article 10 de la loi NOTRe a en effet modifié les dispositions du CGCT (et notamment les art. L.4251-1 et s.), et introduit l'élaboration des SRADDET

6. Curieusement, ces deux instruments de planification n'ont guère suscité beaucoup de publications. Avant le remarquable dossier consacré au SRADDET par *La Semaine juridique Administrations et Collectivités territoriales* n° 26, 1er juill. 2024, l'on peut cependant signaler : P. DEMAYE-SIMONI, « Le développement durable et l'environnement dans la loi NOTRe », *Dr env.* 2015, n° 237, p. 308; Th. GILLIOCQ et H. COULOMBIE, « Le Schéma régional d'aménagement, de développement durable et d'égalité des territoires (SRADDET), à propos des articles 10 et 13 de la loi NOTRe », *JCP A* 2016, 2070; J. MARCHAND, « L'égalité et la solidarité des collectivités et territoires », *RGCT* 2016, p. 13.

7. Aujourd'hui, toutes les régions concernées ont un SRADDET, et celui-ci est même déjà en cours de modification du fait des nouveaux textes qu'il a fallu et qu'il faut insérer et des mises en compatibilité.

parmi les attributions de la région en matière d'aménagement du territoire, étant rappelé que ces dispositions ne visent pas la région d'Île-de-France, les régions d'Outre-mer et la Corse[8] qui sont régies par des dispositions spécifiques.

Le SRADDET, qui s'est substitué dès sa création à plusieurs schémas antérieurs, est devenu au fil du temps et des innovations législatives un instrument régional de planification à l'objet particulièrement – pour ne pas dire excessivement – étendu (I), ce qui a été source de complexité(s) et ce qui par là même l'a rendu de plus en plus fragile et, à bien des égards, de moins en moins opérationnel et efficace (II).

I. Du constat de l'hypertrophie du SRADDET

Dès sa création, le SRADDET est apparu comme un instrument de planification à l'objet particulièrement vaste (A) ; mais celui-ci s'est encore notablement accru au cours de la décennie qui a suivi (B).

A. Le contenu particulièrement large du SRADDET dès sa création

Dès sa création en 2005, le SRADDET apparaît comme un instrument de planification pour le moins ambitieux, voire peut-être déjà à l'ambition démesurée.

Le SRADDET est en effet un schéma régional de planification qui fusionne plusieurs documents sectoriels ou schémas préexistants : le plan régional de prévention et de gestion des déchets (PRPGD) ; le schéma régional de l'intermodalité (SRI) ; le schéma régional climat air énergie (SRCAE) ; ainsi que le schéma régional de cohérence écologique (SRCE) ; et il se substitue en outre au schéma régional d'aménagement et de développement durable du territoire (SRADDT), créé en 1995 et modifié en 1999.

Pour apprécier l'étendue du champ couvert par le SRADDET, et ce dès sa création, il convient et il suffit de se reporter à l'alinéa 2 de l'article L. 4251-1 du CGCT pour s'en convaincre.

Initialement, suite à la promulgation de la loi NOTRe, cet alinéa était ainsi rédigé :

> « Ce schéma fixe les objectifs de moyen et long termes sur le territoire de la région en matière d'équilibre et d'égalité des territoires, d'implantation des différentes infrastructures d'intérêt régional, de désenclavement des territoires ruraux, d'habitat, de gestion économe de l'espace, d'intermodalité et de développement des transports, de maîtrise et de valorisation de l'énergie, de lutte

8. Voir art. L. 4251-1 al. 1er du CGCT.

> contre le changement climatique, de pollution de l'air, de protection et de restauration de la biodiversité (10), de prévention et de gestion des déchets ».

Le SRADDET devait donc définir des objectifs quantitatifs ou qualitatifs se rapportant originairement à onze domaines obligatoires.

Il s'agit là de domaines dans lesquels le SRADDET fixe des objectifs de moyen et long termes, en d'autres termes *doit fixer* des objectifs, puisqu'en droit, l'indicatif vaut impératif. Mais outre ce nombre substantiel de domaines, il convient de faire observer le champ lui-même très large de nombre de ces domaines (qui peuvent au demeurant et au surplus relever de plusieurs échelons territoriaux) ; il suffit à cet égard de citer : la maîtrise et la valorisation de l'énergie, la lutte contre le changement climatique, la protection et la restauration de la biodiversité, sans oublier l'aménagement du territoire pour utiliser une formule plus usuelle et sans doute plus parlante que l'équilibre et l'égalité des territoires.

Mais le SRADDET identifie encore « les voies et les axes routiers qui, par leurs caractéristiques, constituent des itinéraires d'intérêt régional » (voir al. 3 de la version initiale de l'art. L. 4251-1 du CGCT)[9].

En plus de ces dispositions à caractère impératif, le SRADDET peut fixer

> « des objectifs dans tout autre domaine contribuant à l'aménagement du territoire lorsque la région détient, en application de la loi, une compétence exclusive de planification, de programmation ou d'orientation et que le conseil régional décide de l'exercer dans le cadre de ce schéma, par délibération prévue à l'article L. 4251-4 » (voir al. 4 de la version initiale de l'art. L. 4251-1 du CGCT)[10].

On mesure ainsi d'emblée l'étendue considérable des domaines couverts et/ou susceptibles d'être couverts par un SRADDET et combien ce champ d'application du SRADDET est également potentiellement extensible : celui-ci constitue en vérité déjà en soi une difficulté pour la région en charge de sa préparation, laquelle doit en outre – à divers titres et à diverses étapes de la procédure d'élaboration – faire intervenir ou tenir compte de l'intervention d'autres acteurs, d'autant que, logiquement si ce n'est nécessairement, le SRADDET doit respecter diverses obligations[11].

Avec le temps, ce champ s'est même notablement étendu.

---

9. Aujourd'hui, il s'agit de l'al. 4 de l'art. L. 4251-1 du CGCT.

10. C'est désormais l'al. 6 de l'art. L. 4251-1 du CGCT.

11. Voir *infra*.

B. Un instrument de planification en perpétuelle évolution, inscrit dans l'air du temps mais a priori *adapté*

Aujourd'hui, le nombre de domaines obligatoires couverts par le SRADDET s'est significativement étoffé par rapport à la liste initiale fixée par la loi NOTRe.

Comme le montre la lecture de l'actuel article L. 4251-1 du CGCT[12], le champ d'application des SRADDET a largement augmenté au gré des lois nouvelles : au niveau des domaines obligatoires (voir al. 2 de l'art. L. 4251-1), il s'est ainsi accru de la lutte contre l'artificialisation des sols depuis la loi Climat et résilience de 2021[13], du développement logistique et industriel – notamment en matière de localisation préférentielle – depuis la loi relative à l'industrie verte de 2023[14], du développement de l'exploitation des énergies renouvelables et de récupération et des objectifs relatifs au biogaz depuis la loi du 16 août 2022[15].

En outre, aujourd'hui, le SRADDET définit également, et donc doit définir, « la stratégie régionale en matière aéroportuaire » (voir al. 3 de l'actuel art. L. 4251-1 du CGCT, qui constitue un apport ultérieur à la loi NOTRe). Désormais, le SRADDET peut aussi fixer « des objectifs relatifs aux installations agri-voltaïques définies à l'article L. 314-36 du Code de l'énergie » (voir al. 5 de l'actuel art. L. 4251-1 du CGCT).

---

12. Actuel al. 2 de l'art. L. 4251-1 du CGCT : « Ce schéma fixe les objectifs de moyen et long termes sur le territoire de la région en matière d'équilibre et d'égalité des territoires, d'implantation des différentes infrastructures d'intérêt régional, de désenclavement des territoires ruraux, d'habitat, de gestion économe de l'espace, de lutte contre l'artificialisation des sols, d'intermodalité et de développement des transports de personnes et de marchandises, de développement logistique et industriel, notamment en matière de localisation préférentielle, de maîtrise et de valorisation de l'énergie, de lutte contre le changement climatique, de développement de l'exploitation des énergies renouvelables et de récupération, de pollution de l'air, de protection et de restauration de la biodiversité, de prévention et de gestion des déchets. Sont inclus des objectifs relatifs aux installations de production de biogaz. En matière de lutte contre l'artificialisation des sols, les objectifs fixés sont traduits par une trajectoire permettant d'aboutir à l'absence de toute artificialisation nette des sols ainsi que, par tranches de dix années, par un objectif de réduction du rythme de l'artificialisation. Cet objectif est décliné entre les différentes parties du territoire régional ».

13. Loi n° 2021-1104 du 22 août 2021 portant lutte contre le dérèglement climatique et renforcement de la résilience face à ses effets, *JORF* 24 août 2021.

14. Loi n° 2023-973 du 23 oct. 2023 relative à l'industrie verte, *JORF* 24 oct. 2023.

15. Loi n° 2022-1158 du 16 août 2022 portant mesures d'urgence pour la protection du pouvoir d'achat, *JORF* 17 août 2022.

La liste des domaines obligatoirement couverts par le SDRADDET est donc pour le moins longue et diverse. On ne peut que noter, au cours des années, depuis la promulgation de la loi NOTRe, une extension des enjeux insérés dans le SRADDET. Ce qui tend à en faire un instrument non seulement pleinement régional mais aussi tout à fait intégrateur.

D'autant que l'article L. 4251-1 alinéa 6 du CGCT prévoit que la région peut ajouter d'autres domaines, dès lors qu'elle en a la compétence exclusive. Le schéma a donc vocation à s'étendre encore, et est appelé à devenir à l'évidence le principal instrument de planification et par voie de conséquence d'action de la région dans une sorte de fuite en avant législative par l'ajout continu de politiques sectorielles.

La croissance de son objet semble donc quasi inhérente ou consubstantielle aux SDRADDET.

Le démontre la tentation de certains SRADDET de deuxième génération à intégrer délibérément les enjeux du tourisme régional, alors même que la loi NOTRe ne prévoit pas d'intégrer dans les SRADDET les documents de planification relatifs au tourisme et dès lors les activités touristiques[16]. L'on peut tout de même faire observer et rappeler qu'en vertu de l'alinéa 3 de l'actuel article L. 4251-1 du CGCT, le SRADDET définit la stratégie régionale en matière aéroportuaire et identifie les voies et les axes routiers d'intérêt régional : or, il s'agit là d'équipements appelés à jouer inéluctablement un rôle en matière touristique.

Cette tendance intégratrice du SRADDET est liée non seulement à la multitude des domaines qu'il doit ou peut couvrir, mais aussi à son caractère intrinsèquement stratégique (au travers de la définition d'objectifs de moyen et long termes) et à l'étendue de certains de ces (ou ses) domaines, comme la biodiversité ou l'aménagement du territoire, ce qui ne peut que favoriser encore la croissance et l'hypertrophie des SRADDET. L'examen des SRADDET actuellement en vigueur permet du reste de constater que le secteur du tourisme (à défaut de sa planification) y est fortement dilué ; et à travers les exemples rencontrés en matière de tourisme[17], il est même possible de s'interroger sur la capacité du SRADDET à intégrer d'autres champs thématiques que ceux fixés par les articles L. 4251-1 et suivants du CGCT.

16. Ni le Code du tourisme qui ne fait aucune référence au SRADDET, ni le CGCT, reprenant sur ce point la loi NOTRe modifiée en dernier lieu par la loi précitée relative à l'industrie verte, n'évoquent l'économie touristique dans le champ d'intervention des SRADDET.

17. Voir le SRADDET de la région Nouvelle Aquitaine et celui de la région Bourgogne-Franche-Comté.

Cette tendance extensive et évolutive des SDRADDET peut également s'apprécier, et de façon encore plus manifeste, en matière d'aménagement du territoire *lato sensu* : en effet, progressivement, mais quasi inéluctablement, et presque naturellement, le SRADDET est devenu un instrument de planification urbaine alors qu'initialement, il a été envisagé comme un instrument d'aménagement du territoire[18], et alors même que, en tant que document d'aménagement du territoire, et contrairement aux documents d'urbanisme, il ne détermine pas de règles d'affectation et d'utilisation des sols ; c'est un document stratégique, prospectif et intégrateur, qui est cependant opposable à certains niveaux de collectivité ou ayant une portée juridique spécifique vis-à-vis des documents d'urbanisme[19].

L'analyse du contenu du SRADDET et son insertion dans la hiérarchie des normes d'urbanisme le prouvent, même si les dispositions relatives au SDRADDET sont dans le CGCT et non dans le Code de l'urbanisme. Ainsi, au soutien de cette affirmation relative à son rattachement au droit de l'urbanisme, le SRADDET doit, aux termes de l'actuel article L. 4251-1 alinéa 7 du CGCT[20], respecter les principes de ce droit, tels qu'ils sont énoncés à l'article L. 101-2 du Code de l'urbanisme. Le montre aussi l'opposabilité des SDRADDET à l'égard des documents d'urbanisme. Les schémas de cohérence territoriale (SCoT), ou les plans locaux d'urbanisme (PLU) en l'absence de SCoT, les plans de mobilité (anciens PDU) et les plans climat air énergie territoriaux (PCAET) ainsi que les chartes des parcs naturels régionaux ont obligation de prendre en compte les objectifs du SRADDET (voir art. L. 4251-3 1°), et d'être compatibles avec les règles générales du « fascicule » figurant dans le schéma pour les dispositions auxquelles elles sont opposables (voir art. L. 4251-3 2°)[21]. L'on peut donc soutenir qu'aujourd'hui, la planification urbaine n'est plus fondée sur le couple traditionnel SCoT-PLU mais qu'elle apparaît plutôt comme reposant sur le trio SDRADDET-SCoT-PLU.

Dans le même temps, aux termes de l'article L. 4251-2 du CGCT, les objectifs et règles générales du SRADDET doivent respecter des normes d'urbanisme supérieures, comme le règlement national d'urbanisme (RNU), les dispositions des lois Littoral et Montagne ; ils doivent prendre en compte les projets d'intérêt

18. C'est du reste le premier domaine cité par l'al. 2 de l'art. L. 4251-1 du CGCT (voir *supra*).

19. Voir art. L. 4251-3 du CGCT, et voir *infra*.

20. Initialement, il s'agissait de l'al. 8 de l'art. L. 4251-1 du CGCT.

21. Les documents d'urbanisme locaux antérieurs à l'approbation du 1er SRADDET devront être modifiés lors de la 1re révision de ces derniers suivant l'approbation du SRADDET pour prendre en compte les objectifs du SRADDET, et pour être mis en compatibilité avec les règles générales du SRADDET.

général (PIG) et les opérations d'intérêt national (OIN), les orientations fondamentales d'une gestion équilibrée et durable de la ressource en eau, les projets de localisation des grands équipements, des infrastructures et des activités économiques importantes en termes d'investissement et d'emploi ; les orientations de protection, de mise en valeur et de développement durable de la charte d'un parc national et la carte des vocations correspondante, le schéma interrégional d'aménagement et de développement de massif dans chacune des régions comprenant des zones de montagne, la stratégie nationale de développement à faible intensité de carbone[22], et les orientations nationales pour la préservation et la remise en bon état des continuités écologiques ; ils doivent encore être compatibles avec : les objectifs de qualité et de quantité des eaux définis par les schémas directeurs d'aménagement et de gestion des eaux (SDAGE), les objectifs et les dispositions des plans de gestion des risques d'inondation (PGRI), les mesures du plan national de prévention des déchets (PNPD) qui visent à prévenir et à réduire l'incidence de certains produits en plastique sur l'environnement, en particulier le milieu aquatique, et sur la santé humaine, et les objectifs de développement des énergies renouvelables et de récupération, exprimés par filière dans la programmation pluriannuelle de l'énergie.

Cette évolution du SRADDET d'un instrument de planification en aménagement du territoire en un véritable instrument de planification urbaine illustre pleinement cette extension de l'objet des SDRADDET, même si, dans le cas de la planification urbaine, elle résulte d'une dynamique interne et non d'ajouts législatifs. Cette évolution contribue à cette hypertrophie déjà en somme congénitale des SDRADDET, laquelle est source de fragilités et de conséquences négatives pour ce « super » instrument de planification.

II. Des conséquences négatives de l'hypertrophie du SRADDET

Cette hypertrophie des SRADDET non seulement est source de complexité (A), mais a aussi des conséquences négatives au niveau de sa normativité et de l'efficacité de sa mise en œuvre (B).

A. L'hypertrophie du SDRADDET : une source inéluctable et incontestable de complexité

La création du SRADDET, ce super-plan régional, présenté comme intégrateur, ce qu'il est effectivement à bien des égards, a constitué en elle-même et donc *ab initio*, et ce de par son champ d'application un gisement de complexités en raison de tous

22 Stratégie dénommée « stratégie bas carbone », et prévue par l'article L. 222-1-B du C. env.

les domaines que cet instrument de planification doit ou peut couvrir, en raison de toutes les relations juridiques qui en ont dès lors découlé et de l'articulation souvent délicate entre les divers instruments de planification infrarégionaux et les différents acteurs concernés. Et l'accroissement du champ d'application des SRADDET lié à l'apport de diverses lois, par l'hypertrophie de cet instrument que cet accroissement a consacré, n'a donc fait que renforcer cette complexité.

Ont déjà été évoqués le cas de l'urbanisme et l'évolution du SRADDET en véritable instrument de planification urbaine, ce qui était en vérité aisément prévisible au regard des dispositions originaires de la loi NOTRe en la matière (dispositions qui n'ont du reste point changé), et de la notion pour le moins large d'aménagement du territoire.

Pour illustrer encore cette inéluctable complexité liée aux SRADDET, en plus du domaine de l'urbanisme, méritent d'être évoqués, de façon concise mais précise, eu égard au cadre nécessairement restreint de la présente contribution, certains domaines emblématiques surtout à l'heure actuelle de cet instrument, à savoir la planification des déchets, la protection de la biodiversité, et la lutte contre l'artificialisation des sols (la recherche du « zéro artificialisation nette » ou ZAN).

1. Première illustration : la planification des déchets

En la matière, il convient de remarquer d'abord que, suite à l'adoption de la loi NOTRe et à son champ d'application géographique, les régions non couvertes par un SRADDET (la région d'Île-de-France, les régions d'Outre-mer et la Corse) disposent désormais d'un PRPGD en somme autonome, alors que celles couvertes par un SRADDET possèdent un PRPGD en vérité absorbé : c'est là une première illustration, mais pas la plus préoccupante, de la complexité en matière de planification des déchets.

Le SRADDET s'inscrit en effet dans un ensemble d'instruments de planification des déchets, sans qu'ait été dégagée pour autant une véritable hiérarchie des normes en la matière. En effet, au niveau national, existe le plan national de prévention des déchets (PNPD), fixant certes pour la période 2021-2027 des objectifs, mais dont la normativité est particulièrement incertaine, dans la mesure où il renvoie quasi systématiquement à des mesures législatives et réglementaires, à des actions du plan national santé environnement[23], ou encore en raison du caractère imprécis de ses mesures. En vérité, en matière de planification des déchets, le législateur n'a instauré un rapport de compatibilité entre les dispositions des plans et schémas régionaux que pour les mesures visant « à prévenir et à réduire

23. Voir art. L. 541-11, IV du C. env.

l'incidence de certains produits en plastique sur l'environnement, en particulier le milieu aquatique, et sur la santé humaine »[24], étant précisé que pour les mesures portant sur les autres déchets il n'existe aucun rapport entre le document national et le document régional. En revanche, le PNPD, le PRGPD (pour les régions non couvertes par un SRADDET) et les objectifs et règles générales du SRADDET s'imposent selon un rapport de compatibilité aux décisions prises par les personnes publiques notamment dans le cadre de la législation des installations classées pour la protection de l'environnement[25].

La situation juridique en matière de planification des déchets n'est ainsi guère simple, et n'a donc point été simplifiée par la création des SRADDET : au contraire !

Qu'en est-il de la protection et de la restauration de la biodiversité ?

2. Deuxième illustration : la protection et la restauration de la biodiversité

L'attribution au SDRADDET de la protection et de la restauration de la biodiversité, thème ô combien d'actualité pour ne pas dire à la mode, illustre parfaitement ce travers bien français de la complexité, avec pour conséquence finale la portée limitée des SDRADDET en la matière, étant au demeurant observé que l'objectif de protection et de restauration de la biodiversité n'apparaît qu'en avant-dernière position de la liste de l'article L. 4251-1 du CGCT.

À l'heure actuelle, la protection de la biodiversité donne lieu à des formes diverses et variées, et se traduit par des interventions à tous les échelons institutionnels. Cette profusion normative masque en réalité le champ restreint qui a été finalement alloué au SRADDET pour agir sur la biodiversité.

Observons liminairement, que la notion de biodiversité fait en vérité l'objet d'une acception pour le moins extensive, et qu'en fin de compte, toutes les actions en faveur des espèces, des sites ou encore des ressources, peuvent être assimilées à des actions en faveur de la biodiversité, ce qui explique sinon justifie que les instruments juridiques soient multiples, et les compétences superposées et partagées entre l'État, les régions, les départements, les communes et les intercommunalités ; d'où une concurrence entre les acteurs, des difficultés de coordination entre eux, et un problème de lisibilité du droit applicable.

---

24. *Ibid.*
25. Voir art. L. 541 15 du C. env.

En premier lieu, il convient de noter que l'intervention de l'État dans le champ de la biodiversité est multiforme : outre ses pouvoirs de police, l'État intervient dans plusieurs outils de planification, contraignants ou non[26], et pilote les politiques publiques en faveur de la biodiversité avec notamment la mise en œuvre de la stratégie nationale pour la biodiversité (SNB) ; mais l'État est également responsable, au regard des textes communautaires[27], des résultats obtenus en matière de biodiversité dans le cadre du réseau Natura 2000.

En deuxième lieu, les départements interviennent également, même si c'est indirectement, dans le domaine de la biodiversité au titre de leur compétence relative aux espaces naturels sensibles (ENS)[28].

Évidemment, en troisième lieu, les communes et les EPCI jouent aussi un rôle en matière de biodiversité : les documents de planification locaux, SCoT et PLU, prévoient des actions en faveur de la biodiversité sur leur territoire.

L'attribution aux régions du rôle de chef de file en matière de biodiversité[29] est venue consacrer leur implication ancienne sur cette thématique, au travers notamment de la création et de la gestion des parcs naturels et des réserves. C'est pourquoi il est possible de soutenir qu'en la matière, les régions par l'intermédiaire des SRADDET participent à l'inflation normative actuelle en faveur de la biodiversité, et par là même à la complexité généralisée, en étant un document de plus, même si le SRADDET intervient surtout sur le terrain des continuités écologiques[30], thématique spécifique héritée du schéma régional de cohérence écologique (SRCE) qu'il a absorbé au moment de sa création[31], étant au demeurant

26. En juill. 2018, l'État avait déployé son « Plan biodiversité » qui prévoyait déjà d'atteindre un objectif de zéro artificialisation nette.
27. CE, dir. 92/43/CEE, 21 mai 1992, art. 17, concernant la conservation des habitats naturels ainsi que de la faune et de la flore sauvages.
28. Compétence transférée par la loi n° 85-729 du 18 juill. 1985, relative à la définition et à la mise en œuvre de principes d'aménagement (*JORF* 19 juill. 1985), puis codifiée à l'article L. 113-8 du C. urb.
29. Art. L. 1111-9, II, 2° du CGCT, modifié après la loi n° 2014-58 du 27 janv. 2014 de modernisation de l'action publique territoriale et d'affirmation des métropoles, *JO* 28 janv. 2014.
30. Voir art. R. 4251-11 du CGCT.
31. Le SRADDET, en absorbant l'ancien SRCE, lui a succédé dans la poursuite des finalités qui étaient initialement les siennes. Mais certaines régions avaient simplement repris à l'identique le contenu des précédents SRCE applicables, sans les adapter à la réalité du nouveau découpage régional, ce qui a été sanctionné par le juge administratif, voir : TA Dijon 12 janv. 2023, n° 2100756 : *JurisData* n° 2023-004248 (annulation partielle du SRADDET Grand Est qui avait annexé à son SRADDET les deux précédents SRCE des régions Bourgogne et Franche-Comté sans procéder à la réalisation d'un nouveau document propre au découpage de la région Grand Est en méconnaissance de l'art. R. 4251-3 du CGCT) ; *AJDA* 2023, note p. 1371.

observé que, sur ce point, le SRADDET est concurrencé par le PLU. La biodiversité est donc en vérité peu diversifiée dans le SRADDET, sa protection relevant de bien d'autres instruments et dispositions.

3. Troisième illustration : la lutte contre l'artificialisation des sols

On l'a déjà souligné, la lutte contre l'artificialisation des sols fait partie, depuis la loi Climat du 20 août 2021, des préoccupations des SRADDET : elle est désormais inscrite dans la liste des domaines obligatoires de l'alinéa 2 de l'article L.4251-1 du CGCT dans lesquels le SRADDET doit définir des objectifs de moyen et long termes ainsi que dans la liste des objectifs généraux de l'article L. 101-2 du Code de l'urbanisme : la lutte contre l'artificialisation des sols, avec un objectif d'absence d'artificialisation nette à terme, constitue en effet l'objectif 6° *bis* de cette dernière liste.

Selon l'article L. 101-2-1 du Code de l'urbanisme créé par l'article 192 de la loi Climat, l'atteinte de cet objectif

> « résulte de l'équilibre entre : 1° La maîtrise de l'étalement urbain ; 2° Le renouvellement urbain ; 3° L'optimisation de la densité des espaces urbanisés ; 4° La qualité urbaine ; 5° La préservation et la restauration de la biodiversité et de la nature en ville ; 6° La protection des sols des espaces naturels, agricoles et forestiers ; 7° La renaturation des sols artificialisés ».

L'article précité définit l'artificialisation

> « comme l'altération durable de tout ou partie des fonctions écologiques d'un sol, en particulier de ses fonctions biologiques, hydriques et climatiques, ainsi que de son potentiel agronomique par son occupation ou son usage »,

et précise encore que

> « La renaturation d'un sol, ou désartificialisation, consiste en des actions ou des opérations de restauration ou d'amélioration de la fonctionnalité d'un sol, ayant pour effet de transformer un sol artificialisé en un sol non artificialisé ».

De sorte que

> « L'artificialisation nette des sols est définie comme le solde de l'artificialisation et de la renaturation des sols constatées sur un périmètre et sur une période donnés ».

Plus précisément, l'objectif de zéro artificialisation nette (ZAN) impose, qu'à l'horizon 2050, toute artificialisation d'un espace non artificialisé soit compensée par une renaturation. La poursuite et l'atteinte de ce but passent par une trajectoire de réduction de l'artificialisation des sols[32] déterminée par les documents de planification d'aménagement et d'urbanisme.

32. Voir art. 194 de la loi Climat.

Rappelons encore que l'objectif de la loi vise le zéro artificialisation nette (ZAN) des sols à l'horizon 2050, et sera mené en trois étapes correspondant chacune à une décennie : une réduction de 50 % du rythme de la consommation des espaces naturels et forestiers (ENAF) entre 2021 et 2031 ; une réduction du rythme de la consommation des espaces artificialisés comptabilisés sur les dix ans précédents, pour la période de 2031 à 2041, et *in fine* une absence d'artificialisation nette en 2050.

Cet objectif national n'a pas vocation à s'appliquer de façon uniforme. C'est pourquoi les collectivités détiennent un rôle prépondérant quant à l'atteinte du ZAN en 2050. Il leur revient en effet, chacune en fonction de son échelle de territoire, de procéder dans un premier temps, à une observation fine de la consommation d'espaces intervenue ces dix dernières années, puis de mesurer régulièrement l'évolution de cette réduction attendue dans un rapport triennal sur l'artificialisation des sols, que le maire ou le président de l'EPCI soumettra au débat et au vote de l'assemblée délibérante.

Les collectivités sont donc invitées à mener une réflexion sur les modalités d'y parvenir, selon un calendrier fixé par la loi, car la loi a décidé d'une trajectoire progressive : le SRADDET, sur la base de ces travaux préalables, était censé avoir décliné à la date du 22 novembre 2024 la trajectoire permettant d'aboutir au ZAN ; les SCoT doivent, depuis cette date, être mis en conformité avec ces déclinaisons régionales, lesquelles se traduiront dans le projet d'aménagement stratégique (PAS), et le document d'orientations et d'objectifs (DOO), avec une entrée en vigueur au plus tard le 22 février 2027 ; enfin, les plans locaux d'urbanisme (PLU/PLUi) et les cartes communales devront être mis à jour par rapport à ces orientations, d'ici le 22 février 2028.

On peut donc parler d'une territorialisation en cascade de l'objectif ZAN, et constater en outre le « statut » de pilote du ZAN dévolu au SRADDET, puisque ce sera aux documents d'urbanisme de s'inscrire dans le cadre fixé par le SRADDET, instrument de planification relevant de la compétence de la région en matière d'aménagement du territoire, et qui n'est point formellement rattaché au Code de l'urbanisme comme on l'a déjà fait observer. Ce choix est néanmoins justifié sinon logique dans la mesure où, en premier lieu, et à l'évidence, la lutte contre l'artificialisation des sols comporte des enjeux majeurs en matière d'aménagement du territoire, et où, en second lieu, ce nouvel enjeu d'aménagement du territoire que constitue la lutte contre l'artificialisation des sols s'inscrit dans une politique encore plus globale d'adaptation au changement climatique dont est également en charge le SRADDET, sans oublier son rôle – assurément modeste (voir *supra*) – en matière de protection et de restauration de la biodiversité.

Cela conforte certes la dimension intégratrice des SRADDET, mais contribue aussi par là même à sa complexité, et ne peut qu'être source de difficultés au plan opérationnel, mais aussi d'un point de vue purement juridique. La fixation en somme initiale du cadre du ZAN par le SRADDET, auquel devront se rattacher les documents d'urbanisme locaux, signifie que les règles sont fixées loin des territoires, et donc des élus censés être pourtant plus proches du terrain, et – par voie de conséquence – être les mieux à même de déterminer les particularismes et les besoins locaux : ces élus locaux, en charge des documents d'urbanisme locaux, ne risquent-ils point dès lors d'être réduits au rôle de simples exécutants de décisions prises (plus haut !) par la région, elle-même bien souvent largement « influencée » à tout le moins encadrée par l'État ? C'est pourquoi d'aucuns considèrent – et ce n'est point totalement inexact – que le choix, encore une fois certes logique à bien des égards, du SRADDET en matière de lutte contre l'artificialisation des sols consacre dans une certaine mesure voire dans une mesure certaine un recul de la décentralisation, un non-respect du principe de subsidiarité, voire une atteinte au principe de libre administration des collectivités locales.

Plus concrètement, se pose la déclinaison de l'objectif ZAN entre les différentes parties du territoire régional : quelles sont les parties au sein desquelles peut s'inscrire cette territorialisation, et comment ? Cela n'est pas sans conséquence sur le niveau de la force contraignante du SRADDET en matière de lutte contre l'artificialisation des sols. *In fine*, et malgré les dispositions de l'article R. 4251-3 du CGCT tel que modifié par l'article 1er du décret nº 2023-1097 du 27 novembre 2023[33] énumérant les critères suivant lesquels les objectifs en matière de gestion économe de l'espace et de lutte contre l'artificialisation des sols doivent être définis et territorialement déclinés, l'effort de territorialisation peut être très variable d'une région à l'autre, et la portée juridique des objectifs et règles du schéma en fin de compte relativement faible, comme cela va être exposé.

B. L'hypertrophie du SDRADDET : ses conséquences au niveau de sa normativité et de sa mise en œuvre effective

L'hypertrophie du SRADDET peut masquer une faiblesse normative plus ou moins manifeste, et variable selon les domaines.

Nous allons illustrer cette assertion avec le domaine de la biodiversité et celui de la lutte contre l'artificialisation.

33. Décret nº 2023-1097 du 27 nov. 2023 relatif à la mise en œuvre de la territorialisation des objectifs de gestion économe de l'espace et de lutte contre l'artificialisation des sols, *JORF* 28 nov. 2023.

En matière de protection de la biodiversité, l'objectif du SRADDET peine à être atteint en raison d'une combinaison de facteurs qui en limitent l'efficacité : le SRADDET est non seulement un document au champ particulièrement restreint comme on l'a déjà souligné, mais aussi à la normativité faible. D'autant qu'il renvoie à la gestion d'enjeux multiples et parfois contradictoires que la collectivité régionale se doit de concilier, ce qui aboutit souvent à privilégier des intérêts concurrents de la biodiversité.

Ont déjà été évoquées l'opposabilité du SRADDET à l'égard de nombreux autres instruments de planification infrarégionaux et son intégration dans la hiérarchie des normes d'urbanisme. Cette intégration a soumis le SRADDET au respect d'une série de normes dont la liste est donnée à l'article L. 4251-2 du CGCT, lequel, on l'a déjà exposé, précise la nature variable (compatibilité ou prise en compte selon les documents concernés), étant observé que, quant à eux, les documents annexés au SRADDET ne bénéficient que d'une valeur indicative et ne sont pas directement opposables à leurs destinataires ; parmi eux, figure notamment la présentation des continuités écologiques retenues pour constituer la trame verte et bleue (TVB) ainsi que l'atlas cartographique prévu à l'article R. 371-25 du Code de l'environnement. Cette situation préjudicie à la réalisation de l'objectif de protection de la biodiversité, dans la mesure où le déploiement de la TVB repose essentiellement sur des documents cartographiques répertoriant les réservoirs de biodiversité et les corridors écologiques répartis sur le territoire régional.

Par ailleurs, la région entretient un rapport en vérité ambivalent à l'égard de la biodiversité. La région est en effet chef de file à la fois pour la protection et la restauration de la biodiversité, mais aussi en matière de l'aménagement et du développement durable de son territoire, ce qui se traduit par des missions, qui sont déclinées dans la liste des objectifs dévolus aux SRADDET énoncée à l'alinéa 2 de l'article L. 4251-1 du CGCT. Or cette liste renvoie soit à des compétences plutôt opérationnelles (comme l'implantation des différentes infrastructures d'intérêt régional, le désenclavement des territoires ruraux, l'habitat, l'intermodalité et le développement des transports, le développement logistique et industriel, l'exploitation des énergies renouvelables et de récupération), soit à des compétences de gestion environnementale (comme la gestion économe des sols, la lutte contre le changement climatique, la pollution de l'air, la protection et la restauration de la biodiversité, ou encore la prévention et la gestion des déchets). Ces compétences sont certes *a priori* compatibles mais néanmoins de nature diverse, et s'avèrent dès lors constitutives d'enjeux différents, lesquels génèrent quasi inéluctablement des tensions, notamment dans le cadre de projets régionaux structurants nécessitant la conciliation d'intérêts à la fois économiques, sociaux et environnementaux et dépendant bien évidemment également des financements qui leur sont alloués par l'assemblée délibérante régionale et des choix politiques : toutes ces variables font que, bien souvent, la protection de la biodiversité est (ou sera) *in fine* oubliée ou négligée, et ce malgré les SRADDET.

Qu'en est-il de la lutte contre l'artificialisation des sols ?

À cet égard, la situation est assez similaire à ce qui se passe en matière de protection de la biodiversité.

On l'a déjà fait observer, en matière de lutte contre l'artificialisation des sols, la difficulté et l'enjeu autour de la détermination du contenu du SRADDET résident avant tout dans la déclinaison – concrète – des objectifs entre les différentes parties du territoire et le choix – effectif – des critères retenus par la région.

Dès lors, le débat sur la territorialisation s'est surtout concentré sur le contenu du fascicule, lequel s'impose aux documents d'urbanisme dans un rapport de compatibilité, consacrant le caractère prescriptif du SRADDET, étant rappelé que les règles générales, qui sont énoncées par la région pour contribuer à atteindre les objectifs, qui ne doivent pas méconnaître les compétences de l'État et des autres collectivités territoriales (voir al. 9 de l'art. L. 4251-1 du CGCT), et qui peuvent varier entre les différentes grandes parties du territoire régional (voir al. 10), sont regroupées en chapitres thématiques au sein du fascicule du SDRADDET.

Or celui-ci peut consacrer une territorialisation variable de l'objectif ZAN.

Le décret nº 2022-762 du 29 avril 2022[34], en insérant après l'article R. 4251-8 du CGCT un article R. 4251-8-1) avait imposé d'intégrer dans le fascicule du SRADDET « des règles territorialisées permett(a)nt d'assurer la déclinaison des objectifs entre les différentes parties du territoire régional identifiées par la région, le cas échéant à l'échelle du périmètre d'un ou de plusieurs schémas de cohérence territoriale » et de déterminer, pour chaque partie du territoire identifiée, « une cible d'artificialisation nette des sols au moins par tranches de dix années ». Mais le décret précité nº 2023-1097 du 27 novembre 2023 a adopté une approche plus proportionnée et qualitative du rôle de la région vis-à-vis des documents infra-régionaux ; il a modifié à nouveau ledit article R. 4251-8-1 en rendant désormais ces règles facultatives et en supprimant la mention d'une cible d'artificialisation nette des sols. Dès lors, l'approche des régions au sein des SDRADDET peut être variable : certaines peuvent décider de supprimer toute règle territorialisée et se

34. Décret nº 2022-762 du 29 avr. 2022 relatif aux objectifs et aux règles générales en matière de gestion économe de l'espace et de lutte contre l'artificialisation des sols du schéma régional d'aménagement, de développement durable et d'égalité des territoires, *JORF* 30 avr. 2022.

limiter à des règles générales, ce qui réduit largement à cet égard la prescriptivité de leur fascicule ; d'autres, au contraire, peuvent garder des règles différenciées et fixer une cible infrarégionale chiffrée[35], ou même ne prévoir que des règles plutôt qualitatives.

En vérité, en matière de lutte contre l'artificialisation des sols, le SDRADDET doit tout à la fois respecter un cadre national contraint et ne pas excéder un certain niveau de prescriptivité pour pouvoir effectivement respecter le principe constitutionnel de libre administration des collectivités territoriales. Dès lors, eu égard à toutes ces considérations, se pose la question de la force contraignante du SRADDET en matière de lutte contre l'artificialisation. *In fine*, la réussite de cette lutte repose largement sur la qualité du dialogue concret entre les différentes collectivités présentes sur le territoire régional (sans oublier l'État !) et sur leur détermination effective pour poursuivre cette lutte, sans oublier, bien évidemment, les moyens financiers et humains dont disposent les instances locales infrarégionales.

Cela montre, une fois encore, que le champ d'application polyvalent et hypertrophié des SRADDET n'est pas un gage d'efficacité opérationnelle et n'efface point les difficultés juridiques.

Au demeurant, de façon générale, et, quel que soit le domaine concerné, se pose en effet toujours au niveau de la mise en œuvre des dispositions concernant les SDRADDET la question de l'articulation de ces instruments de planification avec le principe de libre administration des collectivités territoriales, même si cette question ne se pose pas avec la même acuité selon les domaines concernés.

On ne peut, d'emblée, que remarquer la persistance du rôle de l'État dans la vie des SDRADDET. L'État omniprésent veille sur l'élaboration de ces documents, en les orientant et en s'assurant que les régions jouent effectivement le rôle qu'il veut les voir jouer. Par le biais de son représentant, l'État est en vérité le gardien de l'élaboration de ce schéma de planification : ce représentant dispose d'une sorte de contrôle *a priori* au travers du pouvoir d'approbation prévu par l'article L. 4251-7 du CGCT, ce qui lui permet de vérifier que les nombreux objectifs fixés par le législateur sont effectivement prévus par les schémas[36]. En fin de compte, le SRADDET est donc largement co-construit avec les services de l'État ; et même si cette collaboration est censée favoriser et favorise sans doute effectivement une meilleure élaboration de ces documents, elle va à l'encontre même de la

35. La loi n'y fait pas obstacle (voir CE 4 oct. 2023, *AMF*, req. nº 465343 ; « AMF », *RDI* 2023, p. 618, note P. Soler-Couteaux).

36. Rappelons que si l'État ne valide pas le document, le conseil régional dispose d'un délai de trois mois, pour prendre en compte les modifications demandées.

liberté de la région collectivité territoriale souhaitant légitimement pouvoir fixer ses propres choix. De ce point de vue, les SRADDET consacrent donc un recul de la décentralisation ou plutôt une semi-décentralisation pour employer l'expression de Charles Eisenmann[37].

La région est en vérité d'autant plus dépossédée de sa liberté de conception et d'écriture qu'elle doit en outre collaborer avec de nombreux partenaires publics ou privés au travers des multiples consultations prévues à l'article L. 4251-5 du CGCT. Il est dès lors quasi inéluctable que les acteurs consultés (départements, métropoles, EPCI) cherchent à cette occasion à apporter leur singularité, à faire valoir leurs spécificités et donc à rajouter ou retrancher certains éléments dans les propositions de la région.

Mais les collectivités territoriales infrarégionales, on l'a déjà fait observer pour certains domaines couverts par les SRADDET, ne sont pas elles-mêmes protégées par le principe de libre administration vis-à-vis de la région. D'autant qu'à cet égard, elles ne sauraient compter sur le juge constitutionnel au regard de sa jurisprudence[38]. Le principe de libre administration ne protégera guère ces collectivités de la tutelle régionale résultant des SRADDET ou exercée au travers eux : dans bien des domaines, les collectivités infrarégionales ne pourront *in fine* que se soumettre[39], et ce même si la normativité des SRADDET reste dans bien des cas pour le moins incertaine, comme on l'a déjà fait observer.

***

*

Avec le SRADDET, la loi NOTRe a ainsi généralisé – ou tenté de généraliser – la planification régionale à portée normative auparavant réservée aux seules régions d'Outre-mer, à l'Île-de-France et à la collectivité territoriale de Corse[40], en conférant à ce super instrument de planification un rôle hautement stratégique et intégrateur, et en lui attribuant un champ d'application particulièrement étendu, en vérité hypertrophié, et ce dès sa création, étant observé qu'ultérieurement le législateur a persisté dans cette voie pour ne pas dire ce travers.

37. Voir Ch. EISENMANN, *Cours de droit administratif*, t. 1, LGDJ, 1982, p. 157-300.

38. Voir Cons. const. 26 avr. 2016, n° 2013-303 QPC, *Cne de Puyravault* ; – 25 nov. 2016, n° 2016-597 QPC, *Cne de Coté-Chiavari*.

39. Sauf en cas de rapports de force politiques spécifiques…

40. *Via*, respectivement, le schéma d'aménagement régional (SAR) pour la Guadeloupe, la Guyane, la Martinique, Mayotte et La Réunion, le schéma directeur de la région Île-de-France (SDRIF), et le plan d'aménagement et de développement durable de la Corse (PADDuC).

Certes, cette approche était plutôt dans l'air du temps au moment de l'élaboration de la loi NOTRe et donc de la création des SDRADDET, et cela correspondait au demeurant sinon à une vision du moins à une demande plus européenne que française…

Mais cela a finalement abouti à un géant aux ambitions démesurées, ou n'ayant point les moyens (notamment juridiques) de ses ambitions. Dès sa création, le SRADDET était (potentiellement) un gisement de complexité(s), ce que sa mise en œuvre et son évolution ont confirmé. Le SRADDET a été – et est – effectivement victime et malade de son hypertrophie : il n'a point résolu le problème récurrent de la multiplicité des instruments, des acteurs impliqués et des textes applicables, et donc celui de la multiplicité des relations entre lesdits acteurs et de la difficulté de la mise œuvre pratique de certaines notions délicates (comme celle déjà ancienne de compatibilité ou celle plus récente de prise en compte) ; bref, il a été – et est source – de complexité(s), et celle(s)-ci génère(nt) elle(s)-même(s) des difficultés de mise en œuvre, parfois une faiblesse normative (ou une normativité incertaine ou à intensité variable), et, bien évidemment, des tensions entre les échelons territoriaux, à supposer qu'il n'y ait point en bien des hypothèses concrètes des atteintes (trop) directes au principe de non-tutelle d'une collectivité territoriale sur une autre et/ou une méconnaissance (plus ou moins) flagrante du principe de libre administration des collectivités territoriales.

Le SRADDET par son existence même confirme l'adage bien connu : « qui trop embrasse mal étreint » !

Certes la complexité est parfois incontournable ; mais il y a celle imposée à l'homme par les lois de l'univers et celle incontournable de la réalité humaine ; il y aussi parfois, et bien souvent notamment dans la société française où prolifèrent les administrations et les textes juridiques de tous niveaux (sans oublier les prélèvements obligatoires !) celle créée artificiellement par l'homme, par légèreté, par inconséquence, ou par immaturité (sans oublier celle parfois délibérément créée pour stériliser un problème et le rendre insoluble).

Aujourd'hui, il nous semble que le mot à l'ordre du jour est – ou devrait être – la simplification, et plutôt qu'une pseudo ou une semi-décentralisation ou encore une apparence de décentralisation, il vaudrait mieux envisager – enfin – une véritable décentralisation, avec pour préliminaires une réduction du nombre des échelons territoriaux (une suppression des départements et des communes comme d'aucuns le préconisent, et depuis fort longtemps), ce qui – mécaniquement – réduirait les instruments de planification et donc le contentieux, et une nouvelle et claire répartition des compétences impliquant – autant qu'il est logiquement possible de le faire – des compétences exercées de façon exclusive par un échelon territorial tout en respectant les compétences en bien des domaines incontournables de l'État. Mais est-on prêt en France pour une telle évolution, ou plutôt pour une telle révolution ?

En tout cas, l'époque ne nous semble plus être celle des « méga » instruments de planification, comme l'est le SRADDET, source de complexité(s) et de polémiques, et qui paraît avoir suscité plus de déceptions et de controverses que de satisfactions…

LA LOI NOTRe
ET LA CLAUSE GÉNÉRALE DE COMPÉTENCE

Jean-Marie PONTIER

Professeur émérite de l'Université d'Aix-Marseille

Concept un peu fantasmatique ayant donné lieu à de nombreuses exégèses, à diverses interprétations, voire à des controverses portant sur son existence même, la clause générale de compétence ne sera bientôt plus, peut-être, qu'un fantôme venant hanter quelquefois le législateur, les acteurs et les auteurs, à moins qu'elle ne ressurgisse un jour, tel un phœnix, et qu'elle ne soit, à nouveau, reconnue et consacrée.

Mais de quoi s'agit-il, au juste, de quoi parle-t-on lorsque l'on évoque la clause générale de compétence ? Elle est une réponse, parmi d'autres, à la question du partage de compétences entre l'État et les collectivités territoriales.

Le point de départ est la nature de notre État, qui peut être qualifié d'État unitaire décentralisé. La qualification constitutionnelle donnée par l'article 1er à notre régime politique – « la France est une République indivisible » – est une explicitation du premier terme de cette affirmation, unité et indivisibilité de la République étant liées. Cette caractéristique juridique, lentement élaborée au cours des siècles, avant d'être solennellement affirmée lors de la Révolution, n'a jamais été remise en cause, jusqu'à présent, le peuple français étant, seul habilité, s'il le souhaitait, à changer la nature du régime.

La qualification de « décentralisé » a soulevé plus de difficultés, mais pas dans son principe même : à partir du milieu du XIXe siècle, on va parler de décentralisation, et, à partir de la IIIe République, les dirigeants reconnaîtront clairement que la France est décentralisée. Mais il existe de nombreuses nuances et variantes de la décentralisation, celle-ci peut être plus ou moins développée et, en France, une méfiance tenace a caractérisé le comportement du pouvoir central à l'égard des collectivités locales, la tutelle ayant été l'expression de l'emprise de l'État sur ces collectivités locales.

La plus ou moins grande autonomie reconnue à ces collectivités locales a des incidences directes sur les compétences attribuées à celles-ci. Un État centralisateur, comme l'a été, et le demeure, malgré tout, le nôtre[1], n'a reconnu que lentement, et avec parcimonie, des compétences à ces collectivités. Il suffit, pour s'en convaincre, de lire les lois de décentralisation, au moment où cette dernière est engagée, très timidement : ce ne sont pas véritablement des compétences qui sont données, ce sont des attributions[2] très précises, et très limitées, reconnues aux assemblées délibérantes, principalement au conseil municipal. Quant à l'exécutif, si le maire a, depuis qu'il existe, joué un rôle important, celui du département était le préfet, dont la qualité de représentant de l'État l'emportait, largement, sur celle d'exécutif de la collectivité, voire occultait cette dernière[3].

À partir du moment où, dans l'État[4], la décentralisation est admise, reconnue, consacrée par les textes, il convient de dire ce que peuvent faire les collectivités locales par rapport à l'État, autrement dit, de déterminer quelles sont les compétences réciproques, quel partage l'on peut établir, et quel est celui qui est souhaitable. Il est évidemment possible, dans ce but, entre autres procédés, d'établir une liste des compétences appartenant à ces collectivités, et le législateur l'a fait, partiellement. Mais la technique de la liste ne correspond que très imparfaitement à « l'esprit français »[5], qui préfère les principes et les affirmations générales.

C'est dans ce cadre qu'il convient de replacer l'histoire de la clause générale de compétence, une histoire qui, on va le voir, est assez curieuse. Car après avoir été reçue, reconnue, légitimée, la clause générale de compétence a été supprimée par

1. Il le demeure à travers les conceptions et le comportement des dirigeants, à travers le poids – jamais remis en question malgré ce que les mesures de décentralisation auraient impliqué – des administrations centrales, à travers les choix qui sont faits, notamment en matière d'équipements (les équipements culturels étant emblématiques de ces choix privilégiant Paris).

2. Précisons que, malgré les flottements de la législation, il est souhaitable, et même indispensable, de distinguer les compétences des attributions. Les premières sont reconnues aux collectivités, les secondes aux autorités de ces collectivités, autorités délibérantes et autorités exécutives.

3. Ce n'était pas vraiment ce qui avait été voulu par le législateur de 1871 (il faut se souvenir que la majorité de la chambre ayant adopté la loi est alors monarchiste), mais les contrepoids au préfet institués par ce dernier n'ont pas joué le rôle escompté.

4. En disant « l'État », on vise seulement la France car, dans les autres pays, on ne parle pas, ou peu, de « décentralisation », terme très français, on parle d'autonomie locale et, quoi que l'on dise, celle-ci ne coïncide pas totalement avec celle-là, les termes parlant d'eux-mêmes.

5. Dans de nombreux domaines, le procédé de la liste est de plus en plus utilisé, mais cela provient des dispositions du droit de l'Union qui, compte tenu de la diversité des approches, peut difficilement procéder autrement.

le législateur de 2015. Le présent développement entend expliciter et expliquer cette évolution. Il est possible de dire que le législateur a supprimé, en 2015, une fausse complication (I), et qu'il a instauré une fausse simplification (II).

I. La suppression d'une fausse complication

Tout est singulier, voire étrange, dans l'histoire de la clause générale de compétence, aussi bien son avènement que sa suppression, sa reconnaissance, en définitive tardive, s'étant accompagnée d'un consensus qui s'est retrouvé, ensuite, pour la supprimer.

A. L'étonnante reconnaissance de la clause générale de compétence

La reconnaissance de la clause générale de compétence est étonnante car elle provient d'une disposition, sous-estimée au départ, dont l'interprétation a conduit à l'acceptation et à l'admission de cette clause.

1. L'interprétation de la loi de 1884

Trois points peuvent être ici rappelés : la clause générale de compétence n'est pas tirée de la loi de 1871, mais uniquement de celle de 1884, et le terme de compétence, lui-même, n'est pas utilisé par la loi de 1884, mais une disposition de celle-ci va pouvoir en être le fondement.

La loi du 10 août 1871 est la première loi d'une véritable décentralisation, elle a été considérée, longtemps, comme la « charte » de l'administration départementale. Pour autant, cette loi, importante, qui est plus une loi d'Empire qu'une loi de la République[6], ne peut être considérée comme le fondement de la clause générale de compétence, nonobstant ce qu'a déclaré le Conseil constitutionnel, qui n'a sans doute pas lu cette loi de 1871, et les débats qui l'ont précédée[7], lorsqu'il a été saisi de la loi du 16 décembre 2010. La loi de 1871 se borne à déclarer que les conseils généraux « délibèrent sur tous les objets d'intérêt départemental » et, lorsqu'on lit les rapports préparatoires et les débats, on se rend compte que la formule était très restrictive, et ne pouvait être interprétée comme le fondement éventuel de la clause générale de compétence.

---

6. D'une part, en 1871, nous ne sommes pas sous la IIIe République, mais sous « la » République sans dénomination (plusieurs régimes transitoires se succédant jusqu'à l'instauration de la IIIe République), d'autre part, cette loi est très largement inspirée des travaux d'une commission instituée à la fin de l'Empire (ce qui explique qu'elle ait pu être rapidement votée, alors qu'une partie de la France était occupée).
7. Cons. const. 9 déc. 2010, n° 2010-618 DC.

La loi du 5 avril 1884 est, elle, une grande loi de décentralisation, et une véritable loi de la IIIe République, elle va régir, avec des modifications légères, par la suite, les communes, jusqu'à l'avènement de la Ve République. Cette loi institue un régime uniforme pour toutes les communes (ce qui est un héritage de la Révolution, et tranche avec la diversité qui caractérisait les communautés locales sous l'Ancien Régime), elle va permettre aux communes qui en ont les moyens de s'affirmer, peu à peu, à l'égard de l'État. Cependant, en 1884, la commune demeure étroitement subordonnée à l'État. Un député résume assez bien, lors des débats, la conception dominante, en déclarant : « Ce qu'on appelle la décentralisation administrative n'est rien d'autre que l'extension des attributions des pouvoirs locaux, mais sans que cette extension ne puisse jamais aller jusqu'à briser les liens de subordination législative qui rattachent la commune à l'État »[8]. Par ailleurs, on chercherait en vain, dans cette loi, le terme de « compétences », qui n'est pas utilisé, on parle seulement, comme le parlementaire précité, des « attributions ». Mais il faut immédiatement ajouter, qu'à l'époque, les concepts juridiques demeurent imprécis, la notion de compétences, telle que nous l'entendons, n'est pas évoquée, elle n'est pas encore reçue.

Malgré tout, c'est bien une disposition de la loi de 1884 qui peut être considérée comme étant le fondement de la clause générale de compétence. Cette disposition, devenue célèbre, est celle de l'article 61 selon lequel : « Le conseil municipal règle, par ses délibérations, les affaires de la commune ». Cette formulation peut être interprétée, selon les cas, les personnes, les moments, comme une formule banale, ou, à l'inverse, comme une disposition essentielle pour déterminer les compétences de la collectivité[9].

Les idées qui avaient été développées, dans plusieurs cadres, permettent de comprendre comment cette disposition a pu avoir, ensuite, une telle portée. C'est notamment le « Programme de Nancy », qui ne prend d'ailleurs cette dénomination que plus tard : c'est un manifeste élaboré par des hommes politiques d'horizons différents, qui se prononce en faveur de la décentralisation, et opère une distinction, qui sera souvent reprise, entre les intérêts locaux, qui doivent être gérés par

8. A. Dubosc, séance du 8 nov. 1883, *JO*, p. 2261.

9. L'adoption de cet article ne donna lieu à aucune discussion. Si la plupart des députés n'eurent sans doute pas le sentiment que cette disposition pouvait avoir potentiellement une véritable portée, on peut citer cependant un député qui en eut conscience, et déclara : « Si ce premier paragraphe de l'article 61 tient ses promesses, il est certain que la décentralisation est un fait accompli » (Amagat, séance du 30 juin 1883, Ch., 1er juill., p. 1522).

la collectivité locale, et les intérêts nationaux, qui ne relèvent que de l'État[10]. Le Programme de Nancy ne parle pas de compétences, mais cette distinction qui vient d'être rappelée a facilité, favorisé, l'affirmation de la clause générale de compétence.

2. La réception et l'acceptation de la clause générale de compétence

Une question se pose immanquablement : comment se fait-il que l'on parle de clause générale de compétence, alors que, jusque-là, nous n'en avons pas trouvé de trace, simplement une formule et quelques idées, dont il n'était pas acquis qu'elles puissent donner lieu à l'affirmation de ladite clause ? Il y a quelque chose d'intrigant dans ce qui paraît être une notion sortie de rien. Pour comprendre, il faut remonter aux années 1960, qui sont des années-clés pour notre sujet.

Dans ces années 1960, et progressivement, une véritable appropriation de la clause générale de compétence va se produire avec, dans un premier temps, le recours au terme « compétence », qui était peu utilisé, jusque-là, pour les collectivités locales – il était réservé à l'État et aux juridictions – et, dans un second temps, l'utilisation de l'expression « clause générale de compétence », qui va progressivement s'imposer.

C'est au sein de commissions administratives que l'on va prendre l'habitude de parler des compétences des collectivités locales, et de la répartition des compétences entre l'État et ces dernières. Dès 1959, est nommée une commission d'étude des problèmes municipaux, appelée, du nom de son président, « commission Bourrel »[11]. Cette commission propose le transfert *à l'État* de dépenses d'aide sociale, de voirie, d'éducation nationale, et ses conclusions servent de base aux transferts, modestes, effectués par la loi de finances pour 1963. Une autre commission est alors nommée, en 1964, avec pour objet « la répartition des compétences et des responsabilités de l'État, des collectivités locales et des particuliers ainsi que des collectivités locales entre elles et des conditions de prise en charge des financements définitifs » (commission Mondon-Pianta). Cette commission fait des propositions de transferts de charges avant d'être intégrée à l'intergroupe « finances locales » du VIe plan. Une autre commission est ensuite nommée, la commission de développement des responsabilités locales, dite aussi « commission Guichard »,

10. Une formule faussement évidente est alors volontiers utilisée : « À la commune les affaires communales, au département les affaires départementales, et à l'État les seules affaires nationales ».
11. *Rapport de la commission d'étude des finances locales à Monsieur le Premier ministre*, président V. Bourrel, rapporteur général J. Toutain, Imprimerie nationale, 1965.

du nom de son président, qui rédige un rapport intitulé *Vivre ensemble*[12], rapport qui est probablement l'un des meilleurs rapports sur les collectivités locales qui ait été établi dans notre histoire.

D'autres rapports vont naturellement succéder aux rapports précités, ils sont même tellement nombreux qu'il devient difficile de les citer. La plupart des rapports de ces dernières années sont, d'ailleurs, des rapports parlementaires, ce qui les différencie des précédents rapports, qui étaient des rapports établis par des commissions administratives, ou par des commissions associant des membres d'institutions administratives, des parlementaires et des universitaires.

Ces rappels sont donnés pour permettre de comprendre le débat sur la clause générale de compétence. On peut déduire de ce passé, depuis 1959, les enseignements suivants. Tout d'abord, ce n'est que sous la Ve République que l'on aborde, vraiment, les problèmes de fond, l'une des explications étant que le rôle des collectivités locales a profondément changé, ces collectivités – notamment les communes – intervenant beaucoup plus qu'elles ne le faisaient précédemment, dans les domaines les plus divers, et devenant des pourvoyeuses de bien-être, des « communes providence », ce qu'elles n'avaient jamais vraiment été auparavant[13].

Ensuite, à partir de ces années 1960, on va se mettre à parler de compétences des collectivités locales. Il s'agit, en quelque sorte, d'un « saut qualitatif » car, jusque-là, on parlait, naturellement, de la compétence de l'État, mais on n'appliquait pas cette terminologie aux collectivités locales. Le fait de parler de compétences, au profit de ces dernières, est une reconnaissance pleine et entière de leur qualité de collectivité publique, avec le même caractère « noble » qui s'attache à leurs missions.

On va se trouver, ainsi, avec un principe, qui n'est pas vraiment juridique, tout en étant fondé sur une disposition, et dont l'inventeur – ou, tout au moins, l'inventeur de la formule – n'est pas connu, qui va être accepté, voire revendiqué, progressivement, par toute la classe politique[14]. Même le Conseil d'État

12. *Vivre ensemble*, LDf, 1976.

13. Les interventions des communes, dont on a beaucoup parlé, à la fin du XIXe siècle et au début du XXe siècle, sous le nom de « socialisme municipal » ne sont pas, dans la plupart des cas, l'expression d'une volonté d'intervenir, mais le produit de la nécessité, notamment avec la guerre de 1914-1918, qui vit nombre de petites communes vidées de leurs commerçants, appelés au front.

14. Dans leur rapport d'information (rapport d'étape) au Sénat, J. KRATTINGER et J. GOURAULT rappelaient que cette clause était consubstantielle à la décentralisation (Sénat, 11 mars 2009, n° 264).

qui, traditionnellement, était méfiant à l'égard des collectivités locales[15], a fini par assouplir sa jurisprudence et admettre une large intervention des collectivités territoriales, sous réserve, naturellement, qu'il existe un intérêt public[16]. On admet que la disposition, selon laquelle « le conseil municipal règle, par ses délibérations, les affaires de la commune », est le fondement de la clause générale de compétence et, comme cette formule est, en 1982, étendue aux départements[17] et aux régions, nouvellement instituées, il faut admettre, qu'à compter de cette date, toutes les catégories de collectivités territoriales bénéficiaient de la clause générale de compétence. C'est cela qui a été supprimé.

B. La surprenante suppression de la clause générale de compétence

Si la reconnaissance de la clause générale de compétence est étonnante, sa suppression peut paraître tout autant surprenante. Car voilà un principe reconnu unanimement, qui se voit abandonné peu de temps après avoir été consacré.

1. De la gloire à la chute

On est tenté de recourir à des images, à des comparaisons avec l'histoire de personnes, des régimes politiques, pour décrire cette histoire étrange.

Remontons au début des années 1960. Il n'est guère question, en ces temps-là, de clause générale de compétence, qui semble relever d'un débat réservé aux universitaires. D'ailleurs, parmi ces derniers, beaucoup doutent de l'existence d'une clause générale de compétence au profit des collectivités territoriales, et ils n'en voient guère l'intérêt. Seuls quelques-uns d'entre eux défendent cette thèse. Progressivement, les parlementaires vont être sensibilisés à cette question, ils vont reprendre à leur compte le thème de la clause générale de compétence, et en défendre la thèse, ainsi que cela apparaît dans différents rapports parlementaires des dernières années des années 1980.

---

15. On peut rappeler la formule du commissaire du gouvernement Chardenet qui, dans ses conclusions sur CE 15 févr. 1909, *Abbé Olivier et autres c./Maire de Sens*, *Rec.*, p. 181, s'adressant au Conseil d'État, déclarait : « Vous qui êtes appelés à jouer un peu le rôle de supérieur hiérarchique des autorités administratives ». Certes il ne s'agit « que » des conclusions du commissaire du gouvernement, on peut penser, cependant, que cette conception était très répandue au sein du Conseil d'État.
16. CE Ass. 30 déc. 2014, *Société Armor SNC*, *Rec.*, p. 433, concl. Dacosta ; *AJDA* 2015.449, chron. Lessi et L. Dutheillet de Lamothe ; *DA* 2015, n° 27, comm. Brenet.
17. Jusqu'en 1982 la formulation appliquée aux départements demeurait celle de la loi de 1871 citée plus haut.

À la fin des années 1960, il est acquis, pour la plupart des politiques, et des auteurs[18], que la compétence des collectivités locales, tout au moins de la commune, est fondée sur la clause générale de compétence. Le consensus qui s'est dégagé présente un aspect assez extraordinaire : en effet, cette clause n'en est pas une, la « clause » caractérise le contrat (qu'il soit privé ou public), la compétence d'une personne publique ne peut être déterminée par une « clause », elle est déterminée par la Constitution, ou par la loi.

Mais nonobstant la bizarrerie, et le caractère inadéquat, de l'expression, il est encore plus étonnant de constater que tout le monde a compris ce qu'elle signifiait, soit pour en accepter les conséquences, soit pour les rejeter. Au fond, un auteur tel que F.-P. Bénoit a fort bien résumé cette signification : « En définitive, la clause générale de compétence de l'article 61 n'est rien d'autre que l'affirmation explicite du principe implicitement admis du Moyen Âge à 1789, celui de la large compétence du conseil municipal pour assurer la satisfaction des besoins collectifs des habitants »[19]. Et, dans un rapport de 2010, deux parlementaires avaient considéré la clause générale de compétence comme consubstantielle à la décentralisation[20].

Les lois de 1982-1983 ne mettent pas fin à la clause générale de compétence, comme l'ont cru certains auteurs[21], à l'inverse, elles la confortent[22]. D'une part, en effet, la formule est étendue au département et à la région. L'évolution de la formulation, pour le département[23], est tout à fait remarquable. La loi de 1871, qui ne faisait, d'ailleurs, que reprendre, pour l'essentiel, sur ce point, une loi de 1866, énumérait les « objets » sur lesquels le conseil général pouvait statuer définitivement, c'était un problème de « pouvoirs » des conseils généraux, non un problème d'étendue des compétences. On pouvait donc douter fortement, avec la loi de 1871, de l'existence d'une clause générale de compétence au profit

18. Il y a encore, à cette date, quelques exceptions. A. DE LAUBADÈRE, dans son *Traité de droit administratif*, récusait l'idée d'une clause générale de compétence au profit des collectivités locales.
19. « L'évolution des affaires locales. De la décentralisation des autorités à la décentralisation des compétences », *Mélanges Douence*, p. 23 et s., p. 30.
20. Y. KRATTINGER et J. GOURAULT, *Rapport fait au nom de la mission temporaire sur l'organisation et l'évolution des collectivités territoriales*, Sénat 2009-2010, n° 264.
21. Voir par ex. J. MOREAU, *Droit administratif*, PUF, 1989.
22. Voir J.-M. PONTIER, « *Semper manet.* Sur une clause générale de compétence », *RDP* 1985, p. 1443.
23. Pour la région on ne peut pas parler d'évolution, puisque la région n'existait pas en tant que collectivité territoriale.

des départements[24]. L'article 48 de la loi de 1871[25] a été supprimé par la loi du 2 mars 1982. Mais celle-ci comporte une disposition nouvelle pour le département, l'article 23 disposant, en effet : « Le conseil général règle, par ses délibérations, les affaires du département », ce qui est la transposition, pure et simple, de la disposition qui était, alors, celle du Code des communes. Une similaire formulation a été adoptée, par le législateur, pour la région. Si la formule de l'article 61 de la loi de 1884, intégrée, ensuite, dans les différents codes relatifs à la commune qui se sont succédé, a pu être considérée comme constitutive d'une clause générale de compétence au profit des communes – et tel a été le cas[26] – la même formule, appliquée au département et à la région, ne pouvait avoir que la même signification, et être constitutive d'un similaire principe de compétence générale au profit de ces collectivités. D'ailleurs, cette interprétation est validée, rétrospectivement, par les dispositions adoptées, d'abord en 2010, puis en 2015 puisque, à ces deux dates, le législateur a supprimé, explicitement, la clause générale de compétence pour les départements et les régions.

Ainsi, au début des années 1980, il n'existe plus aucun doute sur l'attribution, par la loi, d'une compétence générale au profit des collectivités territoriales, tout au moins de ces trois catégories de collectivités territoriales que l'on peut qualifier de « généralistes », et que sont, les communes, les départements et les régions. La compétence générale des collectivités territoriales est, alors, considérée, à ce moment-là, comme l'un des critères les plus sûrs de différenciation entre les collectivités territoriales et les établissements publics, notamment les établissements publics de coopération, commandés par le principe de spécialité[27].

La mise sur le devant de la scène de la clause générale de compétence, alors que, il y a un siècle, les manuels de droit administratif n'en parlaient pas du tout, s'explique, au fond, assez facilement, par les changements intervenus. Ces derniers ont, certes, consisté en la création d'une nouvelle catégorie de collectivités territoriales, la région, mais la fortune de la clause générale de compétence est bien antérieure à cette création. Le véritable changement a consisté dans les capacités

24. Voir, dans cet ouvrage, J.-M. Pontier, « La loi NOTRe, loi (largement) inutile ».

25. Cet article 48 est celui qui prévoyait que le conseil général délibère « sur tous les objets d'intérêt départemental dont il est saisi, soit par une proposition du préfet, soit sur l'initiative de l'un de ses membres ».

26. Lors des débats relatifs à la loi du 2 mars 1982 cela a été dit, cela a été reconnu.

27. Et alors même que ces établissements publics présentaient une particularité très marquée par rapport aux établissements publics classiques, et qui les rapprochait de la collectivité territoriale, à savoir disposer d'un territoire, faisant d'eux une catégorie nouvelle au sein des établissements publics, celle des établissements publics territoriaux.

nouvelles des communes (des départements dans une moindre mesure), avec des moyens financiers, et des moyens humains[28], qu'elles n'avaient pas auparavant. Ces collectivités se sont mises à intervenir[29], d'autant que l'on se trouvait en un temps, celui des « Trente Glorieuses », qui facilitait, ou favorisait, ces interventions[30].

2. L'abandon de la clause générale de compétence

La disposition qui a déclenché le débat, et qui se retrouve dans le texte de loi validé par le Conseil constitutionnel a pour origine (et bien que l'on pourrait trouver des suggestions en ce sens antérieurement) l'une des propositions du « rapport Balladur »[31] sur les collectivités territoriales, proposition qui a été retenue par le gouvernement qui l'a fait figurer dans le projet de loi soumis au Parlement.

L'abandon, ou la suppression, de la clause générale de compétence, va s'effectuer en plusieurs étapes, avec un retour en arrière, puis une volte-face, qui ne plaident guère en faveur du législateur, celui-ci semblant pris de hoquet, et d'un comportement délirant.

La première suppression intervient en 2010, avec la Loi sur la réforme des collectivités territoriales[32]. Lors de la discussion du projet de loi de réforme des collectivités territoriales, un long débat va avoir lieu, au sein de chaque assemblée, il va diviser les assemblées, l'Assemblée nationale votant, s'agissant de cette suppression, le projet du gouvernement, le Sénat supprimant les dispositions restrictives, et revenant, pour faire simple, et après un long débat, à la clause générale de compétence, puis revenant sur son vote, la commission mixte paritaire acceptant, en définitive, le texte du gouvernement.

Ce « suspense » législatif est normal et, même si un certain nombre de parlementaires ont fait des confusions entre les différentes notions (mais le Conseil constitutionnel n'a pas été mieux inspiré), un tel débat est normal. Le sentiment

28. Pendant très longtemps la qualité du personnel communal a laissé à désirer. C'était souvent un personnel peu compétent, mal formé, les recrutements se faisaient sur des critères qui faisaient plus de place aux connaissances et à des considérations politiques (au sens large) qu'aux capacités des personnes.

29. Dans le passé, on peut, certes, citer des exemples d'intervention, mais ce fut, souvent, dans des circonstances particulières, comme les interventions communales durant la Première Guerre mondiale, avec la reprise ou la création de commerces, du fait du départ pour le front de ceux qui les tenaient (avec, dans certains cas, des considérations idéologiques qui ont pu, également, jouer).

30. Il suffit de penser à la création de piscines, d'équipements sportifs et culturels.

31. Rapport du Comité pour la réforme des collectivités locales au Président de la République, 5 mars 2009 dit, du nom de son président, sous-titré « Il est temps de décider », appelé souvent « rapport Balladur ».

32. Loi n° 2010-1563 du 16 déc. 2010 de réforme des collectivités territoriales.

que l'on éprouve, à la lecture de ces débats, est celui d'une concentration des attentes, et des craintes, sur la clause générale de compétence, comme si celle-ci était devenue la clé, ou le symbole, de toute la décentralisation. Les interventions qui ont eu lieu, et qui ont sombré, parfois, dans l'excès, que ce soit pour décrire les conséquences de la suppression de la clause, ou pour nier les effets que cela peut avoir, font penser à cette formule célèbre du grand dramaturge : « ni cet excès d'honneur, ni tant d'indignité ».

La clause générale de compétence disparaît pour les départements et les régions[33], le Conseil constitutionnel n'ayant rien trouvé à redire à une telle suppression[34]. La loi apporte, en apparence, une nouveauté considérable, en restreignant le champ de compétence des départements et des régions, avec l'ajout de la formule, à l'article L. 3211-1 du CGCT qui dispose que « le conseil général règle par ses délibérations les affaires du département », les mots « dans les domaines de compétence que la loi lui attribue »[35], les articles L. 4221-1 et L. 4433-1 du CGCT étant modifiés, de manière analogue, pour les conseils régionaux de métropole et d'outre-mer.

Un revirement a lieu en 2014, le législateur revenant sur la spécialisation instituée en 2010. Dans la loi de modernisation de l'action publique territoriale et d'affirmation des métropoles[36] le législateur rétablit la clause générale de compétence, de nombreux députés faisant assaut de lyrisme[37] pour justifier le rétablissement de ladite clause, considérée par beaucoup comme étant inhérente à la décentralisation[38]. Les débats au sein des assemblées ont pris une ampleur que l'on aurait pu

33. À vrai dire, le terme même à utiliser fait problème : s'agit-il d'une disparition, parce qu'elle n'aurait pas existé pour les départements et les régions, s'agit-il d'une suppression par la loi ? S'agit-il d'une simple adaptation ? La formulation, critiquable, du Conseil constitutionnel, dans sa décision sur cette loi, ne permet pas de trancher.

34. Cons. const. 9 déc. 2010, 2010-618 DC. Voir, pour un commentaire critique (le Conseil constitutionnel ayant invoqué, à tort, la loi de 1871), J.-M. PONTIER, « *Requiem* pour une clause générale de compétence », *JCP A* 2011, n° 2015.

35. Les art. L. 4221-1 et L. 4433-1 du CGCT sont modifiés de manière analogue pour les conseils régionaux de métropole et d'outre-mer.

36. Loi n° 2014-58 du 27 janv. 2014 de modernisation de l'action publique et d'affirmation des métropoles (dite loi MAPTAM).

37. Et critiquant vivement la suppression de cette clause par le législateur de 2010 (la majorité de l'Assemblée étant, à cette date, de sensibilité politique différente).

38. Les arguments avancés en faveur du rétablissement de la clause générale de compétence ne manquaient pas, au demeurant, de pertinence, les parlementaires faisant valoir que cette clause n'intervenait que « dans des domaines interstitiels, non attribués par le législateur à d'autres collectivités publiques ».

difficilement soupçonner, avant qu'ils n'aient lieu. Les parlementaires n'avaient pas, dans les années passées, montré un attachement particulier à la clause générale de compétence. Si l'on se reporte aux débats sur les différentes lois relatives aux collectivités territoriales, on ne trouve pas d'exemple d'un tel débat. En 1982, notamment, où l'on adopte des lois importantes pour la décentralisation, ce qui importe, ce qui domine les discussions, c'est la suppression de la tutelle – d'où l'intitulé de la loi du 2 mars 1982, et l'accent mis tout au long de ces débats sur les libertés locales – c'est le pouvoir dont disposent, ou doivent disposer, les autorités locales décentralisées, dans un certain nombre de domaines, au premier chef desquels l'urbanisme.

Le même législateur qui, en 2014, avait, donc, rétabli la clause générale de compétence – autrement dit un Parlement dont l'Assemblée nationale avait la même composition politique – va, dans la loi NOTRe, supprimer à nouveau (définitivement ?) la clause générale de compétence des départements et des régions, qui deviennent donc des collectivités territoriales à compétence spécialisée, les communes, elles, conservant cette clause de compétence générale[39]. Le Conseil constitutionnel, confirmant sa jurisprudence de 2010, va, sur QPC, déclarer non contraire au principe de libre administration des collectivités territoriales la suppression de la clause générale de compétence au profit des départements et des régions[40].

La première conséquence, semble-t-il (mais la plus grande prudence est de mise pour les raisons qui seront indiquées ensuite), est le cantonnement (adoptons ce terme neutre) du département et de la région dans les champs de compétence que la loi attribue à l'un et à l'autre : la formule de la loi, validée par le Conseil constitutionnel, semble signifier que les départements et les régions sont des collectivités « spécialisées », ne pouvant intervenir en dehors du champ de compétence qui leur est expressément attribué par la loi. On pourrait s'interroger – mais la question n'a pas été posée au Conseil constitutionnel – si cela est conforme à la Charte européenne de l'autonomie locale, ratifiée par la France, et qui déclare

39. Cependant, la formule ne figure pas dans la loi, il faut déduire la compétence générale des communes du fait que cette dernière n'a pas été supprimée pour elles.

40. Le Conseil constitutionnel s'est prononcé, après avoir été saisi, par le Conseil d'État, d'une QPC posée par l'Assemblée des départements de France (ADF) et portant sur l'art. L. 3211-1 du CGCT. Il a déclaré : « Le troisième alinéa de l'article 72 de la Constitution n'implique pas, par lui-même, que les collectivités territoriales doivent pouvoir intervenir dans les domaines pour lesquels aucune autre personne publique ne dispose d'une compétence attribuée par la loi » (consid. n° 5). Il a estimé que cette suppression par la loi du 7 août 2015 ne privait pas le département d'attributions effectives.

que les collectivités locales doivent bénéficier « d'une large autonomie quant aux compétences, aux modalités d'exercice de ces dernières et aux moyens nécessaires à l'accomplissement de leur mission ».

Une deuxième conséquence de la suppression de la clause générale de compétence, pour les départements et les régions, est l'instauration d'une différenciation, au sein des collectivités territoriales que l'on qualifiait jusque-là de « généralistes », c'est-à-dire, d'une autre manière, l'instauration d'une décentralisation à double vitesse avec, d'un côté, les communes, qui sont les seules « véritables » collectivités territoriales, et conservent la clause générale de compétence et, de l'autre, les départements et les régions, pour lesquels la clause générale de compétence est supprimée, ou est supposée ne jamais avoir existé.

Une troisième conséquence est une interrogation, que l'on peut avoir, sur la différenciation entre collectivité territoriale et établissement territorial : quel est, ou quels sont, le (les) critère(s) de différenciation ? Si cette question n'est pas celle qui préoccupe les parlementaires, elle n'en est pas moins importante. Or l'étendue de la compétence théorique paraissait être l'un des critères les plus sûrs, juridiquement parlant, de cette différenciation. Avec des catégories de collectivités territoriales disposant de compétences spécialisées, cette distinction disparaît. Et l'on ne saurait objecter que l'élection est le critère indiscutable de la décentralisation territoriale dans la mesure où, premièrement, il y a, d'ores et déjà, élection au suffrage universel des assemblées délibérantes de ces établissements intercommunaux, deuxièmement, la Constitution met sur le même plan le suffrage direct et le suffrage indirect, troisièmement, il serait possible, juridiquement (et cela avait bien été envisagé politiquement) que l'élection d'une partie des organes de certains établissements publics de coopération intercommunale ait lieu au suffrage universel direct sans que cela ne change la nature de l'établissement.

II. L'instauration dune fausse simplification

La simplification était l'une des idées qui a commandé l'adoption de la loi NOTRe. Cela a-t-il été le cas ? Nullement, car – cela se vérifie également dans d'autres domaines, mais ici c'est plus marqué, pour les raisons qui vont être explicitées – les dispositions qui ont été adoptées sont des dispositions compliquées, et l'exercice des compétences par les collectivités territoriales n'en a pas été facilité, ce qui était cependant l'objectif recherché.

A. L'attrait pour la complication et la sophistication

Les complications, qui sont générales dans toute la loi, tiennent, pour ce qui concerne notre sujet, d'une part, en une spécialisation de certaines collectivités territoriales, qui complique plus qu'elle ne simplifie, d'autre part, à la sophistication croissante des intercommunalités.

1. Une spécialisation sélective des collectivités territoriales qui complique au lieu de simplifier

On peut s'interroger sur la portée de la suppression de ladite clause, pour les départements et les régions. Observons, au préalable, que l'idée de spécialisation[41] est identifiable, à plusieurs reprises, dans les débats relatifs aux lois adoptées depuis plusieurs décennies, elle s'est, notamment, présentée, sous le principe dit des « blocs de compétences ». La théorie des blocs de compétences a été soutenue dans plusieurs rapports, elle est l'une des réponses possibles à la question de savoir suivant quelle méthode les compétences doivent être distribuées, ou redistribuées, entre les collectivités territoriales et l'État. Elle consiste à regrouper les compétences de chaque catégorie de collectivités territoriales autour d'une activité centrale, l'objectif étant de parvenir à une plus grande cohérence dans la répartition des compétences. Le rapport de la commission de développement des responsabilités locales (« rapport Guichard ») se prononçait en ce sens[42], de même que, un peu plus tard, le « rapport Peyrefitte »[43]. Le problème est que l'on n'est jamais parvenu à identifier de manière nette de tels blocs et que, au surplus, et de manière réaliste, le législateur ne les a jamais consacrées[44].

Dès le départ, c'est-à-dire dès le projet de loi, trois domaines ont été « sortis » du principe de spécialisation, les pouvoirs publics ayant prudemment (et, ajoutons, avec réalisme) estimé qu'il était préférable, pour ces champs d'intervention, de ne

41. Sur le principe de spécialisation, voir B. FAURE, *Droit des collectivités territoriales*, Dalloz, 7e éd., 2023, p. 605, § 685 et s.

42. « Ce qui nous a paru clair dès maintenant c'est que [...] il convient que les autorités locales disposent de blocs de compétences homogènes » (rapport p. 41, § 38).

43. Le rapport se prononce, de manière lapidaire, en faveur de « blocs de compétences exclusives et nettement définies » : *Décentraliser les responsabilités. Pourquoi ? Comment ?,* Rapports d'enquête de M. Crozier, J.-Cl. Thoenig, Gélinier et Sultan présentés par A. Peyrefitte, LDf, 1976, p. 4.

44. L'art. L. 1111-4 du CGT dispose dans son premier alinéa [nous soulignons] : « La répartition des compétences entre les collectivités territoriales et l'État s'effectue, *dans la mesure du possible*, en distinguant celles qui sont mises à la charge de l'État et celles qui sont dévolues aux communes, aux départements et aux régions, de telle sorte que chaque domaine de compétences, ainsi que les ressources correspondantes, soient affectés en totalité, soit à l'État, soit aux communes, soit aux départements, soit aux régions ». Rien de tout cela n'est respecté.

pas chercher à exclure l'intervention des départements et des régions, ce qui aurait soulevé des difficultés, considérables, de tous ordres. En revanche, les pouvoirs publics se sont refusés à étendre cette liste d'exceptions, malgré les demandes pressantes qui en ont été faites, notamment dans le domaine du logement.

Une première exception est celle de la culture. Cette exception appelle plusieurs observations. Un point essentiel doit être rappelé : la culture est le champ qui illustre le mieux la clause générale de compétence. En effet, si l'on se reporte aux années 1982-1983, et plus particulièrement aux deux lois de 1983, il apparaît clairement que le législateur ne s'est guère préoccupé, dans ces lois[45], de la culture. Or les collectivités territoriales, toutes les collectivités territoriales, sont intervenues en ce domaine. De plus, elles sont intervenues, avec – si l'on peut utiliser ce terme – la bénédiction de l'État, trop heureux que les collectivités en question viennent l'épauler dans ces dépenses culturelles et, ainsi, soulager son effort financier alors que, durant la même période, les demandes de financement en ce domaine se sont multipliées. Non seulement aucun recours n'a jamais été intenté contre de telles interventions, mais l'État a subventionné les collectivités qui intervenaient en matière culturelle, notamment dans les différents « contrats » qui ont été conclus[46], ce qui était une manière de valider ces interventions. En l'absence de texte précis les autorisant à intervenir, et si l'on admet, donc, que ces interventions n'étaient pas illégales, un seul fondement subsiste, la clause générale de compétence.

Le tourisme est une autre exception qui peut, elle aussi, donner lieu à des interventions très variées de toutes les collectivités, y compris celles que l'on a voulu cantonner. Tout d'abord, mais cela rejoint l'exception précédente, le tourisme est souvent lié à la culture[47]. Ensuite, au nom du tourisme les collectivités territoriales pourront engager bien d'autres actions qui relèvent, *a priori*, d'autres domaines : des équipements collectifs peuvent être aménagés en vue de favoriser la fréquentation touristique, des travaux de voirie peuvent être engagés, en vue de faciliter l'accès à un bien patrimonial, des aides peuvent être apportées à des entreprises, etc. Ainsi, là encore, et sauf à faire une lecture des textes de nature à multiplier les difficultés, le tourisme peut justifier des interventions mettant en échec le principe de spécialisation.

45. Ces lois sont relatives, rappelons-le, à « la répartition *de* compétences » et non à la répartition *des* compétences entre l'État, les communes, les départements et les régions.

46. Contrats de villes, conventions de développement culturel, sans omettre les ex-contrats de plan devenus contrats de projets puis redevenus contrats de plan, etc.

47. D'ailleurs la célèbre décision du Conseil d'État qui est considérée comme consacrant le service public culturel, la décision *Dauphin*, consacre en réalité le « service public culturel et touristique ».

La troisième exception est celle du sport. Les équipements sportifs vont échapper à l'interdiction d'intervention. Et là encore, et bien que ce soit sans doute moins marqué que pour la culture, ce domaine du sport peut justifier de nombreuses actions des départements et des régions : l'installation d'un complexe sportif, utile également au tourisme, peut impliquer des équipements qui ne sont pas directement sportifs, les associations sportives, très nombreuses, qui peuvent être aidées, dépassent souvent leur objet purement sportif, etc.

La quatrième exception est celle de la promotion des langues régionales et d'éducation populaire, avec toute l'imprécision qui caractérise ces deux compétences et peut justifier des interventions très diverses[48].

Par ailleurs, la loi ajoute, à l'article L. 3211-1 et, de manière analogue, aux articles L. 4221-1 et 4433-1 un deuxième (ou troisième) alinéa ainsi rédigé : « Il *[conseil général ou conseil régional]* peut en outre, par délibération spécialement motivée, se saisir de tout objet d'intérêt départemental *[ou régional]* pour lequel la loi n'a donné compétence à aucune autre personne publique ». Deux remarques peuvent être présentées sur cette exception.

Premièrement, il s'agit bien d'une exception ou, si l'on préfère, d'une atténuation, au principe de spécialisation. Car l'on redonne, ainsi, une marge d'appréciation au département et à la région. L'histoire et l'expérience montrent que des champs nouveaux s'ouvrent, en permanence, à l'action des personnes publiques : qui aurait pensé, il y a deux ou trois décennies, à ce champ nouveau qui est celui des réseaux de communication ? D'une part, dans ces hypothèses, la loi ne règle pas tout, ce qui laisse un champ d'action aux collectivités qui souhaitent intervenir, d'autre part, le législateur, influencé par l'État, autorise volontiers les collectivités à intervenir, quand il ne rend pas les dépenses obligatoires. Certes, la période actuelle, avec la préoccupation (justifiée) de réduire la dette publique ne se prête guère à des excès, mais une loi n'est pas seulement faite pour des circonstances d'un moment, elle a vocation à s'appliquer dans l'avenir, dont nul ne peut savoir ce qu'il sera.

Deuxièmement, et indépendamment de l'exigence de forme de la « délibération spécialement motivée » (ce qui n'est pas très difficile), lorsque le législateur parle d'un objet « pour lequel la loi n'a donné compétence à aucune autre personne

48. La notion de « langues régionales » n'a aucun contenu juridique précis, on peut même longuement disserter sur la pertinence de la notion de « langue régionale » (voir sur ce point J.-M. PONTIER, *Droit de la langue française*, Dalloz 1996). Ajoutons que l'art. L. 1111-4 du CGCT parle aussi, parmi les compétences partagées entre toutes les collectivités, de la « promotion de l'égalité entre les femmes et les hommes », ce qui peut encore plus justifier une diversité d'interventions.

publique » il ne parle pas[49] de quelque chose de différent de ce qu'est la clause générale de compétence qui ne joue, redisons-le, que lorsqu'aucune personne publique n'est compétente. Cette possibilité laisse perplexe, et donne l'impression, de la part du législateur, d'une « valse-hésitation » ou d'un compromis, ici boiteux.

Mais, de plus, si l'on examine les autres dispositions applicables aux collectivités territoriales, on peut éprouver plus qu'un doute sur la pertinence et, surtout, l'effectivité, de cette spécialisation instituée par le législateur.

En premier lieu, la suppression de la clause générale de compétence ne signifie pas nécessairement une restriction des compétences des collectivités concernées, car tout dépend des compétences que la loi attribue auxdites collectivités. Dans le cas de la région, par exemple, les lois successives ont accru les compétences des régions, et la loi NOTRe, qui supprime leur compétence générale, leur attribue, simultanément, de nouvelles compétences en matière de développement économique[50]. Cela relativise la suppression de la clause en question, mais, également, l'intérêt de cette suppression, d'autant qu'il y a de véritables exceptions.

En deuxième lieu, même avec la spécialisation, il faut tenir compte d'autres dispositifs déjà existants qui, à supposer qu'ils soient mis en œuvre, sont susceptibles d'atténuer la spécialisation affirmée. Il en est ainsi, par exemple, de la qualité de chef de file. Pour s'en tenir à un seul exemple, celui du département, ce dernier se voit reconnaître cette qualité, pour l'exercice, notamment, de la « solidarité des territoires »[51], expression suffisamment large (et vague) pour couvrir un grand éventail d'interventions.

49. Tout au moins aujourd'hui : la notion d'« objet » n'a pas le même sens à notre époque que ce qu'elle avait en 1871, tout simplement parce que le champ potentiel des interventions des collectivités territoriales n'a rien à voir avec ce qu'il a pu être.

50. Et avec la création d'un schéma régional de développement économique, d'innovation et d'internationalisation, art. L. 1111-9, L. 1511-1, L. 4251-12 à L. 4251-17.

51. Les trois titres de collectivité chef de file du département sont (art. L. 1111-9, III du CGCT) : « 1° L'action sociale, le développement social et la contribution à la résorption de la précarité énergétique ; 2° L'autonomie des personnes ; 3° La solidarité des territoires ». Le 1° comme le 3° autorisent de nombreuses actions. Sur la solidarité territoriale, voir J.-M. PONTIER, « La solidarité territoriale », *BJCL* 2022-1, p. 3.

En troisième lieu, il ne faut pas oublier, non plus, les contrats de plan État-régions (CPER). Il n'est pas certain qu'ils soient encore de véritables contrats[52], ils sont, aujourd'hui, une anomalie juridique[53], mais il est certain, en revanche, qu'ils contreviennent directement au principe de spécialisation posé par le législateur, dans la mesure où, d'une part, ces contrats, devenus de simples programmes d'investissement, concernent les domaines les plus divers, sans distinction des collectivités dont ils relèvent et, d'autre part, où toutes les catégories de collectivités (sans compter les établissements publics) participent, sans considération de leurs domaines de compétences respectifs[54], et sans que, là encore, l'État y trouve à redire, bien au contraire, tout le monde, en quelque sorte, y trouvant son compte.

2. La sophistication croissante des intercommunalités

Deux remarques préalables montrent combien les changements intervenus sont importants en ce domaine. Tout d'abord, le terme d'intercommunalité, lui-même, est récent, et si on y a eu recours, c'est en raison de la floraison des formes d'intercommunalité : auparavant, il y avait simplement des établissements de coopération intercommunale ; leur multiplication et leur diversification ont conduit à utiliser un terme regroupant toutes ces formes. Ensuite, le terme, utilisé au singulier ou, de préférence, au pluriel, implique bien qu'il existe une réalité administrative, autre que celle des communes, il y a, sous-jacente, l'idée d'un dépassement de la commune[55]. Cette sophistication, qui est complication, se traduit, dans la loi NOTRe qui reprend, en les modifiant, les dispositions de lois antérieures, par deux traits.

---

52. Le Conseil d'État leur avait reconnu cette nature (la loi n° 82-653 du 29 juill. 1982 portant réforme de la planification le disait explicitement), mais c'était avec réticence et, compte tenu des nombreux changements intervenus en la matière, la nature de contrats administratifs des CPER est devenue très douteuse. Voir J.-M. PONTIER, *Les contrats de plan entre l'État et les régions*, PUF, coll. « Que sais-je ? », n° 3281, 1998 ; – « Les contrats de plan État-régions 2014-2020 », *JCP* 2014, n° 2148 ; – « Région : compétences », *Encyclopédie des collectivités locales*, Dalloz, 2024, p. 1750-1 et s., p. 1759-38 et s., § 367 et s.

53. Anomalie juridique parce que l'on parle de contrats de plan, alors qu'il n'y a plus de plan, et que la loi du 29 juill. 1982 (qui n'a jamais été abrogée) précisait bien que ces contrats de plan étaient conclus « pour l'exécution du plan de la nation ». Voir J.-M. PONTIER, « Pourquoi parler de contrats de plan ? », *AJDA* 2015, p. 657.

54. Si la loi ne vise que les régions, les départements, comme les communes, concernés, apposent leur signature qui, juridiquement, est superfétatoire et n'emporte aucune conséquence mais, politiquement, a du sens.

55. D'ailleurs, une autre expression, désormais très couramment utilisée, notamment par le ministère de l'Intérieur, est significative, c'est celle de « bloc communal », pour désigner, à la fois, les intercommunalités et les communes, le ministère n'opérant plus de distinction entre les deux.

Le premier est l'aspiration, de plus en plus marquée, par les EPCI à fiscalité propre[56], des compétences des communes membres. L'évolution dont témoigne la loi NOTRe, et qui s'étale sur plusieurs décennies, présente une double caractéristique. D'une part, la nature des transferts de compétences des communes vers les EPCI a changé. Au départ, il s'agit de transferts facultatifs, les communes demeurant maîtresses de ces transferts, avec, par voie de conséquence, une différenciation selon les communes et les parties du territoire[57]. Puis, on va glisser progressivement vers des transferts obligatoires et, de loi en loi, la liste des transferts obligatoires va s'allonger. La complication va s'accentuer, avec une sorte de choix possible entre des groupes de compétences dont le transfert est obligatoire. Enfin, on va rajouter des transferts optionnels, dans l'obligation de groupes de compétences à transférer obligatoirement. Le système était devenu illisible, les compétences optionnelles ont été, heureusement, supprimées dans la loi 3Ds. D'autre part, étant donné que les transferts obligatoires se faisaient au profit de certaines catégories d'EPCI seulement, et que toutes les communes ne faisaient pas partie de tels EPCI, il a suffi de décider que toutes les communes devraient faire partie d'un EPCI à fiscalité propre[58].

Le second trait est la confirmation des métropoles, la loi NOTRe modifiant les conditions de création de ces institutions. Certes, l'idée de métropole ne date pas d'aujourd'hui, dans les politiques publiques[59], mais les métropoles qui ont été créées par la loi MAPTAM n'ont rien à voir avec cette idée des années 1960. Les complications tiennent, autant, aux statuts de ces métropoles, qu'à leurs compétences. Sur le premier point, il n'existe pas un seul statut, la catégorie des métropoles est hétérogène. Même si l'on met à part la Métropole du Grand Paris, les métropoles sont différenciées, certaines ont été créées directement par la loi, d'autres à la demande[60], l'une d'entre elles, Lyon, a un statut de collectivité territoriale[61], les

56. Une distinction nette étant faite désormais, par les pouvoirs publics, entre les EPCI « simples » et les EPCI à fiscalité propre, considérés comme les seuls « vrais » EPCI par les pouvoirs publics nationaux (mais pas par les élus locaux).

57. C'était là, déjà, et peut-être plus qu'aujourd'hui, une véritable différenciation, que l'on a prétendu instaurer dans la loi 3Ds.

58. Ces EPCI ayant été qualifiés, souvent, d'« EPCI XXL » en raison de leur dimension.

59. Dans les années 1960, on a beaucoup parlé des « métropoles d'équilibre », qui n'étaient pas du tout des institutions administratives, et dont on voulait faire, sur le plan économique, des pôles de références.

60. Et l'on comprend vite que des villes, voyant leur voisine se voir reconnaître le statut de métropole, n'ont eu de cesse de l'obtenir elles aussi, alors que, objectivement, compte tenu des intentions initiales, ce statut n'est guère justifié.

61. Le rapport Woerth préconise, d'ailleurs, la suppression de ce statut de collectivité territoriale.

autres sont des EPCI, mais avec des particularités qui sont des complications, par exemple pour la métropole d'Aix-Marseille. Ces différenciations ne trouvent guère d'autre justification que la préoccupation de satisfaire des demandes particulières, et non la satisfaction de l'intérêt général. D'où des propositions de réforme qui sont régulièrement faites[62].

Quel sens tout cela a-t-il ? Les réformes conduites depuis des années ne sont pas l'expression d'une volonté et d'un dessein clairement défini de l'État. Celui-ci, faute de vision globale, empile des législations, supposées améliorer l'action publique, alors qu'elles ne font que la compliquer. L'une des idées qui guident, de manière plus ou moins explicite, les pouvoirs publics, est celle de dépasser le cadre communal, et de le faire autrement que par la suppression de communes, puisque cela s'est révélé impraticable. La solution retenue, est celle des institutions de coopération, qui se substituent de plus en plus aux communes[63], mais pour lesquelles les pouvoirs publics n'osent pas franchir le pas, en leur conférant le statut de collectivité territoriale, et en créant une nouvelle catégorie de collectivités territoriales, mais qui devrait, alors, s'accompagner de la disparition des communes... Les mécanismes deviennent de plus en plus sophistiqués, mais sans que cela ne se traduise par une plus grande efficacité. On le voit bien, avec la multiplication, par la loi 3Ds, des délégations de compétences, qui sont sans doute nécessaires pour sortir du carcan des dispositions existantes, et donner un peu de souplesse, mais qui brouillent un peu plus la répartition des compétences. Et certaines des institutions les plus récentes ne sont pas à l'abri des critiques, bien au contraire[64].

62. Voir, notamment, les derniers rapports sur la réforme des collectivités territoriales, même si ces rapports, du fait de divers événements, sont probablement promis à la trappe : sur le rapport Woerth, voir J.-M. PONTIER, « Rapport Woerth : "le temps de la confiance" ? », *AJCT* juin 2024, p. 332 ; J.-M. PONTIER, « Enchevêtrement des compétences et coût des normes. Les pistes salutaires du rapport Davignon », *AJCT* sept. 2024, p. 453.

63. Mais, par la force des choses, et du fait de l'importance des transferts opérés, il a bien fallu prévoir (dans la loi 3Ds) la possibilité de « restituer » des compétences aux communes membres : voir l'art. L. 5211-17-1 du CGCT.

64. Voir par ex., pour les métropoles, P. VERMEREN, *L'impasse de la métropolisation*, Gallimard, 2021.

B. Un exercice des compétences mal coordonné

Si, par définition, les collectivités territoriales doivent poursuivre l'intérêt général, qui est, ici, un intérêt public local[65], il est quasiment inévitable que l'on puisse constater, dans quelques cas, une certaine « concurrence » entre ces collectivités[66]. Il est tout aussi évident qu'il convient de limiter cette « concurrence » et, même en l'absence de celle-ci, et compte tenu de ressources qui sont, elles aussi, limitées, obtenir, autant que possible, une coordination des interventions de ces collectivités. Les dispositions adoptées par le législateur sont-elles une solution, une solution effective ? On peut fortement en douter.

1. Une pluralité d'instruments de coordination

La coordination paraît tout autant indispensable, voire plus, avec la spécialisation, qu'avec la compétence générale : s'il y a des domaines réservés – avec les exceptions que nous avons vues –, il ne faut pas que chaque collectivité agisse dans l'ignorance de ce que font les autres. Avec le système adopté, d'abord, en 2010, abandonné en 2014, repris dans la loi NOTRe, on peut penser que l'on cumule les inconvénients. Plusieurs instruments supposés être de coordination ont été, ou bien repris, ou bien institués, par la loi NOTRe, sachant que la « collectivité chef de file » (voir *supra*) est déjà un instrument de coordination, mais fort peu utilisé, malgré l'intérêt que cette notion présente.

L'un de ces instruments est la conférence territoriale de l'action publique (CTAP). *A priori*, une telle institution ne peut qu'être approuvée. Instituée par la loi MAPTAM[67], et non modifiée par la loi NOTRe, elle est un instrument destiné à favoriser la coordination, la simplification et la clarification (pour reprendre les termes de la loi) des interventions des collectivités publiques et de leurs groupements, dans le cadre d'une région. Selon l'article L. 1111-9-1 du CGCT, dans sa formulation après l'adoption de la loi 3Ds, la CTAP « peut débattre et rendre des avis sur tous les sujets relatifs à l'exercice de compétences et à la conduite de politiques publiques nécessitant une coordination ou une délégation de compétences entre les collectivités et leurs groupements ».

65. Mais, depuis longtemps, le juge administratif a admis que des collectivités locales pouvaient participer, financièrement, à la réalisation ou la modernisation d'équipements de l'État.

66. Voir J.-F. BRISSON, « Concurrence des territoires dans l'exercice des compétences », *in* C. GARBAR (dir.), *Décentralisation et territoires*, Presses universitaires juridiques de Poitiers, 2025, p. 185.

67. Mais les rapporteurs du projet de ce qui devient la loi 3Ds relèvent que l'institution a des sources antérieures. Voir M. DARNAUD, F. GATEL, *Rapport sur le projet de loi relatif à la différenciation, la décentralisation, la déconcentration et portant diverses mesures de simplification de l'action publique locale*, Sénat, 30 juin 2021, n° 723, p. 34.

Mais, bien que cette « conférence » ne fût destinée qu'à donner des avis[68] – et il eût été compliqué et difficilement acceptable qu'elle rendît des avis juridiquement obligatoires pour les collectivités concernées –, elle présentait des faiblesses évidentes. Tout d'abord, il s'agit d'un mécanisme lourd dans sa composition, avec le préfet, le président du conseil régional, les présidents des conseils départementaux, des représentants des élus communaux, une telle composition n'étant guère un gage d'efficacité. Ensuite, ainsi que l'a relevé un rapport de l'Inspection générale de l'administration de 2017, les élus locaux ne se sont guère saisis de cette institution, dont ils n'ont pas compris l'intérêt.

La loi 3Ds a cherché à rendre l'institution plus effective, en lui confiant de débattre « des projets visant à coordonner les interventions des personnes publiques, qui lui sont présentées par les collectivités territoriales ou les établissements publics de coopération intercommunale à fiscalité propre »[69] dans le cadre des dispositions prévues aux V à VII de l'article L. 1111-9-1. Les conventions territoriales d'exercice concerté d'une compétence « fixent les objectifs de rationalisation et les modalités de l'action commune pour chacune des compétences concernées ». Ces conventions sont, en soi, justifiées, ou justifiables, mais, comme le montre l'énumération de l'article L. 1111-9-1, elles sont beaucoup trop lourdes, beaucoup trop formalisées, il n'est pas très étonnant qu'elles n'aient pas eu le succès escompté.

On pourrait en dire autant des schémas, qui sont des instruments défendables, mais dont la multiplication, la diversité, l'hétérogénéité[70] troublent les élus locaux plus qu'elles ne les aident. Et ce ne sont pas les deux schémas régionaux produisant des effets de droit qui changent la donne en la matière.

2. Des résultats décevants

Les résultats sont décevants pour une multitude de raisons, qui sont loin de tenir au seul législateur. Mais il y a une certaine hypocrisie à poser des règles, dont on affirme officiellement, et parfois solennellement, qu'elles vont contribuer à améliorer la décentralisation, alors que, dans la pratique, l'on sait qu'il n'en sera pas ainsi. Cette hypocrisie se vérifie, notamment, à partir du moment où il s'agit d'obtenir des financements d'une collectivité. L'enseignement supérieur en est une illustration : en principe, dans les textes, l'enseignement supérieur relève de l'État, ce qui est

68. On appelle ces avis des « avis obligatoires », mais ce qui est obligatoire, c'est la demande et le rendu d'avis, ce n'est pas l'avis lui-même. Lorsque tel est le cas, on parle d'« avis conforme ».

69. C'est le IV de l'art. L. 1111-9-1 du CGCT.

70. D'autant plus qu'à côté des schémas il faudrait prendre en compte tous ces instruments administratifs non prescriptifs mais incitatifs que les autorités décentralisées sont invitées à prendre en compte.

logique, les ordres d'enseignement ayant été répartis, pour les responsabilités[71], entre les diverses catégories de collectivités territoriales. Mais personne ne voit à redire – au contraire – à ce qu'une commune, un département, finance, d'une manière ou d'une autre, une université, qui s'en trouve fort aise. Il est vrai qu'il s'agit, là, de participations des collectivités territoriales à des missions de l'État, ce dernier étant beaucoup plus strict, lorsqu'il s'agit de participations financières des collectivités territoriales entre elles, avec la limitation des financements croisés.

La spécialisation des collectivités territoriales – tout au moins des départements et des régions – a été voulue pour, à la fois, réduire certaines dépenses jugées inutiles ou constituant des doublons, et rationaliser les interventions des collectivités territoriales, la simplification étant un autre but visé. Aucun de ces objectifs n'a été atteint. La réduction des dépenses des collectivités territoriales ne pouvait être obtenue par ce biais, parce qu'il ne s'est pas agi d'une véritable spécialisation, l'affirmation selon laquelle la clause générale de compétence est source de dépenses, n'a jamais pu être démontrée, parce que, également, l'ensemble touffu de dispositions applicables donne aux collectivités la possibilité d'intervenir, même si elles ne sont juridiquement pas compétentes, la volonté de limiter les dépenses des collectivités territoriales – qui ont effectivement beaucoup augmenté en quelques décennies, mais pour des raisons diverses[72] – étant un thème de l'État, voire un fantasme, qui revient régulièrement. La rationalisation et la simplification n'ont pas plus été au rendez-vous, à l'inverse, ce sont des complications supplémentaires qui ont été apportées par la loi NOTRe.

71. Il s'agit bien de « responsabilités » et non pas de compétences, et le législateur, d'ailleurs (pour une fois), a correctement nommé ce qu'il décidait. Comment, en effet, pourrait-on parler de compétences au profit des collectivités territoriales alors que l'essentiel (à commencer par le statut du personnel enseignant, qui est national, alors que ce n'est pas le cas dans bien des pays, mais aussi les programmes) leur échappe ? En fait les collectivités sont surtout amenées à financer (ce qui est déjà beaucoup et a permis, par ex., à la région d'avoir plus de visibilité avec la responsabilité des lycées).

72. Des rapports récents sur les dépenses publiques, qu'il faut modérer, compte tenu de la situation de notre pays, mettent en cause, notamment, l'augmentation des dépenses des collectivités territoriales (en particulier les dépenses de personnels), mais il faudrait, pour avoir une vision plus « juste » de la situation, analyser les implications financières de toutes les compétences transférées depuis plusieurs décennies.

Une « sophistication » supplémentaire est constituée par les mécanismes institués par la loi NOTRe et particulièrement les délégations de compétences. Ces délégations, et notamment les conventions territoriales d'exercice concerté (CTEC) s'inscrivent dans la politique de contractualisation des rapports[73].

La délégation de compétences existait depuis plusieurs années, mais elle était limitée[74]. Les délégations de compétences entre collectivités publiques ont été introduites par la loi RCT de 2010, le ministère de l'Intérieur ayant expliqué que ce dispositif devait constituer un élément de souplesse, et éviter les risques de rigidité dans le système de répartition des compétences. La délégation de compétences permet à une collectivité de déléguer, par convention et pour une durée déterminée, l'exercice de l'une de ses compétences à une collectivité relevant d'une autre catégorie, ou à un EPCI à fiscalité propre. La loi de 2014 a élargi le cadre des délégations en permettant à l'État de déléguer par convention, à une collectivité territoriale ou à un EPCI qui en fait la demande, l'exercice de certaines de ses compétences[75] et la loi NOTRe a précisé les dispositifs de délégations.

Les délégations de compétences peuvent être, aussi bien, des délégations de compétences de l'État vers les collectivités territoriales (art. L. 1111-8-1 du CGCT), que des délégations de compétences entre collectivités territoriales (art. L. 1111-8 du CGCT). Ce qui complique les choses, est le fait qu'il faut distinguer, désormais, selon la nature des compétences exercées, c'est-à-dire selon qu'il s'agit de compétences exclusives, ou de compétences partagées, sans compter les interventions, prévues par la loi, et qui sont en quelque sorte « hors compétence »[76].

Un rapport très intéressant, fait par deux membres de l'Inspection générale de l'administration[77] à la demande du ministre de l'Intérieur, déclare que : « Les acteurs locaux ne se sont pas encore approprié les nouveaux outils mis à leur disposition par la loi » et donnent l'explication suivante en ce qui concerne les délégations de compétences : « Troïs facteurs expliquent aujourd'hui le peu d'appétence

---

73. Voir sur cette question, R. ALLEMAND, N. DANTONEL-COR (dir.), *La contractualisation de l'action publique locale*, L'Harmattan, coll. « GRALE », 2018.

74. La loi du 13 août 2004 relative aux libertés et responsabilités locales avait institué un dispositif de délégation de compétences de l'État en matière de logement.

75. Cette disposition est codifiée à l'art. L. 1111-8-1 du CGCT.

76. Il en est ainsi de la possibilité reconnue aux collectivités territoriales de participer financièrement à des projets relevant de l'État : tel est le cas de la participation au financement des contrats de plan (CPER) pour l'ensemble des collectivités, de la participation des départements au titre de la solidarité territoriale au bénéfice des communes et des EPCI.

77. IGA, B. ACAR, P. REIX, *Délégation de compétences et conférence territoriale d'action publique, de nouveaux outils au service de la coopération territoriale*, mai 2017.

des collectivités locales pour la délégation de compétences : le cadre contraignant des délégations entre collectivités, assimilé à une tutelle, la lourdeur et longueur de la procédure, le sentiment que cet outil est une forme d'évitement et *a minima* de retardement de transferts de compétences ».

La loi 3Ds, qui a succédé à la loi NOTRe, n'a guère plus apporté d'améliorations, beaucoup, lors des débats, ont reproché au texte sa timidité.

La loi NOTRe n'a fait, pour l'essentiel, et sans nier certaines améliorations qui ont été apportées, que ravauder, rapiécer, replâtrer. Elle a ajouté des dispositifs, alors que certains de ceux qui avaient été prévus et consacrés précédemment ne sont pas utilisés. À quoi bon en rajouter ? La loi a contribué à brouiller un peu plus le paysage institutionnel local, sans apporter de réformes profondes et, surtout, utiles.

RATIONALISATION DES GOUVERNANCES TOURISTIQUES : VOYAGE AU CŒUR D'UNE RÉFORME ENLISÉE

Benjamin TENDRON
ATER et Doctorant en droit public

En insérant à l'article L. 1111-4 du CGCT que « les compétences en matière de culture, de sport, de tourisme [...] sont partagées entre les communes, les départements, les régions [...] », la loi NOTRe du 7 août 2015 n'a fait que confirmer la loi de 1992 portant répartition des compétences dans le domaine du tourisme. Cette réaffirmation d'une gouvernance « multiniveaux » semble étonnante, tant l'étude d'impact du texte déposé au Sénat en juin 2014 annonçait une nécessaire « rationalisation de l'intervention publique » dans le domaine du tourisme. Il faut noter que le projet de loi prévoyait toutefois d'attribuer la qualité de chef de file à la région tout en lui confiant la réalisation d'un schéma unique. Cette tentative de coordination des échelons a toutefois été écartée par la commission des lois du Sénat, qui s'est vivement opposée à tout chef de filât, malgré le constat d'« actions concurrentes des comités régionaux de tourisme, des comités départementaux de tourisme et des offices communaux et intercommunaux de tourisme » à l'origine « d'offres touristiques parfois concurrentes et de dépenses publiques redondantes »[1]. Une réintroduction de ces mesures a été, quelques années après, proposée en vain par plusieurs députés dans un amendement au cours de l'examen du projet de loi « 3Ds »[2].

Dans le champ du tourisme, deux éléments peuvent ainsi être retenus de la loi NOTRe. D'une part, les débats ont montré qu'il est très difficile de réformer les gouvernances touristiques, tant la compétence est symboliquement et économiquement importante pour les territoires. D'autre part, la loi s'est parfaitement inscrite dans le mouvement d'affirmation du rôle d'un nouvel échelon

1. Rapport n° 174 des sénateurs J.-J. Hyest et R. Vandierendonck sur le projet de loi NOTRe, déc. 2014, p. 75.
2. Amendement n° 1159 déposé le 1er déc. 2021.

« intermédiaire » – celui de l'intercommunalité – en finalisant le transfert de la compétence « promotion du tourisme dont la création d'offices de tourisme » aux EPCI. En effet, si la loi MAPTAM de janvier 2014 avait déjà transféré ladite compétence aux métropoles et aux communautés urbaines, celle d'août 2015 s'est chargée de la confier aux communautés d'agglomération et aux communautés de communes. Une telle mesure a particulièrement marqué le secteur du tourisme, au point d'être rapidement tempérée par plusieurs lois successives – loi « Montagne II », loi « Engagement et proximité », loi « 3Ds » – offrant dans certaines circonstances la possibilité aux stations classées de tourisme, voire aux communes touristiques, de retrouver leur office.

Le paysage touristique français est ainsi particulièrement complexe : communes, intercommunalités, départements, régions et leurs établissements publics peuvent intervenir en matière de tourisme, sans que la compétence ne soit clairement définie. Ces multiples interventions s'inscrivent dans un contexte de rationalisation – incomplète et contestée – des échelons territoriaux, avec la fusion de certaines régions entrée en vigueur en 2016 ou le maintien de la clause générale de compétences pour les seules communes et certaines collectivités à statut particulier.

Faut-il dès lors rationaliser les gouvernances touristiques comme la loi NOTRe le prévoyait initialement ? Cette question est loin d'être nouvelle. En 1982, un rapport indique que les comités régionaux du tourisme (CRT) « sont concurrencés par les multiples organismes départementaux (associations ou comités départementaux, offices départementaux, commissions consultatives départementales), de même qu'ils le seront un jour par des organes émanant de la région (conseil régional, comité économique et social) »[3]. En 1986, un rapport affirme que le tourisme est « l'affaire de tous » même si « la région semble devoir être le cadre privilégié d'une politique moderne du tourisme »[4]. Les travaux parlementaires semblent ensuite préconiser la nécessité d'attribuer l'intégralité de la compétence « à un seul niveau de collectivité »[5]. Si en 2008 le département est considéré comme « la collectivité la plus pertinente »[6], ce dernier est, la même année, menacé de

3. Rapport n° 12 fait par le sénateur P. Lacour sur la proposition de loi portant réforme de l'organisation régionale du tourisme, oct. 1982, p. 17.

4. Rapport n° 105 fait par le sénateur P. Lacour sur la proposition de loi relative à l'organisation régionale du tourisme, déc. 1986, p. 3-4.

5. Rapport n° 1153 d'information présenté par les députés D. Quentin et J.-J. Urvoas sur la clarification des compétences des collectivités territoriales, oct. 2008, p. 74.

6. *Ibid.*, p. 74.

suppression par le rapport Attali[7]. Un an plus tard, le rapport Balladur suggère de mettre de côté le département en matière de tourisme[8]. Écarté par le projet de loi NOTRe, le souhait de retrait de la compétence à la collectivité départementale a toutefois été renouvelé dans un rapport[9] de 2024.

Il ressort ainsi de ces illustrations que le législateur semble conscient de la nécessité d'agir, sans toutefois savoir ce qu'il convient de faire pour rationaliser les gouvernances touristiques. Ces dernières doivent-elles être recentrées autour du couple formé par la région et l'intercommunalité, comme suggéré par le projet de la loi NOTRe ? Le département a-t-il un avenir dans la promotion du tourisme ?

Pour tenter de percevoir le rôle des échelons départementaux et régionaux, nous avons adressé un questionnaire à différents acteurs et obtenu les retours de 65 personnes[10]. 29 enquêtés dirigent ou travaillent dans un comité départemental du tourisme (CDT), 22 sont des agents appartenant au service d'un département en lien avec le tourisme, 6 sont des parlementaires, 3 travaillent dans un service régional en lien avec le tourisme, 3 dans un CRT et, enfin, 2 sont des élus départementaux avec une vice-présidence « tourisme ».

Nous verrons ici que le retrait de la compétence « tourisme » aux départements semble difficile à mettre en œuvre (I), cette dernière étant intrinsèquement liée à l'histoire de ces collectivités. Nous étudierons ensuite que si la coordination envisagée par le législateur est indispensable entre les différents niveaux de gouvernance, celle-ci est déjà souhaitée, voire bien mise en place sur les territoires (II).

I. Faire ses valises ? Un départ impensable pour les départements

L'intervention du département dans le secteur touristique est ancienne (A). Si celle-ci a été progressivement reconnue par les pouvoirs publics, elle se concrétise aujourd'hui par de multiples initiatives portées en grande partie par des comités départementaux du tourisme bien identifiés par les acteurs locaux (B).

---

7. Rapport de la commission pour la libération de la croissance française sous la présidence de Jacques Attali, janv. 2008, p. 197.

8. Rapport du comité pour la réforme des collectivités locales au Président de la République, *Il est temps de décider*, mars 2009, p. 86.

9. Rapport d'É. Woerth, *Décentralisation : le temps de la confiance*, 30 mai 2024, p. 40.

10. Au 10 juill. 2025.

A. Des départements historiquement imprégnés par la question touristique

La coordination des acteurs touristiques à l'échelle du département est étroitement liée à la création de CDT, notamment au début des années 1950[11], certains étant plus anciens. Si ces différentes initiatives départementales ont permis l'émergence d'une réflexion touristique supra-communale, la reconnaissance officielle du rôle du département dans le secteur du tourisme est tardive si ce n'est discrète. Dès le régime de Vichy, une place importante est en effet accordée à l'échelle régionale, l'État mettant de côté la gestion du tourisme par les départements. En 1942, une loi[12] rend à ce titre possible, au siège de chaque région économique, la constitution d'un CRT. Si chaque département y est alors représenté par un délégué, ces derniers n'ont qu'un rôle secondaire, l'article 6 de ladite loi les chargeant d'assurer « la liaison entre ledit comité et les syndicats locaux d'initiative » placés « sous le contrôle du comité régional du tourisme ».

Après le retour de la République, en dehors de toute loi ou texte réglementaire officialisant leur existence, les comités départementaux s'organisent en 1977 dans une Fédération nationale des comités départementaux du tourisme (FNCDT)[13]. Aussi, la signature le 17 juin 1980 d'une convention entre le ministère de la Jeunesse, des Sports et des Loisirs et la fédération[14] est une étape importante dans leur légitimation. L'État leur confie à cette occasion plusieurs missions comme celles de « susciter la réflexion, animer les études et coordonner les interventions en matière de tourisme et de loisirs ». Une autre reconnaissance – certes implicite – est toutefois octroyée aux comités départementaux par la loi du 3 janvier 1987 relative à l'organisation régionale du tourisme. Cette dernière exige en effet leur consultation dans l'élaboration d'un schéma régional de développement du tourisme et des loisirs (SRDTL) et impose la présence départementale dans la composition des CRT qui doivent comprendre des membres représentant « chaque comité départemental du tourisme ou organisme assimilé ».

---

11. J.-M. BRETON, *Droit et politique du tourisme*, Dalloz, 2016, p. 278.

12. Loi n° 85 du 12 janv. 1942 instituant des comités régionaux du tourisme.

13. J. PIRIOU et M.-N. RIMAUD, « Le slow tourisme : ambitions et contraintes institutionnelles pour un développement touristique différencié », *in* B. ANDRIEU, C. GIBOUT, F. LEBRETON (dir.), *Vivre slow : enjeux et perspectives pour une transition corporelle, récréative et touristique*, Presses Universitaires de Nancy, Éditions universitaires de Lorraine, p. 357.

14. Rapport n° 12 fait par le sénateur P. Lacour sur la proposition de loi portant réforme de l'organisation régionale du tourisme, oct. 1982, p. 36.

Il faut attendre la loi du 23 décembre 1992 portant répartition des compétences dans le domaine du tourisme pour que le rôle du département soit clairement défini. D'une part, la loi prévoit une compétence partagée dans le domaine du tourisme entre les collectivités et l'État qui doivent exercer leurs compétences « en coopération et de façon coordonnée ». D'autre part, elle précise le rôle du département en indiquant que le conseil général peut établir « en tant que de besoin, un schéma d'aménagement touristique départemental » mais également créer un comité départemental du tourisme qui « prépare et met en œuvre la politique touristique du département ». La nature du comité est fixée par la collectivité, ce dernier devant comprendre des délégués du conseil général et divers représentants issus de l'écosystème touristique local (professions et associations du tourisme ; offices du tourisme ; communes touristiques, etc.). Le CDT doit alors contribuer « à assurer, au niveau du département, l'élaboration, la promotion et la commercialisation de produits touristiques, en collaboration avec les professionnels et les organismes concernés par le tourisme à l'échelon départemental et intercommunal ainsi qu'avec toute structure locale établie à cet effet ».

En fonction de leurs statuts et des missions qui leur sont confiées, les CDT peuvent aujourd'hui porter différentes appellations comme celles d'agences de développement touristique (ADT), d'agences départementales de développement économique et touristique (ADDET) ou d'agences de développement et de réservation touristiques (ADRT). La forme juridique choisie par le département est, la plupart du temps, l'association. Selon notre décompte, il existerait 71 associations, 6 EPIC, 2 GIP, 2 SPL, 1 SEM en ne prenant en compte que les départements de l'hexagone, deux départements étant par ailleurs regroupés au sein d'un même CDT. 9 départements semblent avoir fait le choix de la régie. Concernant l'échantillon de notre enquête, 27 des 29 CDT interrogés sont des associations : il y a également 1 SPL et 1 EPIC.

L'intervention du département a ainsi été progressivement institutionnalisée au cours du XXe siècle, le conduisant à initier des actions sur des sujets variés et interconnectés.

B. L'intervention plurielle des départements dans le secteur du tourisme

Si les activités du département en matière de tourisme, qu'elles soient expressément prévues par la loi ou initiées sur le fondement de la compétence partagée, font de lui un acteur omniprésent, elles participent également à le légitimer comme un niveau administratif pertinent, fort de son identité touristique.

Les compétences liées au tourisme et confiées par la loi aux départements sont éclatées dans différents codes comme le Code du sport, du tourisme ou le CGCT.

Avec la loi nº 83-663 du 22 juillet 1983, le législateur a attribué aux départements la réalisation d'un plan départemental des itinéraires de promenade et de randonnée (PDIPR), aujourd'hui inclus dans le plan départemental des espaces, sites et itinéraires relatifs aux sports de nature (PDESI). Cette mission est étroitement liée à une autre compétence de la collectivité : l'élaboration et la mise en œuvre « d'une politique de protection, de gestion et d'ouverture au public des espaces naturels sensibles »[15].

En outre, la loi prévoit également que les départements établissent « un programme d'aide à l'équipement rural »[16]. Le CGCT autorise en ce sens les départements – chefs de file en matière de « solidarité des territoires »[17] –, « pour des raisons de solidarité et d'aménagement du territoire », à apporter une assistance technique aux communes ou EPCI ne bénéficiant pas « de moyens suffisants pour l'exercice de leurs compétences »[18]. Cette assistance, souvent conduite par une agence, peut, par exemple, mener à une aide en matière « d'équipements ou d'espaces publics » touristiques[19].

Par ailleurs, les départements possèdent plusieurs infrastructures sportives ou culturelles comme les musées. Ils peuvent aussi détenir des cours d'eau, canaux, lacs et plans d'eau sur lesquels ils ont ensuite le loisir de développer toute une politique touristique. Leurs compétences en matière de voirie[20] sont, de la même manière, étroitement liées à la réflexion touristique. Par ailleurs, les départements peuvent aussi se voir confier l'organisation et la mise en œuvre du service de remontées mécaniques[21].

Enfin, il faut ajouter une dernière mission prévue par la loi : l'élaboration d'un schéma d'aménagement touristique départemental (SATD). Ce document – dont les appellations varient en fonction des départements – constitue une réelle feuille de route pour les comités départementaux chargés de mettre en œuvre la politique touristique des départements.

15. Art. L. 113-8 du C. urb.
16. Art. L. 3232-1 du CGCT.
17. Art. L. 1111-9, III du CGCT.
18. Art. L. 3232-1-1 du CGCT.
19. Rapport d'observations définitives de la CRC Nouvelle-Aquitaine, exercices 2014 et s., Agence technique départementale (ATEC) de la Haute-Vienne, juill. 2021, p. 42.
20. Art. L. 131-1 et s. du C. voirie routière.
21. Art. L. 342-9 du C. tourisme.

En dehors de ces attributions spécifiquement identifiées, les départements disposent également de la compétence générale partagée « tourisme » avec les autres collectivités et l'État. La place du département se situe donc en dehors de ce qui a déjà été attribué à d'autres collectivités – « l'aménagement durable du territoire et le développement économique » étant confié aux régions tandis que la « création, l'aménagement, l'entretien et la gestion de zones d'activité touristique » ainsi que la « promotion du tourisme dont la création d'offices de tourisme » sont, en principe, du ressort des EPCI[22].

Lorsque l'on consulte les schémas départementaux, il est possible de synthétiser en cinq familles d'actions les activités menées par les départements dans le cadre de cette compétence partagée. On retrouve ainsi celle de l'animation des filières touristiques (conseils en ingénierie, création de réseaux, accompagnement des investisseurs, formation du personnel des offices de tourisme) ; celle de l'organisation d'activités ou d'animations (pilotage ou subventionnement) ; celle de l'observation et de l'étude statistique ; celle de la promotion touristique (information, marketing, participation à des salons, développement de labels, relations presse) ; et enfin celle de la commercialisation de l'offre touristique.

Notre enquête nous a confirmé cette diversité d'interventions. Le directeur d'un CDT résume la mission principale de son agence par ces mots : « Générer des retombées économiques sur le territoire ». Un chargé de mission précise l'ambition de son CDT de « doper le territoire avec de nouvelles offres capables d'amener de nouveaux publics, de générer des flux d'affaires et de créer une communauté d'appartenance ». Un enquêté résume co-construire « ses actions avec les OT, les acteurs du tourisme du département, qu'ils soient institutionnels ou professionnels avec la règle des 3 A : Animer, Assembler, Accompagner le territoire ». Chef de file en matière d'action sociale, le département peut également lier ses compétences à la question de l'accessibilité du tourisme : un comité note ainsi que sa mission s'étend « à l'appui aux compétences départementales dans le domaine de la solidarité ». En ce sens, le chef d'un service touristique départemental conclut que le niveau départemental de la compétence permet l'intégration des « autres compétences départementales (insertion, sport, environnement, culture, handicap, etc.) ».

---

22. P. VILLENEUVE, « La place des départements en matière touristique », *Juris tourisme* 2015, n° 179, p. 29.

Cette variété des missions des départements et de leurs CDT se retrouve dans la transformation de ces derniers, 4 des 29 comités nous ayant indiqué avoir fusionné avec d'autres organismes pour devenir récemment une agence « d'attractivité », aux statuts encore plus larges.

Par ailleurs, l'action des comités départementaux ne semble étonnamment pas avoir été particulièrement bouleversée par la fusion des régions. Dans notre échantillon, sur les 20 CDT localisés dans une région ayant fait l'objet d'une fusion, seules 5 structures précisent que leur action a « été bouleversée ». Aussi, un CDT résume avoir « conservé ses habitudes de travail d'avant la fusion. Comme les autres départements ». De la même manière, la loi NOTRe, qui a pourtant confirmé la suppression de la clause générale de compétence aux départements, a été très peu évoquée tout au long de notre enquête, les missions des départements semblant invariables. Un CDT regrette néanmoins le transfert de la compétence aux communautés de communes, quand un autre déplore « la perte de compétence économique des départements ».

Ces interventions en matière de tourisme ont vivement participé à l'affirmation de l'identité du département, lui permettant de mobiliser un certain nombre d'acteurs lorsque sa catégorie a été menacée de suppression. Promouvoir son territoire, c'est avant tout faire « adhérer la population à un discours censé produire des signes distinctifs, qui mettent en valeur un territoire »[23]. Attacher les loisirs, le divertissement, les vacances à un numéro ou à un nom de département est ainsi une stratégie pour donner corps à un territoire artificiellement créé mais aussi rendre incontournable l'échelon dans l'organisation de la vie des citoyens et développer un « capital symbolique » afin de montrer qu'il « est judicieux d'y investir, d'y entreprendre, d'y faire du tourisme et d'y vivre »[24].

Comme le note le directeur d'un CDT interrogé, le tourisme apparaît aujourd'hui comme « constitutif de l'identité des départements ». Sans surprise, 28 des 29 CDT enquêtés sont défavorables à la suppression de la compétence au département. Ces derniers soulignent que le « département est un niveau pertinent d'action », qu'il a « tout son sens » dans un « territoire rural comme le nôtre », qu'il est « indispensable pour les EPCI qui n'ont pas tous les moyens d'avoir de l'expertise ». Un CDT note que le département « est l'échelon le plus pertinent en matière de tourisme car il concilie à la fois la proximité et la connaissance fine du terrain

---

23. H. BOYER et H. CARDY, « Localiser, identifier, valoriser », *Mots. Les langages du politique* 2011, n° 97, p. 10.
24. M. ADAM, « Marketing. La quête du capital symbolique », *in* M. ADAM, E. COMBY (dir.), *Le capital dans la cité. Une encyclopédie critique de la ville*, éd. Amsterdam, 2020, p. 214.

(impossible pour les régions) nécessaire au développement d'actions pertinentes à la fois sur l'offre et la demande, une vision stratégique globale (connaissance des enjeux, des marchés, etc.) et dispose de moyens techniques, humains et financiers nécessaires pour le faire (impossible pour la plupart des offices) ». Un autre CDT nous indique que la région « est bien trop éloignée du terrain pour faire ce boulot qui nécessite une bonne connaissance du terrain, des marchés et une bonne culture touristique ». Un interrogé conclut qu'à « long terme, l'application du rapport Woerth acterait le désengagement des pouvoirs publics (État et collectivités territoriales) du tourisme ».

Le département dispose donc aujourd'hui de tout un capital symbolique et est inclus dans un vaste réseau d'acteurs touristiques. On peut alors se demander s'il n'est pas plus complexe de lui retirer la compétence tourisme – ce qui participerait à lui nier sa libre administration – que de favoriser une meilleure coopération entre les échelons en la matière, voire de distinguer « gouvernance des territoires touristiques » et « management de destination »[25].

II. Changer de décor ? Un enchevêtrement des acteurs à nuancer

Marquée par une forte résistance[26], la rationalisation des gouvernances semble aujourd'hui possible, sans qu'une nouvelle loi soit nécessaire, les textes et la pratique abondant d'outils permettant la coopération dans le secteur (A). Par ailleurs, la mise en place d'une coopération touristique « à la carte », par projets, déconnectée des frontières administratives, semble aujourd'hui être une alternative (B).

A. Une coordination possible et existante

Dans le cadre de notre enquête, 22 des 29 CDT ont noté que le partage de la compétence tourisme est « toujours pertinent ». Un CDT note à ce titre que « dans la réalité sur nos territoires le millefeuille administratif n'existe pas, OT, ADT et CRT ne font pas les mêmes métiers, ne s'adressent pas aux mêmes cibles, et ont des programmes d'actions complémentaires ». Parmi ces 22 structures, 15 apportent toutefois des nuances : cela est pertinent « si les rôles sont mieux définis pour éviter les chevauchements », « dès lors que l'on définit "une feuille de route" à l'échelon national », « à condition d'avoir des règles et des champs de compétences plus bornés », « si les missions de chacun des niveaux » sont

25. A. ESCADAFAL, « Des territoires aux destinations touristiques : la fin d'une illusion ? », *Revue géographique des Pyrénées et du Sud-Ouest* 2015, n° 39, p. 62.
26. V. COËFFÉ, M. STOCK, P. VIOLIER, *Les enjeux contemporains du tourisme : une approche géographique*, Presses universitaires de Rennes, 2020, p. 230.

clairement identifiés. Les acteurs semblent d'accord sur la nécessité d'« assurer une collaboration fructueuse avec mutualisation des actions au possible » voire de « toiletter le Code du tourisme » pour « graver dans le marbre » la légitimité et « la vraie valeur ajoutée » de chaque échelon. Un comité ajoute qu'« il y a de la place et du travail pour tout le monde. La question est celle de la coordination ».

Cette question de la coopération n'est pas absente de la loi. Elle est par exemple prévue dans le cadre de la conférence territoriale de l'action publique[27] et de la convention territoriale d'exercice concerté. Aussi, dans son SRDTL, la région Nouvelle-Aquitaine propose par exemple la signature d'une convention territoriale d'exercice concerté « spécifique au tourisme dans laquelle seraient précisées les modalités d'interventions et les complémentarités des politiques touristiques régionales et les spécificités départementales »[28].

Si ces outils sont peu utilisés, la loi prévoit par ailleurs la participation des départements à l'élaboration de la politique régionale. D'une part, la région, qui élabore le SRDTL, doit également conclure des conventions avec les autres collectivités concernées pour définir les actions contribuant à l'exécution des objectifs qui y sont fixés mais aussi les modalités de mise en œuvre du schéma[29]. D'autre part, le CRT doit comprendre un ou plusieurs délégués de chaque conseil départemental mais aussi des représentants de chaque comité départemental[30]. Le SRDTL de la région Bourgogne-Franche-Comté explique ainsi sa démarche de « co-construction » du schéma avec de larges consultations notamment auprès des agences départementales du tourisme et des conseils départementaux[31]. Cette attitude pro-active de la Bourgogne-Franche-Comté nous a été confirmée par le service d'un département localisé dans cette région lors de notre enquête : il note que le département « est étroitement associé à l'élaboration puis à la mise en œuvre des orientations » du schéma régional.

Les initiatives de coopération peuvent également provenir des collectivités territoriales, de leurs groupements ou de leurs agences. Des conventions de partenariat peuvent alors être signées entre plusieurs niveaux territoriaux. Les appels à projets avec subventionnement semblent également être une manière pour les régions de structurer les actions des territoires lauréats selon une stratégie développée à leur échelle. Certains départements ont aussi été à l'origine de mutualisations

27. Art. L. 1111-9-1 du CGCT.
28. SRDTL de la Nouvelle-Aquitaine, 2018, p. 166.
29. Art. L. 131-1 du C. tourisme.
30. Art. L. 131-4 du C. tourisme.
31. SRDTL de la région Bourgogne-Franche-Comté 2023-2028, p. 5.

pour renforcer la coopération interdépartementale ou réduire le nombre d'agences intradépartementales : ainsi, les ADT de la Charente et de la Charente-Maritime ont fusionné en une seule agence, Tourisme Charentes.

Dans le cadre de notre enquête 28 des 29 CDT nous ont affirmé réaliser régulièrement des projets avec les offices de tourisme de leur territoire : des outils peuvent être mutualisés à l'échelle du département notamment en ce qui concerne les données touristiques. Des pôles peuvent aussi être dédiés au sein des CDT à la relation avec les territoires et les offices, un comité nous indiquant avoir, par exemple, mis en place « un poste animateur temps plein » dédié à l'animation du réseau d'offices (organisation de rencontres professionnelles, etc.). Un CDT nous signale tenir « des réunions en "visio" toutes les deux semaines pour échanger et travailler sur des projets communs » quand un autre affirme que « tous nos projets sont co-portés par les OT et les "com com" ».

Par ailleurs, 21 CDT notent entretenir des contacts récurrents avec le CRT et collaborer à travers des actions mutualisées (« qualification de l'offre, stratégie digitale et promotion »). Les autres CDT sont plus réservés, en soulignant avoir « peu de relations depuis la fusion des régions » ou avoir seulement des « contacts épisodiques ». Concernant la coordination entre les régions et les départements, 6 CDT sur les 29 notent qu'il n'y a pas de coordination entre le département et la région. 10 CDT affirment que les actions sont coordonnées et 12 indiquent que cette coordination est bonne mais « perfectible », « variable ». Un CDT note que « les plans d'action ne sont pas suffisamment concertés en amont pour permettre une mutualisation efficace des possibles actions communes ».

La coopération volontaire entre les territoires est ainsi possible, et ceux-ci sont outillés pour la mener. Cette dernière nécessite néanmoins une volonté politique, pas toujours évidente à recueillir. En ce sens, la chambre régionale des comptes d'Île-de-France indique que malgré « la demande de plusieurs départements d'une meilleure coopération entre la région et l'ensemble des acteurs du tourisme [...] la région n'a pas décidé de faire de l'amélioration de la gouvernance un axe du SRDTL 2022-2028 »[32]. Il est ainsi souhaitable que la réalisation d'un schéma régional permette la discussion entre tous les échelons et la répartition des rôles, sans nier les stratégies menées localement. La constitution d'un schéma départemental doit, quant à elle, être un rendez-vous privilégié avec les EPCI et leurs offices afin d'appréhender leurs priorités en les incluant dans les projets du département.

32. Rapport d'observations définitives de la CRC Île-de-France, exercices 2015-2022, comité régional du tourisme, déc. 2023, p. 21.

En outre, la rédaction d'un document conjoint « pour faire connaître à tous les acteurs » les missions respectives de chaque échelon, comme le conseillait la chambre régionale des comptes de la Nouvelle-Aquitaine[33], peut être un exercice opportun pour construire une démarche inclusive dans la planification touristique.

Ce souhait de coordination est aujourd'hui complété par une autre approche, celle de « projets », davantage tournée vers des destinations identifiées que vers des échelons administratifs.

B. Des coopérations à la carte déjà menées

Dans le cadre de notre enquête, un agent d'un département nous a adressé une réflexion très intéressante, en soulignant qu'« il s'agit donc d'envisager les actions touristiques au cas par cas en associant les partenaires les plus pertinents selon un périmètre qui pourra être différent selon les thématiques concernées. La coordination des actions des différentes collectivités ne sera donc peut-être pas effectuée de la même manière et à la même échelle selon les territoires et les thématiques abordées ».

Il semblerait ainsi que la rationalisation de l'action touristique puisse trouver son salut dans le développement de coopérations horizontales et de coopérations à la carte, décloisonnées des frontières administratives et en fonction de destinations identifiées pour chaque territoire, sans qu'il soit nécessaire de désigner, officiellement, un « chef de file », comme le prévoyait initialement le projet de la loi NOTRe. Sébastien Bédé reconnaît la difficulté d'imposer « une référence territoriale calquée sur les limites administratives régionales ou départementales »[34] en indiquant que « la détermination d'un chef de file unique, que ce soit le département ou la région, ne pourra satisfaire l'ensemble des acteurs. Parfois, la destination pertinente est dépendante de deux régions ou de deux départements »[35]. Il s'intéresse alors à une solution proposée par Atout France en 2013, celle des « contrats de destination » qui ont pour but de « renforcer l'attractivité touristique d'un territoire ou d'une destination en fédérant les acteurs publics et privés d'un territoire donné autour d'un élément attractif commun »[36]. Ces contrats

---

33. Rapport d'observations définitives de la CRC Nouvelle-Aquitaine, exercices 2012 et s., Comité départemental de tourisme de Dordogne, déc. 2017, p. 24.

34. S. Bédé, « Les contrats de destination : nouveau souffle ou nouvelle ère de la gouvernance des destinations? », *Management & Avenir* 2015, n° 77, p. 120.

35. *Ibid.*

36. L. Bottin, C. Clergeau, N. Peypoch, « Chap. III. La destination touristique », *in* C. Clergeau et N. Peypoch (dir.), *La recherche en management du tourisme*, Vuibert, 2019, p. 81-82.

sembleraient toutefois être confrontés à une « absence de tradition coopérative », le gouvernement posant « les conditions » et imposant « des choix à l'échelon régional dont découle une implication limitée des parties prenantes au niveau local »[37]. La chambre régionale des comptes de Bretagne regrette ainsi en 2017 l'identification de dix destinations touristiques sur le territoire régional en faisant « l'impasse sur l'échelon départemental »[38]. Les contrats de destination permettent néanmoins de réunir plusieurs acteurs institutionnels : des contrats-cadres sont signés entre Atout France et des régions volontaires qui les déclinent ensuite au niveau local par les contrats de destination ou des contrats thématiques. Le contrat de destination « ExploreParis, la ville augmentée » a par exemple été signé, entre autres, par le GIE Atout France, le comité régional du tourisme, la RATP, l'Office du tourisme et des congrès de Paris, le département des Hauts-de-Seine, l'agence de développement touristique de la Seine-Saint-Denis et le comité départemental du tourisme du Val-de-Marne.

Par ailleurs, il convient de noter que les territoires menaient et mènent aujourd'hui un certain nombre de coopérations en dehors de cette pratique des contrats de destination. Le PETR du Pays Val d'Adour a, en ce sens, signé une convention en 2016 avec le comité départemental du tourisme et des loisirs du Gers, engageant ce dernier à joindre le PETR à ses groupes de travail ou à l'associer à des demandes de financements liés aux domaines de l'œnotourisme et de l'itinérance. Les départements d'Indre-et-Loire et de Loir-et-Cher ainsi que la région Centre ont, quant à eux, créé un *cluster* « Tourisme, patrimoine et sites de visite » dans une démarche « collaborative » et de développement des « cohésions » et des « synergies en matière de tourisme » afin de faire de la destination Val de Loire « un pôle d'excellence touristique »[39].

Notre enquête nous a confirmé que des actions avec d'autres collectivités, groupements et entreprises touristiques autour de projets précis dépassant les frontières administratives sont menées. Les thématiques de ces derniers sont assez variées : promotion de canal, de vignobles, de la pratique du vélo, inscription Unesco, culture, etc. Un CDT note alors que « le travail de destination interdépartementale est une habitude de travail au niveau départemental ».

---

37. S. BÉDÉ, *op. cit.*, p. 133.
38. Rapport d'observations définitives de la CRC Bretagne, exercices 2012 et s., Comité régional du tourisme, juin 2017, p. 35.
39. Rapport d'observations définitives de la CRC Centre-Val de Loire, exercices 2011 et s., Agence départementale du tourisme de Touraine, mai 2017, p. 17.

Dès lors, l'identification de zones touristiques indépendantes de toute structure administrative ou de projets communs pourrait permettre de limiter la concurrence, de fédérer les acteurs autour de destination commune mais aussi de prendre en considération les désirs et habitudes des touristes. Cette logique d'interterritorialité, qui efface la question de « la bonne échelle » permet de mobiliser l'ensemble des acteurs en identifiant le rôle de chacun sans pour autant nier la possibilité pour chaque territoire de développer sa propre identité touristique ou outils de communication qu'ils peuvent mettre au service de la diversité de ces destinations.

Table des matières

Structures éditoriales du groupe L'Harmattan

L'Harmattan Italie
Via degli Artisti, 15
10124 Torino
harmattan.italia@gmail.com

L'Harmattan Hongrie
Kossuth l. u. 14-16.
1053 Budapest
harmattan@harmattan.hu

L'Harmattan Sénégal
10 VDN SICAP AMITIE 3
BP 45034 Dakar-Fann
direction@senharmattan.com

L'Harmattan Cameroun
Tsinga/Derrière polyclinique FECAFOOT
BP 11486 Yaoundé
Jacques.koukam@harmattan.fr

L'Harmattan Burkina Faso
Villa 281, secteur 23 623, rue 14.32
Ouagadougou
zagbie@outlook.fr

L'Harmattan Guinée
Almamya, rue KA 028 OKB Agency
BP 3470 Conakry
harmattanguinee@yahoo.fr

L'Harmattan RDC
185, avenue Nyangwe
Commune de Lingwala - Kinshasa
matangilamusadila@yahoo.fr

L'Harmattan Congo
219, avenue Nelson Mandela
BP 2874 Brazzaville
deunovmikhael@gmail.com

L'Harmattan Mali
Immeuble Mgr Jean Marie Cissé
Aci Hamadallaye
BP 145 Bamako
syllaka@yahoo.fr

L'Harmattan Togo
Djidjole - Maison Amela
face EPP BATOME
02 BP 20680 Lomé
didieramela11@gmail.com

L'Harmattan Côte d'Ivoire
Résidence Karl - Cité des Arts
Abidjan-Cocody
03 BP 1588 Abidjan
harmattan.ivoire@gmail.com

L'Harmattan Bénin
Rue 604, (Immeuble à l'entrée
de la rue UCAO- Cite de Saint-Jean)
Cotonou
stepcorpus@gmail.com

Nos librairies en France

Librairie internationale
16, rue des Écoles
75005 Paris
librairie.internationale@harmattan.fr
01 40 46 79 11
www.librairieharmattan.com

Librairie des savoirs
21, rue des Écoles
75005 Paris
librairie.sh@harmattan.fr
01 46 34 13 71
www.librairieharmattansh.com

www.ingramcontent.com/pod-product-compliance
Lightning Source LLC
LaVergne TN
LVHW010950061026
849535LV00006B/1658